体认翻译学

（上）

Embodied-Cognitive
Translatology

王 寅 著

图书在版编目 (CIP) 数据

体认翻译学.上/王寅著.—北京：北京大学出版社，2021.7
ISBN 978-7-301-31546-0

Ⅰ.①体… Ⅱ.①王… Ⅲ.①翻译学 Ⅳ.① H059

中国版本图书馆 CIP 数据核字 (2020) 第 149722 号

书　　　名	体认翻译学（上） TIREN FANYIXUE（SHANG）
著作责任者	王　寅　著
组稿编辑	刘文静
责任编辑	刘　虹
标准书号	ISBN 978-7-301-31546-0
出版发行	北京大学出版社
地　　　址	北京市海淀区成府路 205 号　100871
网　　　址	http://www.pup.cn　新浪微博：@ 北京大学出版社
电子信箱	zpup@ pup.cn
电　　　话	邮购部 010-62752015　发行部 010-62750672　编辑部 010-62759634
印　刷　者	北京虎彩文化传播有限公司
经　销　者	新华书店 720 毫米 ×1020 毫米　16 开本　19.5 印张　380 千字 2021 年 7 月第 1 版　2024 年 5 月第 2 次印刷
定　　　价	89.00 元

未经许可，不得以任何方式复制或抄袭本书之部分或全部内容。
版权所有，侵权必究
举报电话：010-62752024　电子信箱：fd@pup.pku.edu.cn
图书如有印装质量问题，请与出版部联系，电话：010-62756370

《国家社科基金后期资助项目》
出版说明

　　后期资助项目是国家社科基金设立的一类重要项目，旨在鼓励广大社科研究者潜心治学，支持基础研究多出优秀成果。它是经过严格评审，从接近完成的科研成果中遴选立项的。为扩大后期资助项目的影响，更好地推动学术发展，促进成果转化，全国哲学社会科学工作办公室按照"统一设计、统一标识、统一版式、形成系列"的总体要求，组织出版国家社科基金后期资助项目成果。

全国哲学社会科学工作办公室

内容提要

翻译理论经过"作者、文本、读者、解构、文化、生态"等转向之后亦已出现"认知"转向,认知翻译学和体认翻译学应运而生,虽有国外学者提及,但尚未建成系统的、连贯的学科。笔者努力打通语言学与翻译学、后现代哲学(含体验哲学)、认知科学等之间的通道,尝试将国外的 CL 本土化为"体认语言学",拟构我国的"体认翻译学",率先提出了"体认原则"以统一解释翻译现象,用"体"来说明翻译中的"同",用"认"(十数种体认方式)来论述翻译中的"异"。这既为我国译学界输送了一个全新理论,也为 CL、体认语言学拓宽了视野,算是为世界范围内的语言学研究开拓了一个新方向。

总目录

序一 ·· 谢天振 1
序二 ·· 潘文国 7
前言 ··· 11

第一章　西哲与翻译简史一瞥 ······································· 1
第二章　后现代译论：读者中心论 ·································· 31
第三章　反思三个独白译论 ·· 73
第四章　体认翻译学的理论基础与权宜定义 ················ 102
第五章　详解体认翻译学权宜定义 ······························· 134
第六章　翻译的"意义中心论" ·· 154
第七章　具象思维与意象 ··· 174
第八章　文化意象与翻译实践 ······································· 199
第九章　范畴化和构式观与翻译实践 ····························· 224
第十章　概念整合论与翻译 ·· 245
第十一章　识解与翻译（上） ··· 267
第十二章　识解与翻译（下） ··· 287
第十三章　ECM和顺序像似性与翻译实践 ···················· 304
第十四章　体认观视野下的汉语成语英译 ····················· 328
第十五章　翻译隐喻观的体认分析（上） ························ 349
第十六章　翻译隐喻观的体认分析（下） ························ 376
第十七章　"译可译，非常译"之转喻修辞机制 ················· 397
第十八章　翻译体认研究的实证方法 ···························· 420

附录1　术语翻译背后的理论思考 ································· 434
附录2　《枫桥夜泊》40篇英语译文 ································· 446
附录3　《红楼梦》成语300条 ·· 457
附录4　西方翻译简史表 ·· 478

附录5 中国翻译简史表 …………………………………………… 482
附录6 本书主要国外人名汉译对照表 …………………………… 486
附录7 本书主要英语术语汉译对照表 …………………………… 498
主要参考文献 …………………………………………………………… 518
跋 ……………………………………………………………………… 543

目 录

序一 ·· 谢天振 1
序二 ·· 潘文国 7
前言 ··· 11

第一章　西哲与翻译简史一瞥 ·· 1
　第一节　西方哲学简史 ·· 1
　第二节　翻译研究简史 ·· 9

第二章　后现代译论：读者中心论 ···································· 31
　第一节　概　述 ·· 31
　第二节　兼顾读者由来已久 ··· 34
　第三节　后现代译论：读者中心论 ································ 35
　第四节　后现代译论种种 ·· 38
　第五节　结　语 ·· 71

第三章　反思三个独白译论 ··· 73
　第一节　概　述 ·· 73
　第二节　基于作者独白的译论 ······································ 74
　第三节　基于文本独白的译论 ······································ 76
　第四节　基于读者独白的译论 ······································ 79
　第五节　兼而有之，绝非对立 ······································ 91
　第六节　三中心论与译学相关研究 ································ 94
　第七节　结　语 ·· 99

第四章　体认翻译学的理论基础与权宜定义 ························· 102

第一节	体认翻译学的理论基础	102
第二节	认知翻译研究简史	109
第三节	体认翻译学的权宜定义	114
第四节	翻译步骤的体认解读	130
第五节	结　语	133

第五章　详解体认翻译学权宜定义 … 134
第一节	细化权宜性定义	134
第二节	体认翻译学与典籍翻译	145
第三节	实例分析	147
第四节	结　语	152

第六章　翻译的"意义中心论" … 154
第一节	概　述	154
第二节	中西语义理论对比简述	156
第三节	语义理论与翻译研究	157
第四节	结　语	173

第七章　具象思维与意象 … 174
第一节	概　述	174
第二节	汉英民族的具象思维	175
第三节	认知语言学论意象	183
第四节	体认过程与翻译过程	186
第五节	意象图式为"体、认"之中介	196
第六节	结　语	198

第八章　文化意象与翻译实践 … 199
第一节	翻译中的文化意象	199
第二节	习语翻译中的文化意象	207
第三节	结　语	222

第九章　范畴化和构式观与翻译实践 … 224
| 第一节 | 概　述 | 224 |

第二节　范畴化与翻译实践 ………………………………… 227
第三节　构式观与翻译实践 ………………………………… 238
第四节　结　语 ……………………………………………… 244

第十章　概念整合论与翻译 …………………………………… 245
第一节　概　述 ……………………………………………… 245
第二节　基本原理 …………………………………………… 246
第三节　应用价值 …………………………………………… 248
第四节　概念整合论与翻译的体认过程 …………………… 251
第五节　对概念整合论的三点修补 ………………………… 257
第六节　结　语 ……………………………………………… 265

序 一

谢天振

常有国内同行和青年学者问我:"谢老师,据你看翻译研究文化转向之后会再转向哪里?"这个问题的实质也就是问当前的翻译研究最新趋势是什么,会向何处发展。对此我的回答就是三个字:"跨学科。"

在我看来,决定当代翻译研究发展趋势的因素主要来自三个方面:

一是语言产业本身的快速发展带动了语言服务行业的发展,从而让翻译这个语言服务中的主业不再仅仅是译者书桌上的"孤芳自赏",而是成为当今社会上的一门新兴职业。而进入职业化市场以后的翻译,其受到的制约因素除了传统的文本内的因素外,还受到了"客户"要求等的制约,这样对它的审视和研究自然也就不可能仅仅局限于传统的文本以内语言文字之间的转换层面,因此翻译研究也必然要超越语言,超越文本。

二是科技的最新发展,尤其是人工智能技术的最新发展在翻译实践中的应用,极大地改变了翻译中口笔译的实践形态,如果只是停留在两千年以来关于翻译的想象之中,仍然只是运用传统的翻译研究方法和视角,那是无法解释和回答当今这个科学技术大变革时代背景下翻译实践中出现的新问题的,譬如众包(crowdsourcing)、粉丝字幕(fansubbing)这样一些现象。

三是不同学科背景的学者参与翻译研究,不光是翻译学科以外的哲学、社会科学、人文科学背景的学者,还有自然科学背景的学者,他们运用各种高端前沿的科学仪器,捕捉译员在翻译时眼线的移动轨迹、脑电波的起伏变化等,以解开翻译中的"黑匣子"。正是有鉴于此,当今国际翻译界的有识之士正在大力呼吁翻译研究要突破自身的局限,加强与其他学科学者的合作,利用其他学科的优秀成果,对翻译进行更加全面、深入的研究。当代国际著名翻译理论家铁木钦科(Maria Tymoczko)甚至预言:"未来翻译研究最令人兴奋的进展将来自于它与神经科学的合作,神经科学领域大量的相关研究将对翻译培训产生重要影响。"(Brems et al, *The Known Unknowns of Translation Studies*, John Benjamins,2014:25)

从以上所述种种不难让我们窥见当代翻译研究的一个发展新趋势,那就是跨学科研究。译学界动辄喜欢用一个词——"转向",也许有人会把当前这种翻译研究的最新发展趋势称之为"跨学科转向",这虽然也未尝不可,但我对此不是很赞同。因为在我看来,发端于20世纪70年代末、80年代初的当代翻译研究的文化转向实际上已经包含着跨学科的意味了:当我们超越文本、以开阔的文化视野审视翻译时,跨越学科岂不就是其中的应有之义?事实上,翻译学本身的学科边缘性、交叉性等跨学科性质也已经决定了对翻译的研究必然会借鉴其他学科的视角。所以严格而言,当前的这种发展新趋势似不必专门名之为"跨学科转向",从而引发读者对它与文化转向关系的误解,以为跨学科转向取代了文化转向。中西译学史表明,历史上确有相当长时期人们对翻译的研究仅仅着眼于语言文本以内,且多停留在翻译的经验层面,但进入当代翻译研究阶段(具体也许可以定在20世纪50年代末60年代初)后,研究者开始越来越多地借助其他学科,尤其是与翻译密切相关的相邻学科,如语言学、哲学阐释学、比较文学等对翻译进行审视、考察与思考,从而把翻译研究引向深入。事实上,当代译学也正是借助于奈达、纽马克、卡特福德等一群具有语言学理论背景的专家学者对翻译研究的介入才开启了当代翻译研究的新局面,实现了当代翻译研究的第一次大的实质性突破。

至于当代翻译研究的第二次大的实质性突破,那就是上面已经提到过的西方译学界发生于20世纪70年代末、80年代初,并于90年代全面完成的"文化转向"。所谓"文化转向",也许说成"转向文化"意思来得更为直接明白:指研究者把翻译放在跨文化交际这个大平台上对其进行考察、审视,并广泛借用多元系统论、女性主义、解构主义、目的论等当代各种文化理论,对翻译进行新的阐释,以确立并深化对翻译的新认识。

说到翻译研究的"文化转向",这里有必要顺便提一下国内翻译界对它的一个认识误区,即以为翻译研究的"文化转向"都是文化学派的事,与语言学派无关,其实不然。我在2008年出版的《当代国外翻译理论导读》一书的"前言"中就指出过:"翻译研究的文化转向其实并不仅仅局限于我们所说的文化学派。最近二三十年来一批从语言学立场出发研究翻译的学者,像哈蒂姆(Basil Hatim)、梅森(Ian Mason)、豪斯(Julian House)、斯奈尔-霍恩比(Snell-Hornby)、莫娜·贝克(Mona Baker)等,也正在尝试借鉴语言学的特定分支或特定的语言理论,如批评话语分析、系统功能语法、社会语言学、语用学、认知语言学(Cognitive Linguistics,简称 CL)等,将非语言因素纳入他们的研究视野,创建关于翻译的描写、评估或教学的模式,在探讨翻译语篇问题的同时也揭示世界观、意识形态或权力运作对翻译过程和行为的影响。他们的研究在一定程度上也同样透露出向文化转向的迹象和特征。他们不再像以往的语言学派那样把翻译仅仅看成是语言转换的过程,而是同样意识到翻译是体现和推动社会的力量。在他们的理论框架和具体分析中,我们可以发现现代语言学以及翻译的语言学派对语言和社会关系的新认识。这些迹象表明,也许在当前西方的翻译研究界正在形成一支有别于以奈达等为代表的老一代语言学派的新一代语言学派,也许我们可以把他们称为当代西方翻译研究中的"第二代语言学派"?[①]

最近十余年来国内外翻译研究的最新进展似乎也印证了我的这个预言和推测,而摆在我们面前的王寅教授的这本新作《体认翻译学》一书也正是在这样一个翻译研究最新发展趋势大背景下,一位中国学者对翻译的最新思考和研究,同时也是我们中国语言学家在当代翻译研究前沿领域的最新探索。从某种意义上讲,本书也可以视作我们中国学者对当前国际翻译研究最新发展所作出的一个回应和贡献。尽管近年来国内学界也已经有较多的专家学者开始注意到体认翻译学的价值、意义和发展前景,如广东外语外贸大学的卢植教授在前两年给《东方翻译》(2015 年第三期)的《认知科学视野中的翻译过程研究》一文中就曾经指出:"认知翻译学代表了翻译科学研究的新趋势和新方向,专注于探索译者的认知特点、翻译能力,尤其是译者的认知神经机制,开辟了'译者研究'新思路和新领域,从微观层次上探讨译者的智力结构、语言能力和翻译质量之间的关系。作为新的研究方向的认知翻译研究,融合语言学、认知科学,尤其是神经科学的方法论和具体研究方法,具有十分强烈的多学科和跨学科的特质,将对翻译学科的学科建构做出新的贡献。"不过论到这方面的专门著述,则似乎至今尚未见到。更为值得称道的是王寅教授的这部新著已在 CL 的基础上将其推进到体认语言学的新视野,当认知翻译学还未普及之时他已引领我们进入了体认翻译学新领域,从这个意义上而言,我以为王寅教授的这部新著也是为我们国家当前最新的翻译研究增添了一株鲜艳的亮色。

我于 CL 一无所知,对体认语言学更是毫无研究,所以当王寅教授拿着他的《体认翻译学》的打印书稿来看我并要我为他写一篇序言时,我感到非常

[①] 《当代国外翻译理论导读》,谢天振主编,天津:南开大学出版社,2008 年。

惶恐,不敢接此"重任"。不过真正启读他的大作后,我却发觉书稿中有许多论断并没有让我有太多陌生感,相反,书中的许多观点倒是一次次地引起我的共鸣,并进而引发我的深思。

首先是作者从体认观的立场出发对翻译的定位。在作者看来:"人们之所以能进行跨文化和跨语言的交流和翻译,皆因我们享有相同(或大致相同)的现实世界,且我们的人体构造以及各身体部位的功能相同,这就决定了全人类要有共通的思维基础和表达需要。"作者进而指出:"人类语言表达之所以出现差异,出现了部分难以翻译或不可译现象,皆因'认知加工'的方式不完全相同所致。"在此基础上作者提出了他的体认翻译学视角下的翻译定义:"翻译是一种特殊的、多重互动的体认活动,译者在透彻理解译出语(包括古汉语)语篇所表达的有关现实世界和认知世界中各类意义的基础上,将其映射进译入语,再用创造性模仿机制将其转述出来。"这样的定义既体现了体认翻译学的特征,又很好地揭示了翻译活动的实质,而其中"创造性模仿机制"的提法,则又给读者留出了关于翻译的广阔想象空间。最近几年来我一直在呼吁对翻译进行重新定位和定义,王寅教授的这个翻译表述正好反映了语言学家对此问题的思考,可以给我们诸多启发。

其次,作者借鉴哲学、语言学的发展线索,依据人类的交际顺序,把翻译史的发展线索归纳成"作者—文本—读者"这样一条主线,并整理出一张表格,把三者放在一起观照,如把哲学理论归纳为:

"经验论——唯理论(结构主义)——后现代哲学(含解释学、解构主义等)";

把语义观归纳为:

指称论、对应论等——关系论、确定论——不确定论、读者决定论;

把翻译观归纳为:

语文学派:作者是主人,译者是仆人;忠实论,直译法;

语言科学派:忠实源文论、等值论、等效论、再现源文风格;

后现代译论:文化派、操纵派、解构派、读者反应论、目的论、女权派、再创作论。(详见本书第一章第二节)

这样的归纳,如果不过于细究的话,把中西翻译思想史的基本脉络较为清晰地勾勒了出来,这反映出作者对中西翻译思想发展史的精准把握,同时也给读者全面深入了解中西翻译思想的发展脉络提供了一张清晰的"路线图",对从事中西翻译思想史的研究者更有较大参考价值。

最后,作者运用体验哲学、CL 和体认语言学的基本原理,在蓝纳克(Langacker)识解观基础上,补充、扩展后提出了他自创的"体验性识解观",以期在理论上更好地解释翻译过程中的客观性和主观性,也颇令人注目。而更让人赞赏的是,作者还运用他的"体验性识解观"对《枫桥夜泊》一诗的40首英译作品进行了非常具体的分析,从而形象地展示了该理论解释的有效性。

除以上三点外,作者贯穿全书的丰厚的学术史观和严谨的理论思辨力,也让我在阅读过程中,甚至在阅毕掩卷之后发出由衷的感佩。在我看来,这两条恐怕是成就一名真正学者的根本。

王寅教授算得是我的老朋友了,自 21 世纪初起我有十余年时间几乎每年都会应邀到四川外语学院(现为四川外国语大学)小住十来天,给川外的翻译专业研究生开设一门译介学系列课程。期间,承廖七一教授介绍安排,有幸结识了王寅教授。王寅教授为人豪放豁达,快人快语,我们一见如故,从此结为知己。王寅兄是国内著名的语言学家,在语言学研究领域辛勤耕耘达四五十年之久,学养深厚,著述丰硕。而且让人感慨佩服的是,他的研究一直紧跟学科前沿:在 20 世纪 70—80 年代苦读索绪尔、乔姆斯基和韩礼德,得语言学理论风气之先;90 年代得国际认知语言学大家雷柯夫、蓝纳克、海曼、泰勒之亲炙,即以《认知语言学》一书惊艳国内学界;进入 21 世纪后又追踪国际语言学界的"显学"构式语法,竟三年之功,书成《构式语法研究》两大卷,凡百万余字,令国内语言学界为之惊叹;近年,竟又推出两大卷百万余字的《语言哲学研究——21 世纪中国后语言哲学沉思录》,令国内学界再度为之瞩目。如今,尽管已届古稀之年,但王寅兄并未止步于已有的成就,却像年青人一样,不断锐意进取,继续探索新的研究领域,为我国翻译学界又奉献出如此一部富于新意且创见迭现的跨界之作,让人既钦佩又感动。我相信王寅兄的新作必将对推进中国当代翻译学,甚至语言学研究的深入发展作出它的贡献。

是为序。

2019 年 8 月 5 日
于上海外国语大学高级翻译学院

序 二

潘文国

在中国外语界,著述最勤奋、成果最丰硕的学者,王寅教授当可算一位。特别是近几年来,他的著述犹如井喷,一部部动辄百万多字的巨著陆续问世,令人钦佩不已。而且涉及范围相当之广,从语义学,到CL、认知语法、构式语法,再到语言哲学、对话句法和体认语言学,而且都领风气之先,在学界产生了很大的影响。正在惊叹他旺盛的科研能力还将走向何处的时刻,一部沉甸甸的书稿又出现在我的案头,他的新著《体认翻译学》。而且他来电恳挚希望我为他的新著作序。

看到他这么多著作一部部出来,我除了佩服之外几乎没有什么话可说。不过我倒是很感兴趣他是怎么写出这么多的书来。仔细读了他的书稿,我倒是悟出了三条,不知能不能算是我对他治学方法的发现?也许值得其他有志于研究和著述的年青学子们参考。

第一条是穷尽性的读书。要著书首先要会读书,或者说,只有会读书才能著书。从事学术研究尤其不是偶而翻到几本新书、脑袋一拍就能做出来的。杜甫说:"读书破万卷,下笔如有神",诗文创作尚且如此。钱锺书写出《管锥编》煌煌四册,那是建立在几百册、几万页的中外文读书笔记之上的。王寅教授也是如此。他之所以能够进入一个又一个的领域,那是建立在一本本死啃相关领域的尽可能完备的重要原著基础之上的。他也做笔记,自己称之为"豆腐干",一个领域就有数百块"豆腐干"。他说,这"既是他自己的科研经验,也是教授学生的学习方法"。这样一种踏踏实实的治学精神,是现今这个浮躁社会所特别欠缺的。

第二条是善于梳理史料。读了书,特别是读了许多书以后,怎么才能变成自己的?我发现王寅教授特别善于归纳整理,做成醒目的表格。在本书里,几乎每一个章节的后面都有一个或几个图表,把相关问题或相关理论的历史发展做成图表。使读者(其实我相信首先是使作者自己)一目了然。在本书中我们可以见到许多这样的图表,如西方哲学史、翻译研究史、西方翻译史、中国翻译史、直译意译史、等值论诸家观点、归化异化论、后现代译论等等,作者甚至一口气整理出近五百条关于翻译的隐喻。理论著作要写得通俗易懂不容易,图解法是一种很好的实践。不知道这能不能说是"王氏研究法"的一个特色。

第三条是从书缝间读出不足来,从而提炼出自己的观点。同样读书,食之而化与食之不化的区别在于能不能钻进去之后再跳出来,发现前人的不足从而提出自己的主张。中国外语界学习研究外国理论的甚多,但真正能够进得去出得来的不多,多数是被外国理论牵着鼻子走,也就是吕叔湘先生所说的"跟着转"。语言学从结构语言学、生成语言学、功能语言学到CL,翻译学从语言学派、文化学派到后现代诸学派多是如此。而能不能在读书过程中有所发现、有所发明、有所前进的标志之一是能不能、敢不敢提出新的术语和主张。王寅教授就是在学习外国理论之后有所发现、有所突破的一个。就本书所涉,至少有如下三点。

第一点是他在CL领域的突破,已进入"体认语言学"的新视野。这在他以前的书中也提到过,就是提出了"体认"的概念。所谓"体认"是"互动体验"和"认知加工"这八个字的简缩,但却是一个提高了的概念。多年前,有一次我与王寅教授谈起过语言世界观和CL的异同问题。我们发现,语言世界观学说认为人通过语言认识世界,其顺序是"现实—语言—认知",而CL认为人通过认知认识世界,然后用语言加以固化,其顺序是"现实—认知—语言",两者的第二、第三步次序正好相反,这问题怎么看?其实两者都有不足。语言世界观认为人通过语言认识世界,好像这个语言是个现成的东西,却没有回答这语言本身是哪里来的;而且将语言视为认识世界的工具,又把语言看作静态或固化的东西,这与语言世界观创始人洪堡特提出的"语言不是产品,而是活动"也不符合。因此我在依据语言世界观给语言重新下定义的时候(见潘文国《语言的定义》,2001年)强调"语言是人类认知与表述世界的方式与过程",希望能有所弥补。另一方面,CL认为语言是人通过认知产生的,讲了很多认知方式与语言产生的关系,但语言产生之后怎样,对认知有什么反哺,却语焉不详。王寅教授提出体认观,把体验与认知结合起来,并且强调多重互动,实际上是从辩证法角度赋予了西方CL以新的生命力。这个概念是王寅教授(与他的团队)的独创,可从这个词("体认")无法翻译成英文看出来。英文有"体验"(experience 或 embodiment),有"认知"(cognition),但没有

"体认"，这需要像德里达创造 différance 那样来造。

第二点，王寅教授将他的体认观引入翻译，提出了翻译的一个新定义："翻译是一种特殊的、多重互动的体认活动，译者在透彻理解源语语篇所表达的有关现实世界和认知世界中各类意义的基础上，将其映射进译入语，再用创造性模仿机制将其建构和转述出来。"这里的"多重互动"，就体现了他的新认知观，这个提法比较好地解释了翻译过程的最大特点，用当代翻译学前驱、荷兰学者霍尔姆斯的话来说就是，"翻译过程是个作决定的过程，一个决定接着一个决定"。或者借用严复的话来说，"一名之立，旬日踟蹰"，旬日之间，一个词（也包括一个短语、一个句子或者更多的内容）的译法不知要转过多少弯，在头脑里反来复去，这是任何现代仪器如眼动仪等记录不下来的。用"多重互动"（王寅教授指在"认知世界"和"现实世界"两个世界之间，当然也包括在两种语言之间）从理论上比较好地解释了这个现象。几年前我提出近几十年来翻译研究经历了几个转向，从"作者/源文"转向，到"读者/文化/目的语"转向，再到"译者"转向，到了 21 世纪则产生了"翻译过程"转向。但翻译过程研究迄今仍未见到很好的理论。王寅教授这本论著可以说填补了这一空白。

第三点是他接受以色列翻译学家图里的说法，用"映射"（mapping）一词来解释翻译行为本身，这就突破了以往"直译、意译""归化、异化"以及"等值、等效"等狭隘和机械的观点，也跳出了"可译/不可译"的争论。事实上，根据 CL 和体认语言学所基于的语言世界观，两种语言之间不论在哪个层面，是不可能完全一一对应的，只是差别的大小不同。翻译家所能做的，只是尽可能地找到合适的匹配而已。这个"匹配"，王寅教授用 CL 的术语"映射"，而我用的词是"合"（见潘文国《译文三合：义、体、气》，2014），但我们选用的英文词都是 mapping，这也可说是不谋而合吧！由于是 mapping，因此两头都不可或缺，一头是源文，一头是译文，因此具体的翻译只能是"创造性模仿"或"仿创"，"仿"是针对源文的，说明翻译无论如何不能脱离源文；"创"是针对译文的，它是在译文语言里的运作，在不脱离源文的情况下，最大限度地发挥译文的优势以做到最好的 mapping。因此王寅教授的定义，可以说是翻译过程研究的一个新的而且颇有说服力的成果。

但是翻译过程研究比我们想象的还要复杂得多。上面引的霍尔姆斯的那段话其实没有引完，完整的引文应该是："翻译过程是个作决定的过程，一个决定接着一个决定，到了某个点以后，翻译就开始产生了自己的一套规则，有的决定已不需考虑就可作出，而且往往可以看出原来看不到的问题。因此不管翻译的结果怎么样，换一个人照样还可以翻译，不一定更好或更差，但肯定不同。其不同决定于译者本身的素养、最初的选择，以及两种语言彼此锁住(interlock)。翻译开始走自己路的那些点，它既不在源语，也不在目的语，而在中间的那片灰色地带"(参见 Holmes 1988:59)。我最感兴趣的是最后那句话，即"两种语言彼此锁住(interlock)，翻译开始走自己路的那些点。它既不在源语，也不在目的语，而在中间的那片灰色地带"，我们做过具体翻译的都有过这样的体会，开始的时候是"人在做翻译"，但做到后来慢慢变成了"翻译做人"，即不知不觉被自己的翻译牵着鼻子走。我认为这是研究翻译过程中最值得探讨也最引人入胜的问题。但迄今还没有人能对此作出令人满意的解释。期待王寅教授和他的团队以及广大研究者能沿着这个思路再往前走一步！

是为序。

2018 年 5 月 1 日
于上海

前 言

一

翻译,既古老,又重要,且还难。

说其古老,是因为翻译活动一直伴随着人类的发展历史(吕俊 2001:1),它就和我们的语言一样,谁也说不清楚它到底有多古老了(王东风 2007)。早在远古时代,不同部落之间必然要涉及翻译问题,能达异方之志,必通翻译,唯"舌人"而为。我国三千多年前的周代就有对翻译活动和官职的描写,将从事这类活动的人称之为"象胥",且还有更具体的分工:译东方民族语者称"寄";译南方的称"象";译西方的称"狄鞮";译北方的称"译"。据载公元前528年便有人将越国语的《越人歌》译为楚国语。我国西汉时就设置官署"大鸿胪"(或叫鸿胪寺,鸿胪意为大声传赞,引导仪节)主外宾之事,大致相当于今日的外交部,且已有外语教学活动。随张骞(前164—前114)出使西域的翻译人员名叫堂邑父。

作为英国国家博物馆里的镇馆之宝——古埃及国王托勒密五世制作于公元前196年的罗塞塔石碑(Rosetta Stone),是用希腊文、古埃及文和当时通俗体文字刻了同样一个登基诏书,也说明西方翻译活动早就有之。正如根茨勒(Gentzler 1993:1)所说,翻译是一项与巴别塔故事一样古老的人类活动。辜正坤说,翻译是生命存在的主要标志之一(参见王宏 2012:xv)。

说其重要,是因为翻译一直与人类的文明进程和交流沟通密切相关,可以说,一部文明史正是一部人与人之间、民族与民族之间相互交流的历史,大多民族的文化及其语言的发展和丰富都离不开翻译①,因此,它被学界尊为

---

① 就翻译对促进我国文化和语言的发展而言可简述如下:佛教的传入不仅丰富了汉语的词汇、音韵、语法、文体等,而且还触发了中国本土化的宗教流派"禅宗",它正是"佛—道—儒"思想融合和交织的结果。胡适认为,孙悟空的形象源自印度古代史诗《罗摩衍那》中的神猴哈奴曼;《红楼梦》第一回就以"一僧一道"开篇,书中每到关键处常会出现他们,用充满佛家玄机的语言来叙(转下页)

自上帝亲为的"巴别塔事件"以来人类所进行的最伟大事业之一。16世纪的意大利哲人布鲁诺更是一语中的,"一切科学源于翻译";法国文学翻译家协会前主席雅克莉娜·拉哈纳认为:在当今的世界,任何一个民族若离开了翻译,也许就不能生存下去(转引自许钧1998:2)。谢天振(1999:8)指出:由于翻译研究的跨文化性质,它在当前国际学术研究界的地位确实也越来越重要。哈蒂姆(Hatim 2001:9)认为,翻译研究正如日中天(high profile),这一趋势不仅是在西方传统译学研究中,而是在全世界。德国学者容佩尔(R. W. Jumpelt)将20世纪称为"翻译的时代"(Newmark 1981:3)。根茨勒(Gentzler 1983:181)呼应了这一观点,认为20世纪90年代是以翻译理论的繁荣为特征的。

刘宓庆(2005b:i)则主张将翻译上升到"文化战略""救民族出危难""实业化"的高度来认识。巴斯奈特(Bassnett 1980:1)将翻译冠之以"fundamental act"和"crucial role"的头衔;夏富呐和阿达布(Schäffner & Adab 2000/2012:v)用"essential for trading"和"fundamental component of classical education"来定义翻译活动。这些论述足以可见"翻译"的重要性。我国20世纪70年代刚开始改革开放,国门突然打开,众多的人员需要出国留学,国外各学科的大量英语资料需要翻译,译员奇缺,竟在全国形成了一个学英语的前所未有的热潮!在我国改革开放的一片大好形势中,翻译工作和外语老师发挥了十分重要的作用。

说其难,是因翻译之不易贯穿于翻译活动的每一个环节。理查兹(I. A. Richards 1953:250;Tymoczko 1999:28)的一句话或许最能说明问题:翻译过程可能是宇宙进化中发生的最复杂的一个事件(the most complex type of event yet produced in the evolution of the cosmos)。美国著名语言哲学家奎因(Quine 1974)称翻译为"the most difficult tasks"。纽马克(Newmark 1988/2001:224,225)用"horrible"(恐怖的)、"miserable"(悲惨的)来喻说翻译,将"难"推向了一个远非"难"所能比拟的新层次。奈达(Nida 1993:1—6;2001:1—7)列述了译事所涉及的十大悖论(Paradox),且认为它们都是语言和文化上的悖论,这也足以说明翻译工作的窘境。

严复的《天演论·译例言》被认为是中国现代译论的开篇之作(潘文国

(接上页)事和评点。佛经译本既影响了唐朝传奇文学的内容,还影响到它的文学结构。清末民初一批翻译家的作品改变了中国人的社会文化道德观,推动了五四新文化运动中的"白话文革命",对中国现代文学(小说、诗歌、散文、话剧等)的形成和发展产生了重要影响。20—21世纪的科技翻译对于我国的科学技术发展和四个现代化的建设更是做出了不可磨灭的贡献。

2012),其中所述"译事三难:信达雅""一名之立,旬日踟蹰①"也是"难"之凭证,不仅说出了踟蹰之"难",且其"信、达、雅"三字还被奉为翻译的基本准则,影响国人达百年之久,寥寥三字却能道出译学之真谛,堪称世界之最。这一准则应者甚众,还据此仿拟出不少名句(参见杨全红 2010:111),如周有光"一名之定,十年难期";张隆溪"一词之立,费三百载";季羡林"一脚(脚韵)之找,失神落魄";杨宪益"半身早悔事雕虫,旬月踟蹰语未工"。如此这般的感叹,倒也叹出了翻译者无奈的苦衷。另外,有关"翻译"有约 500 条隐喻,更可见这项工作的艰难性(参见第七章)。说其难,还因为翻译学一直游走于众多学科之间,必然要涉及众多其他学科的知识,这种"学科间性"就决定了该学科必须采用"综合法"加以全面和深入的研究(Snell-Hornby 1988/2001)。

但这一"古老、重要、艰难"的人类行为,长期以来在学界常被视为一种边缘性的(Marginal)、辅助性的(Subsidiary)、第二位(Second Importance)的"技巧"(Skill, Art②),为他人服务的、未能入流的技艺,一直没能得到应有的重视,甚至是备受冷落,深受质疑,仅被视为一种谋生之道;虽偶有述及,也冠之以一种书斋雅兴之为。我国学者林语堂早在 1933 年的《论翻译》文中就提出了"译学"这一术语,虽离"学科"有一定差距,但毕竟已萌生了构建翻译研究的念头。董秋斯于 1951 年在题为《论翻译理论的建设》的论文中明确提出"翻译学",论述较为周详,且将其落脚在"建构完整的理论体系"上,可谓早瞻先瞩,可圈可点!该文值得我们一读,也算是我国学者对世界翻译研究的一个贡献。这也充分说明笔者(2001)早年提出的一个观点,外语界学者不必总将眼光盯在外国人身上,一定要关注我国老祖宗留给我们的非物质文化遗产。

西方虽在 20 世纪初就出现了"翻译科学,翻译学"(the Science of Translation)这一术语(谭载喜 2005:195),但直到 20 世纪 40 年代西方的大学才开始正式培训翻译人员:如 1941 年在瑞士的日内瓦、1941 年在奥地利

---

① 此为原句,但在学界它有多种不同表述,如:"一名之立,旬月踌躇""一名未立,旬月踌躇""一名之立,旬月踟蹰"等。

② 译界所论述的"翻译是 art"就等同于"翻译是 skill 或 craft"(参见 Gutt 1991/2000:2; Newmark 1981:18)。这就是我们常说的"翻译技巧",如汉英互译中的具体窍门和方法,缺乏系统性、协同性、普遍性,远非称得上"理论"。与其相对的便是"翻译是科学"。奈达持一种综合观,认为翻译不仅是一种艺术,一种技巧,还是一门科学(谭载喜 1999:XVIII)。他所说的科学,是指"采用处理语言结构的科学途径",语义分析的途径和信息论来处理翻译问题(Nida & Taber 1969 Preface),也就是采用一种语言学的、描写的方法来解释翻译过程。他之所以得出这一重要论断,是因为他原本就是美国著名结构主义(含描写主义)语言学家布隆菲尔德(Bloomfield)的弟子。

的维也纳、1946年在德国的美因茨-盖默斯海姆(Mainz-Germersheim)、1949年在美国的乔治镇(Georgetown)等。就在这期间,美国翻译理论家奈达(Eugene A. Nida 1914—2011)在1946年出版的《〈圣经〉翻译》(The Bible Translating)中始用现代语言学理论(主要包括结构主义、功能主义、乔姆斯基TG理论)较为系统地论述了翻译问题,再次启用"翻译科学"这一术语,在1964年的《翻译科学的探索》(Toward a Science of Translating)中再次论述了"翻译即科学"的著名论断,当用语言科学理论来论述和研究,他在书中第8页指出:

> The fundamental thrust is, of course, linguistic, as it must be in any descriptive analysis of the relationship between corresponding messages in defferent languages. (当然了,基本的推动力来自于语言学,因为对不同语言里相应信息之间的关系进行任何描写和分析,都必须是语言学的描写和分析。)

从而开始将翻译活动正式纳入到语言学的轨道。也正是他的这一开创性思路,使得当代翻译学理论在现代语言学的视野下得以迅猛发展。正如谭载喜(1999:X)在《新编奈达论翻译》的编译者序开篇一段所言:

> 西方现代翻译研究的一大特点,是把翻译问题纳入语言学的研究领域。翻译理论家们在现代语言学的结构理论、转换生成理论、功能理论、话语理论以及信息理论的影响下,从比较语言学、应用语言学、社会语言学、语义学、符号学、逻辑学、人类学和哲学等各个不同的角度,试图对翻译研究这个古老的课题赋予新的含义,增添新的内容,从而提出了新的研究方法、理论模式和翻译技巧。奈达的理论就是西方现代翻译论研究领域中的突出代表之一。

因此,奈达被冠之以现代翻译学的开山鼻祖之名,也算是当之无愧!

霍尔姆斯(Holmes 1972)和勒菲弗尔(Lefevere 1976)先后提出了"翻译研究"(Translation Studies)这一术语,后被学界作为学科名称使用。霍尔姆斯将其主要内容大致界定为:

(1) 依据经验事实来客观描写翻译所涉种种现象;
(2) 建立解释和预测这些现象的原则和参数体系。

此时才宣告"翻译"作为一门独立的学科(Discipline, Science)粉墨登场(Bassnett 1980:11; Snell-Hornby 1988/2001; Lefevere 1992a)。巴斯奈特

(Bassnett 1980)出版了《翻译研究》(Translation Studies)一书,后于1991和2003年又出了第二、三版(各个版本被多次印刷),在学界广为流传,成为世界上很多国家的翻译教学入门教材。

戈芬(Goffin)和哈里斯(Harris)直至20世纪70年代才正式启用"翻译学"(Translatology)这一术语,此后它便开始在学界广泛流传,且逐步被人们所接受。刘宓庆(2005b:326)主张将"Translatology"这一术语视为"统领学科的宏观研究",而将"Translation Studies"视为"经验的描写研究",这两个术语虽不可同日而语,但都志在将翻译上升为一个独立的学科。时至20世纪90年代,翻译学开始受到学界的广泛关注,逐步流行,乃至盛行,被视为人类交际的一项基本活动。

概言之,翻译学就是专门研究与翻译的理论建构和实践应用相关的问题的学科;细言之,该学科可包括"概念、理论、性质、过程、原则、标准、功能、方法、应用、地位、历史、教学、批评、比较、超学科性、机器翻译"等分支内容。

英国著名翻译理论家莫娜·贝克(Mona Baker)于1998年主编的《Routledge 译学百科全书》(Routledge Encyclopedia of Translation Studies)(第一版)(于2009年出版了第二版),集来自三十多个国家95(第二版有104)位著名学者的智慧,其中不乏译界泰斗的贡献。该百科全书较为全面地收集了有关翻译学研究中所涉及的核心词条,素有"范围广、内容新、观点开明、权威性强"之美誉,大大巩固了翻译学的独立学科地位。莫娜·贝克本人所撰写的"翻译学"(Translation Studies)词条(可惜在第二版中被删除),常被学界视为经典,其中包括了译学的名称、历史、主要内容、相关理论、研究方法、评价方法等内容,为本学科做了较为全面的界定。

自古道"创业难,守业更难"。确立一个学科的地位不易,巩固其地位更难,若想使其真正发展为一个成熟的学科,远非喊上一两句"独立宣言"就能解决问题。时代车轮滚滚向前,知识爆炸已成定势,一切尚须求发展,学科成熟路漫漫,各位同仁尚需努力。借他山之石,亦可不忘我山之玉,共建翻译大学科。谭载喜(2005:200)认为,

> 翻译学理论受制于语言学理论,显然构成了近几十年现代西方翻译理论发展的主要特点。……现代西方翻译理论家大多热衷于把现代语言学的理论成果,运用于翻译理论的研究之中,为能真正把翻译学作为一门独立或相对独立于语言学之外的学科来加以系统的研究和阐释。

自从20世纪50—60年代西方的后现代哲学渐入高潮,译界于20世纪70—80年代也开始出现了翻译的文化转向,此后很多翻译理论家不再将翻

译视为语言层面的简单转换,而将注意力转向了"跨文化互动"(Interaction between Cultures),视翻译为文化转换而非单纯的语际转换,从而在译界出现了"文化转向"(Cultural Turn),因为语言本身就是深深扎根于一个民族的文化之中的,翻译必然要与文化紧密交织在一起。英国学者斯奈尔-霍恩比(Snell-Hornby 1988/2001:39)接受了海姆斯(Hymes 1964)的观点,认为"文化"不仅是一种"艺术"(Art,Skill),而是宽广意义上的人类学概念:对人类生活进行社会调节的总和(the broader anthropological sense to refer to all socially conditioned aspects of human life)。我国著名学者谢天振(1999:1)所创立的"译介学"(Medio-translatology)进一步发展了西方翻译文化派的观点,将译学与文学、文化研究紧密结合起来,突破局限于语言层面的转换,将翻译活动视为一种跨文化交流的实践活动,从而使得这门学科具有独特的价值和意义,且成为当代译论中具有相当强"革命"因素的学派,对传统观点具有"颠覆性"(潘文国 2002)。

在后现代哲学大潮的冲击下,近年来认知科学和体验哲学迅猛发展,CL渐成主流,人文学科亦已明显出现了"认知转向"。刘宓庆(2005b:v)指出,认知、哲学、历史三大板块是翻译学向纵深发展的研究领域。朱纯深(2008:3)认为要下功夫强化中国翻译的哲学基础,扩大其研究视野,改善其研究方法,以利于国际间的互动。在此形势下,翻译的哲学思辨和认知研究已是水到渠成之事,我们理当将重点转向探索和对比不同语言表达背后所隐藏的跨民族世界观和认知方式,且将其与哲学、文化、历史紧密关联起来。

后现代译论所倡导的"翻译即创造性叛逆",就其根源来说不在于语言层面的词句转换,它与文化观念密切相关。从更深的层次上来说,取决于译者的"哲学取向、认知方式",创造与叛逆,就其根源来说出自译者的认知策略。因此,翻译研究①不仅仅涉及翻译技术或翻译技巧,也不仅仅是一门科学与艺术的结合体,更重要的是它应当探索翻译活动背后的跨民族、跨文化的认知机制。随着当前认知科学、CL和体认语言学的迅猛发展,将翻译活动纳入认知科学的体系加以深究,便是笔者写作此书的动因,尝试将体验哲学、CL和体认语言学的理论和方法应用于建构独立的"体认翻译学"(Embodied-Cognitive Translatology)。

---

① 翻译可视为一种技术、技巧或艺术,但翻译研究、翻译学则不是一种技术或艺术,而是一门科学,它是一门相对独立的,不隶属于任何一门学科(包括语言学)的综合科学(奈达,参见谭载喜 1999:271)。这就要求我们不仅要学习语言学,还要学习其他学科的知识。

二

我们都知道，外语学习必定始自"翻译"，只要是从事外语教学或理论研究的学者，不管是哪个方向，语言学也好，文学、文化等方向也好，不仅仅是要与"翻译"打交道，甚至一切外语学习和研究都要脱胎于"翻译"，无一例外。将其视为语言学研究的主要对象之一，理所当然。

当我们第一天开始学外语时，都会自然而然地问，"这个单词是什么意思？""这句话用英语怎么说？"，这就注定要将自己绑在"翻译的车轮"上了。更不用说18世纪末浪漫派施莱格尔兄弟早就提出过"广义翻译"，认为一切都是翻译，因为它涉及所有的变形、转化、模仿和再创造，布伦塔诺、海德格尔也持这一观点（参见许钧 1998：125－126；蔡新乐 2010：119）。海德格尔认为，世界上一切都以"居间"的形式出现，这种存在样态便意味着"翻译"，这就是他所说的语言之内已经存在翻译了。他还认为翻译就是万物生命力的体现，她/他/它们在不断地翻转和不停地变化，也只有这样，她/他/它们才会回归自身，回到自己的"家中"。

当代英国翻译理论家斯坦纳（Steiner）沿其思路进一步明确指出"一切理解活动都是翻译"，他（Steiner 1975/2001）在《通天塔之后——语言与翻译面面观》(*After Babel*: *Aspects of Language and Translation*)一书的第一章的标题即为"Understanding as Translation"。他（庄绎传译 1987：22）说：

> 每当我们读或听一段过去的话，无论是《圣经》里的"列维传"，还是去年出版的畅销书，我们都是在进行翻译。读者、演员、编辑都是过去语言的翻译者。

如此说来，翻译无处不在，无人能逃，因为一切转换或变形的活动都是翻译，或换句话说，人人都生活在翻译之中，人人都可研究翻译，我们所进行的思维都是翻译思维，颜林海（2008：84）提出的"翻译思维"很有道理。据此可仿照雷柯夫和约翰逊（Lakoff & Johnson 1980）的书名 *Metaphors We Live by* 说成"Translations We Live by"（我们赖以生存的翻译）。

当然，我们所说的翻译，与斯坦纳所说的一切皆翻译还是有所不同的，我们主要还是就跨语言和跨文化的表达转换。特别是外语工作者，都离不开翻译活动，要使翻译工作得心应手，就当兼有"翻译学"的理论素养，还要有跨学科的知识储备（参见 Hatim & Munday 2004/2010：8），具备"杂学"功底，这就是斯奈尔-霍恩比（Snell-Hornby 1988/2001）所论述的"综合法"（Integrated Approach）。

一方面,翻译学从语言学和文论中吸取了很多理论和观点,为该学科的理论建设提供了若干框架性思路;另一方面,翻译学也促进了语言学和文论的发展,前者的成果也有利于后两者进一步打开思路;再说了,翻译主要解决的是语言问题,它本来是现代语言学研究中的一项重要内容。人们早已认识到,翻译、文学、语言学这三个学科本来就是围绕语言研究的不同侧面,它们之间原本就是互通有无,同享一个研究对象,基于同一套哲学理论,理当互通有无,同生共长,方可相得益彰,齐头并进,没有必要设立壁垒,挖掘鸿沟,老死不相往来。只有这样,才能带来21世纪更为繁荣的语言研究新局面。如翻译学从哲学、语言学、文论、认知科学等借鉴了诸多成果;文论也多得益于哲学、语言学、社会学、心理学等诸多理论;语言学也从前两个学科借鉴得诸多思路,如近来亦已成为主流的CL,得益于后现代哲学(包括体验哲学)、文论、认知科学等,国内学者朱长河博士提出的"生态语言学",明显受到后现代生态主义者、生态翻译学和生态文学的影响。

笔者主要研究领域为语言学(特别是CL、体认语言学)和语言哲学,但也常与翻译打交道,且结识了翻译学界的很多名师大家、高朋贵友,如谢天振、杨自俭、潘文国、张柏然、廖七一、吕俊、方梦之、王克非、许钧、朱徽、王东风、蔡新乐、祝朝伟、杨全红等译界著名教授,受到他们的诸多熏陶,涉足翻译学中的一些理论问题。笔者在20世纪80年代还教过"翻译技巧"(Translation Skills)这门课,尝试翻译过一些英国著名诗人的诗歌,算是经历了译诗的"理解磨练"和"创作煎熬",多少也有点心得。在20世纪80年代还翻译了不少科技方面的介绍和说明书,引介过国外先进技术和项目;在平时专业文章和书籍的写作过程中也常涉及国外学者的语录翻译,在此过程中时常推敲字句,也积累了些许经验。笔者曾在一所高校外事处工作期间先后随团出国当口译十数趟,也曾为财政部一位副部长出国当过翻译,算是颇有心得。

谢天振(2001)在《国内翻译界在翻译研究和翻译理论认识上的误区》一文中指出,有些学者常把探讨"怎么译"视为翻译研究的全部;常有人对翻译理论持实用主义态度,只看到理论的指导作用,忽视其认识作用。吕俊(2001:前言)在《英汉翻译教程》中指出,我国的翻译研究已经走出了传统时期,正以一种向各邻近学科开放的姿态朝着多元发展,并逐渐成为一门具有高度综合性质的独立学科。杨自俭((2002:7—8)认为:

> 虽然有许多文章都强调重视从相关学科中吸收新的理论与方法,但大都只是提提而已,很少有人从其他学科中借来新的理论与方法进行系统研究,发现新的问题,开拓新的研究领域。

这不仅道出了我国翻译界的现状,也是外语界,乃至其他很多学科亟待解决的一个大问题。笔者那时仅有认识,未想行动,涉足他人的领域需要谨慎,翻译的奶酪不要轻易去动。

时至2003年,中国典籍英译研究会在苏州大学召开第二届年会,汪榕培会长邀我做一个大会发言,笔者为此思考良久,本想推辞,因为这不是我的主打领域,不宜随便涉足"他人领地"。但后来读到谢天振将比较文学与翻译学相边缘而创立的"译介学";胡庚申(2001)将达尔文的自然进化论、全球生态文化学术思潮等运用于译学研究,提出了"翻译适应选择论";黄国文、张美芳等将系统功能语言学与翻译学结合起来的论文,深受启发,萌动了从CL角度思考该发言的念头。通过一段时间的整理、思考,初步写成《翻译的认知观》一文,并在大会上做了发言,算是国内率先吃这只螃蟹的人吧!该稿后经多次修改,形成两文,分别以"CL的翻译观"和"CL的'体验性概念化'对翻译中主客观性的解释力——十二论语言的体验性:一项基于古诗《枫桥夜泊》40篇英语译文的研究"为题分别发表于2005年第5期的《中国翻译》和2008年第3期的《外语教学与研究》上,不期引起译界的广泛关注,增加了继续做点翻译认知研究的信心。

2004年10月在四川外国语大学举办了英汉对比研究会第十届年会,邀请了美国著名的翻译理论家根茨勒(Gentzler, E.)到会做主题发言。会议期间他送了我两本签好名的书:1993年出版的 *Contemporary Translation Theories* 和2002年出版的 *Translation and Power*,当时也读了,并未找到多大感觉,现在看来原因主要有二:(1)对翻译理论的历史和发展了解不深;(2)后现代哲学理论尚为空白。近来笔者加强了这两个方面的阅读,算是有所弥补吧,然后再读这两本著作,感受较深,理解才基本到位。根茨勒的这两本专著对本书的写作启发颇多!

再后来,笔者读到1997年丹恩克斯(Danks, J. H.)、斯利夫(Shreve, G. M.)、房延(Fountain, S. B.)、麦克庇斯(Mcbeath, M. K.)合著的《口笔译中的认知过程》(*Cognitive Processes in Translation and Interpreting*)以及2010年 Shreve & Angelone 出版的 *Translation and Cognition* 文集,对从CL角度研究建构翻译理论有了更大的信心、更深的认识。特别是在后一本书中马丁(Martin)还正式提出了"认知翻译学"(Cognitive Translatology)这一术语,我们便萌动了在国内倡导创立"认知翻译学"的想法,于2012年在《中国翻译》第4期上正式启用该术语,因为在此之前,我们仅论述了"翻译的认知观"或"认知翻译研究",而未敢妄称"认知翻译学"。

谢天振教授在川外讲学期间我们多有接触,我再次精读了他的大作,受益匪浅。他尝试将比较文学与翻译研究紧密结合起来,在这两者的结合处创立了一门新兴跨学科"译介学",为国内外翻译界开辟了一个全新方向,可贺可喜!我也深受启发,又在与他交谈中增加了信心,文科研究当走跨学科之路,我萌动了将"CL"与"翻译学"结合起来的念头。

近年来笔者还连续几年应邀参加了辽宁省翻译学会举办的年会,承蒙他们抬爱,让我介绍认知翻译研究方面的心得,且建议我尽早写出这方面的专著。我十分感谢学界朋友的关心和鼓励,现在才腾出手来,不揣冒昧,做此尝试,欢迎行家里手不吝指正。

潘文国(2012)大力倡导重塑中国话语权,努力建构我国自己的译论学派,值得广大学者认真思考。他在文中指出,"文质之争"和"信达雅"可视为我国译论史上最重要的观点,但在西方译论强大话语权的统摄下,它们都被自觉或不自觉的消解了。中国译论"失语"的结果便是我们的翻译研究只能跟着西方理论走,从"文化转向""多元理论"到"异化、归化"等等都是如此。笔者认为,在当前全球认知科学和CL迅猛发展的学术潮流下,创立有我国特色的体认翻译学,以本土化的"体认原则"为基础重新审视翻译论题,不妨将其视为在国际译坛上建构中国话语权的一种尝试,触碰一下别人的奶酪,算不定会别有一番滋味。

三

西方形而上哲学的核心特征为"爱智求真"。philosophy 就是由 philo(爱)和 sophy(智)这两个词素组成的,这也足以可见哲学的本质特征。那么"爱"什么智慧呢?要爱真知!真知即本质,这就是西方形而上学哲学家为何要将"追问世界之本质"作为他们奋斗的目标了。

他们还认为,要能求得世界之本质,必须排除人的主观性,这就是所谓的"笛卡尔范式"(Cartesian Paradigm,王寅 2007:38—39)。在研究词语意义时也奉行二元观,基于"事物"与"名称"之间的关系来论述意义,这一观点一直流传了两千多年。索绪尔也力主将"人本"和"社会"这两个因素从语言研究中切除出去,且基于形而上学二元论,"关门打语言""关门论语义"成为他的结构主义语言学理论的主旨,运用语言系统内部的二元对立要素(横组合和纵聚合)来分析系统,确定意义。弗雷格(Frege 1892)针对基于传统形而上学所建立的"指称论"(Referentialism)之不足,提出了著名的语义三角,以图解决该语义理论留下的"空名"和"一物多名"的难题,它虽比传统指称论有所进步,但依旧未能摆脱客观主义哲学观的困扰。基于弗雷格语义理论所建立起来的其他语义观,如"外延论(或外在论)、真值对应论、真值条件论、语境论、功用论、行为论"等,也都过分依赖外部世界和实际效用来论述意义,依旧排斥人本精神,这些观点对于语义研究留下了种种困惑。人们不禁要问,语言本是人之所为的产物,却为何要一味地将人因素排除在外,岂非又是一种悖论?

与"外延论"(Extensionalism)相对的便是"内涵论"(Intensionalism),以图从人的心智内部来解释语义现象,很多心智论者还认为人的心智具有"镜像"功能,大力倡导"语言与世界同构"的观点,认为人类的心智可客观可靠地将外界事实反映到心智中来,这显然还盘旋在传统形而上哲学理论之中,注定不能完美地解决语义问题。

无论是外延论,还是内涵论,这两种语义理论都属于客观主义哲学,将人本要素排除在视野之外,这一研究方法必然要打上"胎里疾"的烙印。公允地说,在自然科学中人本常被视为"非中心主体",多以客观世界中的事实为依据,"逻辑实证主义"(Logical Postivism)确实是一条可行的研究准则。而在人文科学中,绝对不可忽视"人主体",且这里的人主体常带有"自我中心主体"的特征,即各自常从"自我中心"(Egoism, Egocentralism)的角度来看待世界、阐发思想、说明观点,且运用语言进行翻译。在过往的研究中,"人主体"多遭不公的待遇,时至今日,当还其一个公道!

我们基于马列辩证唯物论和体验哲学的基本原理,提出了"语义体认观",既强调了唯物观对于人文研究的基础性,也突显了人文观的重要性。语义体认观的核心为:将弗雷格语义三角中的客观意义(Sense)改为客观兼主观(Cognition),且下拉三角顶点,彻底阻断"语言符号"与"现实世界"之间的关系,从而建构了体认语言学的核心原则:

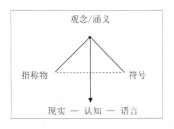

最右端的"语言"是基于前两个要素形成的,即语言是对现实世界的"互动体验"和"认知加工"的结果。引号中的八个字可归结为"体认"二字,这便是"体认语言学"这一名称的由来。在《现代汉语词典》(商务印书馆 2012 年第6版:1280)中将该词组定义为"体察认识"。故而有了"体认语言学"和"体认翻译学"。我们认为,"体认"这两个字包含的意义甚多:既有客观因素,吸收了外在论的合理内核,落实了"对现实进行互动体验"的理论取向;也有主观作用,吸收了内在论和人本观的合理内容,实现了CL所倡导的"认知加工"原则。若将这两个字所蕴含的意义有机地整合起来,便可较好地解释人类如何"感知事物、认识世界、建构思想、形成语言"的基本过程。

"体"意在突显人类的思想、语言、意义具有体验性,它们都是基于我们对现实世界的互动体验而成形的,这完全符合唯物观;"认"意在强调人本精神,即在我们的思想、语言和意义中不可避免地要打上主观烙印,这也完全符合辩证法的原理。我们基于这两者进行整合,提出了"语义体认观",可用以解释人文研究中若干核心问题。它一方面可有效修补外在论因过分强调客观因素所带来的胎里疾,也可修补内在论因仅聚焦于心智内部而留下的缺憾,同时也突显了马列主义注重人本精神的思想,并吸收了后现代哲学和体验哲学中的人本新观。

笔者拟将这一基本原则应用于翻译研究。据此便可解释,人们之所以能进行跨文化和跨语言的交流和翻译,皆因我们享有相同(或大致相同)的现实世界,且我们的人体构造以及各身体部位的功能相同,这就决定了全人类要有共通的思维基础和表达需要。奈达曾用"体"来解释语言交际和可翻译性的原因(参见谭载喜1999:60):

> 全人类的生活经验彼此极为相似。是人都要吃饭、睡觉、工作,都有家庭,都有博爱、憎恨和妒忌的经历,都有爱人之心,都能表达忠诚之心和友谊,也都能做出多种面部动作(如大笑、微笑、皱眉)。

这便是我们能够相互理解和进行语际翻译的"体"之基础。

人类虽都生活在"地球村"(此为麦克卢汉1990所首提术语),但是这个村子实在是太大了,生活在不同区域和环境中的人们,必定会有不同的认识世界的方式,这可用来解释人类语言之间的差异,甚至出现了部分"难以翻译"或"不可翻译"的语言现象,皆因各民族"认知加工"的方式不同所致。笼统说来世界虽是相同的,但各个地区的自然环境不尽相同,因此各地区的人们在认识世界、理解自然、表达思想时的方式也就不尽相同,因而造成了全世界语言之间的差异。如在表示喜悦和爱慕时,很多语言(如英语、希腊语、汉语等)都用"心",而非洲的一些语言却说"肝",在部分玛雅语中要用"腹",在希伯来语中要用"肾",在西太平洋马绍尔群岛可用"喉咙"来表示(参见谭载喜1999:54,62)。

体认语言学认为,将"体"与"认"这两个要素整合起来就更有解释力了,"体认"可用来统一说明语言中的同和异,也适用于解释翻译现象。同是因为"体"之同,异是因为"认"之异。如生活在不同区域、不同环境中的语言社团对相同事物、相同词语会有不同的实际用法和联想意义,这其中既有"体"因素,也有"认"原因,但我们认为主要是后者。试想一样,生活于赤道附近的人们与生活于高纬度的人们,在说到"阳光""雪"时感觉显然会有不同,这不就是我们所说的,北方人更喜爱阳光,南方人更喜爱雪,物以稀为贵吗!

又如得到母爱的孩子和没有得到母爱(如遇到不善良的后妈)的孩子,在谈及"母亲"时的情感肯定会有差异,甚至是较大的差异。奈达(参见谭载喜1999:181)也曾举过一个例子来考察"绿"与"蓝"的不同情感意义:对于生活在丛林的人们来说,绿色对于他们来说已经习以为常,因而更喜欢像天空一样的蓝色,据此常用这个颜色来象征"生命"和"幸福";而对于生活在沙漠的人们来说,由于水和植物很珍贵,便更喜欢绿色,且常用绿色来象征"生命"和"幸福"。奈达(参见谭载喜1999:193)据此指出:

> 事物不仅仅是事物,词语也不仅仅是词语,它们总是要受到与其相关联东西的影响,它们的意义也总是要根据人们的感情反应来估价。

奈达在这里也强调了语言表达中的"人本因素",该论断对词语的隐喻用法也非常适用,如在英语明喻中同是一个 clear 就用了 8 个事物来做比喻,如:

(1) as clear as a bell

(2) as clear as crystal

(3) as clear as day

(4) as clear as daylight

(5) as clear as glass

(6) as clear as noonday

(7) as clear as the sun at noonday

(8) as clear as mud

上述大部分明喻习语都比较好理解,但奇怪的是第(8)例中的 mud,竟然也能与 clear 搭配使用。按照一般人的思维,mud 意为"泥浆、淤泥",它一点儿也不 clear。这条明喻习语的意思为"含糊不清,一点儿也不清楚",此时的 clear 受到 mud 的约束意义发生了转移,实际上译为 unclear。该英语明喻习语的特殊性,说明英民族就此有着特殊的认知方式。又如我们常用"狐狸"

(fox)来喻指人的"狡猾",而在许多非洲语言中常用其他的动物或昆虫来作比喻。这说明全世界各民族确实有不同的范畴化方式,详见第十一章第二节。

这就在学界出现了一个旷日持久的争论,全世界的语言究竟是"同大于异",还是"异多于同",我们认为泛泛而论加以争辩是没有什么意义的。有些学者主张前者,特别是乔姆斯基还提出了"普遍语法"(Universal Grammar)的设想;有些学者主张后者,如功能语言学派和CL派。我们设想,在全世界几千种语言中,在言说某些范畴或领域时可能是前者;在论述另外一些范畴或领域时可能是后者,因此简单地说"同大于异"或"异多于同"过于笼统,没有什么实际意义。在同一语系或语族中各语言的相似度应当是"同大于异",它们之间的相似度会大于不同语系的相似度。例如当今运用计算机进行机器翻译时,在印欧语系中进行跨语言互译时的准确性就要远远高于英汉互译时的准确性。可行之说为:具体情况具体分析。

我们基于上述的"体认观"设想出"体认翻译学"的权宜定义,现将其描写如下,欢迎批评:

> 翻译是一种特殊的、多重互动的体认活动,译者在透彻理解译出语(包括古汉语)语篇所表达的有关现实世界和认知世界中各类意义的基础上,将其映射进译入语,再用创造性模仿机制将其建构和转述出来。

在这一定义中有几个关键词语:多重互动、体认、两个世界、各类意义、语篇、映射、创造性模仿等,前6个主要出自CL和体认语言学,现笔者用它们来解释最后一个关键词——翻译研究中的"创造性模仿",从而有机地将认知派和体认派的基本观点与翻译理论结合了起来,详见第四章。笔者以此权宜定义为主线,较为系统地组织了本书各章的写作脉络。

正如谢天振的译介学一样,体认翻译学并不专注于词语转换高下优劣的技巧,也不对译文好坏做出评判,而意在描写和解释译者在翻译过程中所采用的体认方式,主要包括:体认观、范畴化、互动、映射、意象图式、识解、隐转喻、突显、概念整合、事件域认知模型(ECM)、像似性等,本书将分析译者在翻译过程中如何运用这些体认机制。这一理论的建构和发展不仅对翻译实践具有实用性,而且它还具有认知作用,进一步深刻认识翻译实践的功能,对翻译学走向深入具有重要的推动意义。

四

一项在外语学习过程中看似平常的翻译活动,各路学者竟然提出了很多不同的理论,如以"译论学派、学科基础、翻译思想、文本取向、代表人物、学科主题"等为线索,竟然可分出数十种理论(详见廖七一 2000;胡庚申 2004:20—35;谢天振 2008)。

西方翻译理论奠基人西塞罗(Cicero 前106—前43),出于其修辞学家和演说家身份,始从修辞学角度探索翻译过程中的风格转换。他曾将翻译活动分为两大类:解释员式的翻译,演说员式的翻译。前者指没有创造性的翻译;后者则具有创造性,且译作可与原作媲美。

雅克布逊(Jakobson 1959)将翻译分为三类:语内翻译(Intralingual Translation)指同一语言中的不同表达形式;语际翻译(Interlingual Translation)指双语之间的对译;符际翻译(Intersemiotic Translation)指语言系统与非语言系统之间的翻译。

霍尔姆斯(Holmes 1972)将翻译研究分为三大类:理论研究、描写研究、应用研究,详见第十一章。

奈达(Nida 1984)将翻译理论分为如下四大流派:语文学、语言学、交际学(翻译即交际)、社会符号学(将语言视为一种符号,结合所在社会环境进行解释。形式也有意义)。

根茨勒(Gentzler 1993)根据翻译的功能和目的分五大类:美国翻译培训派(诞生于1960年代,侧重于文学翻译教学);翻译科学派(侧重语言学理论研究翻译);早期翻译研究派(脱胎于文学分析,融入文化派思想,认为翻译具有跨学科性,方法无对错,强调动态的再创作,无固定模式);多元体系派(源发于早期翻译研究,借鉴俄国形式主义,引入多元文化体系);解构派翻译理论(消解源文,超越文本,否定意义确定论,倡导读者中心)。

威廉姆斯和切斯特曼(Williams & Chesterman 2002/2004:48—57)将翻译模型分为三大类:比较模型(Comparative Models)、过程模型(Process Models)、因果模型(Causal Models)。最后一类包括:奈达(Nida 1964/2004)的功能对等和动态对等;维美尔(Vermeer 1996)和诺德(Nord 1997/2001)的目的论、多元系统;格尤特(Gutt 1991/2004)的关联论与翻译;图里(Toury 1995)的干涉与标准化法则;特肯纳-孔迪特和迦斯克莱任(Tirkkonen-Condit & Jääskeläinen 2000)有关探索译者决策动图的研究等。

廖七一(2000)从时代上将翻译理论分为"古典译论、近代译论、当代译论";从学派来分有"语文学和文艺学译论(西塞罗、贺拉斯、哲罗姆、多雷、德莱顿、歌德、泰特勒、利维)、语言学和解释学译论(奥古斯丁、伊拉斯谟、施莱尔马赫、洪堡特、巴托、穆南、卡特福特)、跨文化交际译论(奈达、霍尔姆斯、巴斯奈特、斯奈尔-霍恩比、贝尔曼等)"。

谭载喜(2005)将翻译研究分为六个时期:"公元前4世纪的肇始阶段、罗马帝国后期至中世纪初期、中世纪时期、文艺复兴时期、近代翻译时期(17—20世纪上半叶)、第二次世界大战以后至今"(参见附录2)。

吕俊、侯向群(2006)认为翻译研究主要经历了三个时期:语文学研究阶段、结构主义现代语言学阶段、解构主义阶段。

罗新璋(1984)提出了中国翻译的四种模式"案本、求信、神似、化境",朱自渝(2001)也对其做出了很好的论述。赵彦春(2005:50)曾以人物为准划分了翻译流派:哲罗姆模式(直译,可兼顾意译)、贺拉斯模式(意译)、施莱尔马赫模式(直译)。

谢天振(1999:25)指出,西方翻译史上历来就存在着清晰可辨的两条翻译研究传统:

(1) 从古代奥古斯汀延伸到20世纪的结构主义语言学翻译理论线;

(2) 从泰伦斯等古代戏剧翻译家延伸到现代翻译学家的文艺翻译线。

从前者来说,译界一直十分关注语言学研究成果,常从其宏观理论中吸取丰富的养分,且将其视为建构翻译学理论的主要依据之一。特别是结构语言学、功能语言学、转换生成语言学等重要语言学派,但是对普通语言学中的分支学科,如"语义学"(Semantics),却关注不够,这或许也是一大遗憾。

笔者提出了另一种分类翻译理论的方法,即根据自然交际顺序来分。我们知道,正常的交际顺序为:作者写出文本(或说出话语),传达至读者,这其中包括三个环节:

作者—文本—读者

有趣的是,不同的哲学家、语言学家和翻译学家却分别聚焦于这三者,各自强调了它们的重要性,在学界先后出现了三个中心或三种独白:即

作者中心(作者独白)、文本中心(文本独白)、读者中心(读者独白)

当然,这三者有时也不能断然切分开来,时有交叉,但大致还是能说得清楚的。而且这三个环节与上述国内外部分学者对译学史阶段划分较为接近,参见第二、三章。笔者在本书中将以此为序简要梳理现有的翻译理论,恰有好学、便记的效果。

五

有些哲学家将"哲学"等同于"哲学史",如张汝伦(2003:1)在《现代西方哲学十五讲》导论的第一节标题就是

> 哲学就是哲学史。

赵敦华则颠倒该表述中的主语和表语的位置,他在曾志 2001 出版的《西方哲学导论》的序言中开头就说:

> 哲学史就是哲学,哲学史家同时也是哲学家。

他们的观点与黑格尔(1833,贺麟等译 1997:12—13)

> 哲学史本身就是哲学。

是一脉相承的。他(1817,贺麟译 1980:56)还指出:

> 哲学若没有体系,就不能成为科学。没有体系的哲学理论,只能表示个人主观的特殊心情,它的内容必定是带偶然性的。

因此,与西方哲学密切相关的两个关键词为"历史"和"体系"。通过学习哲学史便可深刻了解哲学家们理论传承的关系,如何践行"否定之否定"之格言,或许,哲学就在其史学进程中逐步建构了自身体系。我们认为,不仅是哲学,任何学科都有其自身的发展历史,翻译学也不例外!我们在这方面还是下了不少功夫,认真学习了国内学者谭载喜(1991,2004)、马祖毅(1998)、郭著章(1999)、廖七一(2000)、刘宓庆(2005b)、陈福康(2000)、文军(2007)等,以及国外有关论著,制作了"西方翻译简史表"和"中国翻译简史表",以表说史,倒也干净利落、一目了然,现将其附于书后,以飨读者,可望达到言简意赅、好学、便记、易查的效果。当然,这两张表仅梳理出一个十分粗略的线条,只能帮助读者大致了解中、西方翻译研究的框架性简史,其中各个学派、诸多学者之间的传承和批评的细节还需沉下心来慢慢研读才能理清。

通过对我国自《越人歌》(前 528)至今的两千多年翻译史的梳理,足以证明潘文国(2013)提出的"中国翻译的历史有两千多年,一点都不亚于西方,中国有自己的翻译理论"。他(2015)还指出:

> 翻译史研究本质上是文化史研究。中国历史上的三次翻译高潮,不论是东汉迄唐的佛经研究、明清之际的传教士翻译,还是清末民初的社科翻译、小说翻译,都对中国社会的各个方面产生了深刻的影响。尤其

前后长达一千年的佛经翻译为最盛。可毫不夸张地说，佛经翻译参与塑造了南北朝以后1500多年中国的思想、社会、文学、艺术和学术，已经融入到中华民族的文化血液里。

这也从另一方面说明，让世界了解中国，迫在眉睫，任重道远。

本书顺其思路，从西方哲学简史开篇，因为翻译发展和流派都离不开当时流行的哲学理论，且以翻译史梳理文化史、思想史。我们上文在简述多路学者对翻译史分期的基础上，根据哲学简史和交际程序将西方译论权宜分期为如下三个阶段：

作者—文本—读者

基本能够反映出译史的大致面貌。我们反思了"作者中心论、文本中心论、读者中心论"之不足，在此基础上建构了体认翻译学的基本主张。这也是一种"以史为镜"的研究方法，吸取已有成果的丰富营养，以期能有所前行。笔者在前两章中大致梳理了西方译论简史，在第三章中依据这一梳理反思了"三个独白"之弊端，在此基础上提出了"体认翻译学"的研究方向，在第四章中论述了该新兴学科的理论基础、研究简史以及权宜定义。在随后的章节中则重点论述定义中所包含的几个关键词语，从而拟构出了体认翻译学的主要内容，形成了一个大致的框架，以能引起学界的关注和讨论，意在抛砖引玉，以求发展。

我想大家都会接受下一观点，不管怎么说，一切翻译活动都是以"语义"为中心而展开的，这也是CL和体认语言学的基本出发点，一定的形式总是与一定的意义紧密联系在一起的，这似乎是不言而喻的。笔者(2001:220)曾说过：

翻译的标准，实质上就是在透彻理解译出语言(含古代语言)语篇所表达出的各类意义的基础上，恰当地将各类意义尽量等值转换表述为目标语言。对中外语义理论在思路上、内容上、方法上的全面对比，定会大大促进我国翻译理论的发展和建设，进而会大大提高汉外翻译实践能力。

既然翻译的一切问题都落脚在"语义"上，译界同仁就应当认真研读语义学，特别是有关中西语义理论对比方面(我国传统语义理论的研究成果主要体现在"训诂学"中)，深入了解有关语义研究的各种理论思潮，掌握语义内部的系统、结构、分类、关联、演变等，熟悉有关词义、句义、段义、章义的论述……因此，笔者在本书专辟第六章，主要论述语义研究与翻译研究之间的紧密联系，以飨读者，希望同仁们能更好地理解语义的诸多特征，为很好地认识翻译及其理论建构和实践打下更为坚实的基础。

我们在体认翻译学的权宜定义中将翻译暂时定义为"体认活动"，它涉及十数种体认方式，诸如：意象图式、范畴化、概念整合、识解、认知模型（包括事件域认知模型）、像似性（主要是顺序像似性）、隐喻转喻、认知实验等，笔者在随后的第七章至十八章分别加以论述，并将其与诸多翻译实例紧密结合起来，既有理论阐述也有实例揭示，从而构成了本书的主体内容，初步建构出体认翻译学这门新兴学科的基本框架。在第十四章中笔者运用了体认语言学的核心原则"现实—认知—语言"来揭示了汉语成语（以《红楼梦》300条成语为例）英译的规律，译者可分别基于"现实、认知、语言"三个不同层面来翻译汉语成语字面或蕴含的意义，且以调查数据来说明"三层次翻译法"的具体分布情况，以供读者作实践参考。第十五、十六、十七章运用简称CL的隐喻认知理论重点分析了有关翻译的约500条隐喻表达，用转喻认知理论揭示了翻译的一般规则，这些都有利于我们更加深刻地认识翻译活动和译学研究。第十八章所介绍的十数种实验技巧也将有助于我们拓宽研究的视野和方法，用定量研究来说明定性研究，寻求"人文主义"与"科学主义"相结合的研究思路。

总的说来，本书采用了"总叙—分述—总叙"的结构组织方式，在前五章中先用总叙方式回顾了翻译简史且反思其不足，以期用体认翻译学来加以弥补，进而解读了该学科的权宜性定义；接着采用"分述"的方法来分别论述定义中的关键词语：意义中心、意象图式、范畴化、构式观、概念整合、识解、认知模型（特别是ECM）、像似性等；最后再基于"总叙"的写作方式，运用认知语言学的"隐喻观、转喻观"来论述翻译隐喻和基本运作机制，以能对翻译的理论建构和实践应用有一个更为深刻的体认解读和全面把握，从而构成了一个相对完整的译学分支。

当然，这只是一次尝试，既然是尝试，就会存在不少缺陷或思考不周，诚恳期盼各位学者的批评指正。

六

我在20世纪70—80年代分别受到语言学大师索绪尔、乔姆斯基和韩礼德等语言学大师的影响，在他们的领域苦苦求索。三十多年前我国刚刚开始改革开放，有关国外语言学的资料十分匮乏，学者们大多读到的是用汉语写成的语言学书籍，几乎读不到原版作品，偶尔看到一两本，大有如获至宝的感觉。20世纪80年代中期,笔者有幸到英国留学,看到浩如烟海的外文原版语言学著作,便如饥似渴地读起来,并认真做了笔记,以便能更好的学懂、理解、记牢。

我于20世纪90年代初在语义学和像似性的思考中开始涉足CL,后得到雷柯夫(George Lakoff)、蓝纳克(Ronald Langacker)、海曼(John Haiman)、泰勒(John Taylor)等国际著名认知语言学家的指导和帮助,认真拜读他们所赠作品,二十几本厚厚的大作精读下来,使我对语言理论和CL有了一个全新的认识,反思传统理论,更新有关内容,开拓研究方法。若逢偶有心得,即刻付诸笔端,始自豆干积累①,逐步建构自己的知识体系。笔者根据这一学习和科研的经验,从20世纪末开始积累,写下数百块豆腐干,然后将它们串联成线,尝试撰写和教授《认知语言学》。"边学、边写、边教、边改"成为我进入CL之门的有效途径。这就是后来我在一篇文章中提到的"有积有发、边积边发、以发促积、以积带发"的求索之道。通过数年的学习与梳理,写作与教学,逐步写出初稿,且经过笔者多年使用,还在其他院校作为研究生教材试用后,几经修改最后成书,还申请到2002年国家社会科学基金项目,于2007年在上海外语教育出版社正式出版(现已是第十次印刷)。本书根据自己对国外几位重要认知语言学家观点的理解,尝试给该学科下了一个权宜性定义,且以其为主线贯穿全书。

由于CL所含内容较为丰富,用一本书难以周延,笔者接受了出版社的建议,就将"认知语法"这一部分内容单独成书,取名为《认知语法概论》,以便能与"转换深层语法""格语法""系统功能语法"等并列成不同学派的语法理论,于2006年正式出版,且也不至于一本书太厚,使用不便。

当完成这两本书之后,笔者又获得一个重庆市重点社会科学研究项目,进一步深化探讨了笔者先前从事的"西方语义学"与"中国训诂学"的对比研究(参见笔者于2001年出版的《语义理论与语言教学》),纳入到体验哲学和CL的视野重新审视,该书于2007年在高等教育出版社正式出版,书名为《中西语义理论对比初探——基于体验哲学和认知语言学的思考》,算是填补了

---

① "豆干",指将平时阅读中的体会随时写成短文,坊间戏称"豆腐干"。这既是笔者的科研经验,也是教授学生的学习方法。通过随笔拾遗目的有二:(1)理顺思想,深化理解;(2)防止忘却,留作后用。这也完全符合语言哲学的基本原理,只有将自己的所思所想诉诸文字,才能使其成形,说得通俗一点,将思想一闪念用言辞表达出来或书写在纸上,使其成为永恒,此时的"思想"才是真正的思想,才可言传和交流。只思不说,或只想不写,不用言语或文字将其揪住(英语为pin down),思想就犹如一团乱云,难以定型,飘忽不定。按照现代语言学之父索绪尔的观点,所指必须与能指结合起来,才有所指(参见高明凯[1996:158])。

学界的一项空白。

在此期间,构式语法(Construction Grammar,简称CxG)逐渐成为一门显学,笔者又花了数年时间认真学习了菲尔墨(Fillmore 1985,1988)、格尔德伯格(Goldberg 1995, 2006)等关于构式语法的论著,又研读了荷兰John Benjamins自2004年以来出版的一套Construction Approaches to Language的丛书(现已出版了十卷),几乎穷尽性地下载了麦克阿利斯(Michaelis)以及其他学者有关构式语法的几十篇论文,基本将该学科的来龙去脉、主要观点和研究方法梳理清楚,从2008年开始撰写《构式语法研究》,分上、下两卷,花了三年的时间,于2010年在上海外语教育出版社出版,全书共102万字,基本概括了国内外该领域的主要研究状况。创作本书的体会是,科研当循"既有继承,也有发展,重在创新"的原则。

笔者还主编了一套"认知语言学丛书",现已出版到第八卷,其中的第六卷为《认知语言学分支学科建设》,尝试将我们认知团队这些年在CL理论框架下的有关学科建设问题收集成册,主要包括:赵永峰的认知音位学、刘玉梅的认知词汇学、郭霞和崔鉴的认知句法学,笔者还撰写了有关"认知语义学、认知构式语法、新认知语用学、认知语篇学、认知翻译学、认知修辞学、认知符号学、认知社会语言学、认知历史语言学、神经认知语言学、认知对比语言学、应用认知语言学"等文章,有利于学者们拓宽视野,深入关注。

笔者早年主要研究方向为"语义学",且主要是从语言哲学角度来研习的,因此一直对语言哲学有浓厚的兴趣。由于受到钱冠连、陈嘉映、江怡、黄斌等教授的影响和鼓励,开始深入思考该领域的相关问题。自2005年来我们与其他学者合作,坚持每年举办语言哲学夏日读书院的培训活动,借此机遇迫使自己读了该方向的相关著作和论文。笔者虽有十数年语义学研究的经历,但将其上升到语言哲学层面加以系统理解,尚需补不少课。我制定了两个五年计划,细读了国内哲学界出版的二十几本语言哲学,以及国外的几十本代表性原版论著以及汉语译著,颇有心得,开始发表这方面的文章,且还在社科院的《哲学动态》和《国外社会科学》上发表了约十篇这一方面的文章。笔者于2012年被选为中国语言哲学研究会会长后,更感责任重大,当写出一本能代表外语界研究现状的语言哲学方面的专著和教材。时经五年,终于写出了《语言哲学研究——21世纪中国后语言哲学沉思录》,分上、下两卷,共105万字,且申请到2013年国家社科基金后期资助项目,于2014年在北京大学出版社正式出版。

此时的我,已过花甲,同事和朋友多次建议我可休整一下,家人也常劝我放慢节奏，多锻炼身体。无奈又逢商务印书馆索要书稿，耗时两年写成《体认语言学——认知语言学的本土化研究》一书，将这些年来所发表的三十多篇有关"语言的体验性"（或体认性）系列论文重新整理了一遍，且增添了若干新观点。

本想完稿后好生休整一下，不期又萌发了写作《体认翻译学》的念头。翻译界的同事经常谈起，他们迫切需要新理论来更新翻译研究。国外学者马丁（Martin 2010）正式提出"认知翻译学"，但缺乏系统论述，更谈不上学科建构；国内学者谭业升（2012）在认知翻译学的框架中专题论述了"翻译具有创造性"的理论依据。此形势下，我觉得有责任协助我国译界将这门学科迅速建立起来，这既可扩大CL和体认语言学的研究视野，也有利于译界吸收新理论，不断创新前行。这几年我还一直应邀前往参加辽宁省翻译学会的年会，且做了几场主题发言，都是关于这方面的内容。虽有积累，但学者们都知道，真的动起笔来，还是颇费心神的。尽管如此，我认为这是一件值得做的事，既然如此，硬着头皮上吧！我们经过多年的消化与吸收，于2014年基于国外的CL正式提出"体认语言学"，本书则以其为主线贯穿全书。

从CL和体认语言学角度研究翻译、建构理论刚刚开始，因此体认翻译学犹如一个初生婴儿，有待进一步哺育和关怀。年轻的学科，一方面说明它是新生事物，充满朝气，总有成长的过程和壮大的未来；另一方面也说明它属于刚刚开垦的处女地，仍需进一步细心呵护、深耕细作。本书仅是一个粗略的论述，仅拟建了一个"开放式"的架构，不少部分充其量仅是笔者管见而已，还有更多、更深入的工作待后来者继续耕耘。若拙书能有益于译界，有助于理论更新和学科建设，笔者便感欣慰！

我们相信，翻译理论经过"作者、文本、读者、结构、文化、生态"等转向之后亦已明显出现"认知"和"体认"转向，在不久的将来，"体认翻译学"必将以全新的面貌出现在世人面前。

笔者 于横山观云庄
2015/6/12

第一章　西哲与翻译简史一瞥

人文学科的发展,都与那个时代的哲学理论密切相关,语言学和文学都是如此,翻译理论研究也不例外!这三个学科建构于共同的哲学体系之上。换言之,也只有上升到哲学层面,从事语言文学研究(含中国语言文学和外国语言文学)的学者,理应学好"哲学"!也只有上升到哲学层面,对这三个分支学科才能在深层次上有较为透彻和贯通的理解,它们之间才能实现学术交流和有效沟通。我们认为,译论的建构与西方哲学平行不悖,同步合拍,因此要能深刻地了解翻译学简史,就当知晓西方哲学简史,本章便从这里讲起。

第一节　西方哲学简史

西方哲学可大致分为两大阵营"感性论"(Perceptualism) vs "理性论"(Rationalism),这两者相当于传统教科书上所用术语"唯心论"(Idealism) vs "唯物论"(Materialism)。学界一般认为,西方哲学主要经历了三次转向,据此就能较为清晰地理顺西方哲学简史。我们认为,西方哲学除了这三次转向之外,在20世纪50—60年代还出现了第四次转向,即"后现代转向"(Postmodernist Turn),参见王寅(2014,2019),现分述如下。

1. 传统西方哲学:三个转向

1) 毕因论转向(Ontological Turn);

2) 认识论转向(Epistemological Turn);
3) 语言论转向(Linguistic Turn)。

笔者(2007,2014)曾将这两种划分方法结合起来,配以图1.1论述了西方哲学简史。

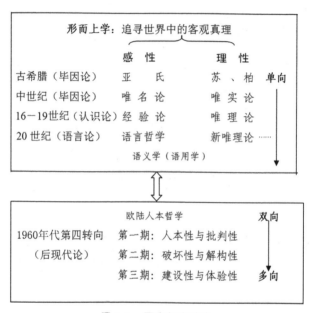

图1.1 西方哲学简史

古希腊哲学家所创立的"形而上学",企图建立人类知识大厦的基础,探究宇宙万物大系统背后具有普遍性、必然性、超验性的绝对真理,掌握世界的本质,以能形成一个统一的科学体系。这就是亚里士多德(Aristotle,前384—前322)所说的"第一哲学",它是西方哲学的主体内容。从上图可见,追寻客观世界中绝对真理的路径主要有二:

(1) 基于感性的经验论;
(2) 基于理性的唯理论。

根据美国语言学家雷柯夫(George Lakoff)和约翰逊(Mark Johnson)于20世纪80—90年代提出的观点,图1.1上一个方框为长达两千多年的客观主义形而上哲学的简纲,其中囊括了西哲的三个转向。按照他俩(Lakoff & Johnson)的观点,它们都属于"客观主义哲学(Objectivist Philosophy)",因为都信守"寻求本质"的形而上学立场,认为世界中存在一个客观的、绝对的本质,待哲学家发现后,就可用以解释人世间的一切现象。

19世纪末20世纪初,西方哲学出现了第三转向,从"认识论"转向了"语言论",以图通过语言分析解决前两次转向都未能解决的哲学问题。语言转向主要包括"英美分析哲学"和"欧陆人本哲学",前者又可分出"语义学(即理想语言学派)"和"语用学(日常语言学派)"两大流派,前者也是以客观主义哲学为圭臬,追求"语言与世界同构"之真,且发现用模糊的自然语言去寻求绝对的客观真理是靠不住的,主张建构理想化的人工语言取而代之,竭力排斥人本精神,追求研究方法的绝对客观性,因此诞生了"形式语义学派",又叫"理想语言学派、形式语言学",逻辑实证主义是其关键理论。

而后者则持与其相反的态度,认为日常语言本身是完善的,不必依赖人工语言来解决哲学问题,哲学和语言学应当关注"使用者"和"语境",始倡摆脱客观主义哲学的束缚,力主从"人"的角度来论述语言的用法特征,此间出现了维特根斯坦(Wittgenstein 1953)的用法论、奥斯汀(Austin 1962)的言语行为理论、赖尔(Ryle 1931,1949)的概念分析方法、格莱斯(Grice 1975)合作原则等语用学理论。这些研究已不再属于客观主义哲学的范畴,因此在上图中将"语用学"置于括号中。

2. 后现代哲学:第四转向

下一方框为"哲学的第四转向:后现代思潮",针锋相对地提出了"非客观主义哲学"(Non-objectivist Philosophy),撼动了传统形而上学所坚守的"客观世界存在绝对真理"的基本原则,认为哲学和语言不可能是自然之镜,人们的认识更具"哈哈镜"的特征,两个方框中间的空心箭头即为此意,表示第四次转向与前三个转向之间的对立。

后现代哲学可从欧陆人本哲学算起,主要包括:存在主义、解释学、交往行为理论等流派,他们将哲学的研究方向进一步转向"人本主义"(Humanism),强调人在哲学研究中的地位,从不同角度阐释意义是如何产生的,更加重视读者如何解释文本、理解意义,走上了与日常语言学派合流的道路,或者说进一步发展了日常语言学派的人本思想。

由于后现代哲学内容丰富,各种学术思潮交汇,错综复杂,犬牙交错,难怪很多学者都感到难以将其表述清楚。为了便于论述,我们拟将后现代哲学分为三个阶段或三大分支,通过这样的类聚群分,找出共性和差异,便于我们深刻理解后现代的多元特征。在图1.1的下方的方框中分别标注出了这三个阶段的主要取向,现分述如下。

(1) 第一阶段:人本性与批判性

胡塞尔所创立的现象学,对 20 世纪的哲学研究产生了重大影响。该学科主要研究人的先验的、抽象的、纯粹的意识,认为过往哲学中的唯物论与唯心论的争论都无法解释哲学问题,既不是物质决定精神,也不是精神决定物质,决定世界的本质当为"纯粹意识"(或叫:先验意识),其中所蕴含的"意向性"(Intentionality)决定了世界的意义。

胡塞尔所用的术语"现象"不同于常人所说的"现象"(表象),而是指对象、被知觉之物在意识和知觉过程中构造自身之后在心智中所显现的意识性现象,"意向性"为其主要特征,它是连接主体与客体的桥梁。正是在人们心智的纯粹意识中有了意向性,人们才能通过自身认识外部客观世界,因此意向性分析和建构是认识意义的内在根源。据此,意义研究不能停留在客观世界或语言表达的层面,而必须深入到人的意识层面,这样才能揭示出意义生成的内在机制。照此说来,符号本身是没有意义的,只有通过人的意向性行为,它们才能获得意义,现实对象被还原为意识对象,形式符号这个知觉物通过意向作用的激活而被赋予意义。

从上可见,胡塞尔虽已在现象学中涉及人本思想,但仍以形而上学为理论主导,还在追寻世界的本质,因此雷柯夫和约翰逊(Lakoff & Johnson 1980:195)将他划归为客观主义者。我们拟将他视为从客观主义向非客观主义过渡的代表性学者。

他的弟子海德格尔(Heidegger 1927)常被视为人本哲学的首倡者,继承了胡氏现象学"关注人本因素"的观点,其"存在主义"(Existentialism)聚焦论述"此在",其德语单词为 Dasein,相当于英语的 the being,即给毕因论所专论的抽象的、无时间性的 being 之前加上一个定冠词,以能对其加以限制,表示当下的人之存在,关注现实生活中的实际之人。

海氏的弟子伽达默尔(Gadamer 1960)正式确立了"解释学"(Hermeneutics)的哲学地位,继续从人本立场来理解和解释文本意义,认为理解不仅是一种认识方式,而更重要的是,它本身就是一种人类的存在,人,在本质上是由理解和解释构成的。理解是意义的依据,意义取决于理解。如此说来,语言就不再是一般的工具,文本自身没有意义(这是胡塞尔的观点),它离不开"人"这个主体。当文本在向读者(解释者)敞开之时,文本的意义也就在读者与文本的对话中,通过双方视界的融合得到敞开(王寅 2001:55),也只有在读者的理解中才能呈现,必须通过读者的理解才能重新获得意义,这就为同一文本可产生多种解释提供了理论上的可能性(德里达也持该观点)。在这个过程中,人们的理解和解释必然要参与文本意义的生成,因此,人这个主体就使得文本处于无限的、多元的、永远的开放之中,文本意义就在整体和部分的"解释学循环"中不断地生成和被更新(参见 Davis 2001/2004)。

(2) 第二阶段:破坏性和解构性

这一阶段的主要代表为法国军团的十三位哲学家,他们是(按出生时间为序排列):

拉康(Lacan 1901—1981)　　　　萨特(Sartre 1905—1980)
梅洛·庞蒂(Merleau-Ponty 　　　列维·施特劳斯(Lévi-Strauss
　　1908—1961)　　　　　　　　　　1908—2009)
利科(Ricoeur 1913—2005)　　　巴尔特(Barthes 1915—1980)
利奥塔(Lyotard 1924—1998)　　德勒兹(Deleuze 1925—1995)
福柯(Foucault 1926—1984)　　　鲍德里亚(Baudrillard 1929—)
德里达(Derrida 1930—2003)　　布迪厄(Bourdieu 1930—2002)
克里斯蒂娃(Kristeva 1941—)

等。

后现代的鼻祖,德国哲学家尼采曾喊出"上帝死了"的口号,语出不凡,一鸣惊世,标志着神学时代的结束,召唤着"人来了"的新纪元。法国解构派哲学家巴尔特(Barthes 1815—1980)仿其鼻祖,喊出了"作者死了"的口号,标志着后现代的"接受美学""读者反应论"登台亮相,召唤着"读者活了"的新思维。其中也不乏实情:作者写完文本之后便对文本不再有何作用,如同"死去"一般,剩下的便是听由读者来理解和把控。意大利符号学家艾柯(Eco, 王宇根译 1997:12,150)也接受了这一观点,认为作者不能成为诠释有效性的标准,甚至可能与文本意义毫不相干,或者可能对文本意义的诠释产生误导。他说:

> 读一本书就是把它的作者看作已经死了,是死后发表的书。因为当作者死了时,对于书的关系就变成了完全的,并且实际上是完整的。作者不再回答了,只剩下阅读他的著作了。

福柯步其后尘,在此采用仿拟手法,振臂高呼"人类死了",标志着"以人为中心"的思潮受到挑战。其隐藏的含义实质为"话语活了",不是人在说语言,而是语言在说人。更深层的含义是:文化不是人创造的,而是某种话语(秩序)的产物。进一步将"话语"推向时代的风口浪尖。注意,这里的"话语"是指人在日常生活中所使用的鲜活语言,而不是索绪尔切去言语所留下的

"语言"或"文本",这两者迥然不同!或者说,这种纯语言或文本,正是福柯所要抛弃的对象,它具有实时性,意义不确定性,因此在翻译中就当削弱作者和源文的地位,解构源文,着力提高译者和译文的地位。

德里达对法国的思想文化和全人类的文明作出了重要贡献,正如法国前总统希拉克所说,"正是有了他,法国才给了整个世界一位最伟大的哲学家和对当代知识生活产生了重要影响的人物"。他(Derrida 1967)正是后现代时期的急先锋,既传承了索绪尔若干观点,也对其做出了深刻反思,更为激进地批判了传统的唯理论哲学,以图解构曾占据学术前沿的文本结构概念,坚决反对"文本中心论"(或结构中心论),竭力否定符号的系统性、封闭性、确定性、静态论。他认为,作品本无结构,这完全是索氏杜撰出来的一个概念,而且读者在阅读文本后会消解结构,意义也就不具有像索绪尔宣称的那种"稳定性""由系统内部的封闭性关系所决定的",而是不确定的,它可随着历史的发展而发展。

德氏进而认为,人们在对文本的理解过程中,必定要打散源文本(Source Text)的结构,解构原系统,也应当消解结构主义的哲学根基"二元对立模式"。这样,就能将结构中的组成要素从系统的牢笼中解放出来,与外部的社会和人等要素紧密结合起来,以还语言的真面貌。这就是说,读者在阅读过程中是在不断地解开原作品的结构,并对其进行重新组合,从而就使文本获得新的意义,并强调符号的意义在不同话语情景中有不同的用法。德氏主张用"延异"(Différance)代替索绪尔的"差异",所谓延异,就是指空间上的区分和时间上的推延,能指符号的出现不等于它所意味的所指就一定现时在场,所指常是被推迟了的在场。在此状态下,符号留下的只是"痕迹",人们顺着这个痕迹所寻找到的只是其临时意义。据此,从理论上说,延异无限,痕迹也就无限,意义也就无限。在每一次延异之中,意义的痕迹就不断被抹去、改写和扩张,从而形成了意义的"撒播",这就是学界所说的"意义的撒播性",据此译作与源文的意义必有不同。随着文本的进展,结构的消解,旧的意义消失了,新的意义产生了,强调人在这一过程中所起到的主观能动作用。

在这种后现代哲学思潮的影响下,译界曾有人提出了"激进翻译观",认为"爱怎么理解就怎么理解,爱怎么翻译就怎么翻译",这似乎将翻译理论导向了另一个极端。这种翻译观是"极端多元化"在译界的产物,意在否定统一的翻译标准。它按照德里达的视角,虽在理论上不是一点道理没有,如文学作品允许译者有编译的权力,但在更多的场合下不具有任何实践意义和操作价值。倘若真的这么译,试想译界将会出现一个什么局面?翻译教学和考评测试将是一个什么状况？再差的学生也可得个满分。

在此思潮的影响下，译界还出现了与此相悖的另一种观点，认为"什么都不可译"，使得久已存在的"不可译论"①在 20 世纪又抬起头来，并一度占据上风。正如本杰明(Benjamin 1923:75)所指出的：

> Even when all the surface content has been extracted and transmitted, the primary concern of the genuine translator remains elusive.（即便所有文字内容都被提取并转述出来，作为一位名副其实的译者，其主要关注点仍旧难以捉摸。）

埃文斯(Evans 1998:151)也认为(引号中语句也摘自本杰明 1923)：

> Transfer can never be total because "there is an element that does not lend itself to translation." Unlike the words of the original, this element is not translatable, "because the relationship between content and language is quite different in the original and the translation."（转移不可能是全部的，"因为有些成分是不能翻译的"。与源文词语不同，这样的成分是不可译的，"因为内容和语言之间的关系在源文与译文中是大不相同的"。）

早在文艺复兴时期的但丁(Dante 1265—1321)就曾认为"文学是不可翻译的"。雅克布逊(Jakobson 1959)也曾说过"诗是不可译的"。凯南(Keenan 1978)接受了上述观点，认为人类语言在本质上具有不精确性，至少弱式的不可译性是成立的。歌德、施莱尔马赫、克罗齐等著名学者也持有不可译论，但从不反对让自己的作品译为外语(Nida 1993:2,156)。很多后现代学者在解构主义、多元论、模糊论等影响下，都论述了这一现象。

从上可见，我们再次见到西方学者常愿走极端的倾向，要么是"怎么译都行""再创作论"；要么是"不可译论"。德里达本人也曾强调了译者的主导性地位，极力抬高译作的身份。他认为必须打破文本界限，让意义自由地溢出

---

① 很多学者认为不同语言之间是可译的，如奈达就坚持认为：任何能用一种语言表达的东西都能够用另外一种语言来表达(参见谭载喜 1999:XXII)。我们认为，在宽泛意义上来说奈达是对的，他所说的"都能够"翻译有个程度问题，而不可能是百分之百地翻译。只要实施了翻译行为，总归有部分意义要丢失，这是一个不可回避的问题。若将这"部分丢失"视为一种创造，那么后现代译学所提出的"翻译是创造性模仿"完全能够成立，在"创造"和"模仿"之间不可走极端，当持一种辩证法立场，过分强调一者而否定另一者都有失偏颇。中国的"中庸哲学"在此依旧有效。

和进入,新意在每次阅读中不断被生成,从而否定了文本意义的始源性,强调其非自足性、互文性。有鉴于此,在翻译过程中译者就当有所担当,由他来抉择采用哪种解读方式(Davis 2001/2004:3—4)。他甚至提出了"应将译作变成原作"的观点。据此,是译者创造原作,而不是原作创造了译者。这就有力地批判了索绪尔和乔姆斯基的"文本封闭论",一个作品不可能是一个封闭体系,意义永远具有开放性和生成性。在翻译中何来的"等值"(Equivalent),只能是"转换"(Transformation),即在原作所留下的意义痕迹中寻找理解线索,将其转换成另一种表述。

解构主义者还认为,不可用自然科学的方式来解释社会科学,坚决批判英美分析哲学中的理想语言学派,猛烈抨击结构主义者所主张的形式主义。

这一后现代"幽灵",在其他众多学者的推动下,迅速传遍全世界(程志民 2005;王治河 2006;高宣扬 2010;赵一凡 2007),从而出现了后现代第二期,其典型特征为"破坏性、解构性、颠覆性"。

(3) 第三阶段:建设性和体验性

时至 20 世纪 80—90 年代,后现代哲学思潮经过几十年的发展进入到"建设性"时期,我们不能整天呐喊"反叛",生活在"颠覆"之中,经营着"消解"之活,还应当有所"建设、创作、构筑",这就是我们经常说的"我们不但要善于破坏一个旧世界,还要善于建设一个新世界"。这一建设性思想早就出现在英国的怀特海(Whitehead 1920?)和维特根斯坦后期(Wittgenstein 1953),以及美国的奎因(Quine 1960)以及罗蒂(Rorty 1979)的有关论述中。格里芬(Griffin 1993)等更是推波助澜,为建设性后现代哲学理论做出了重要贡献。

我们认为,雷柯夫和约翰逊当属其中,他们在西方后现代哲学的熏陶下正式提出"体验哲学"(Embodied Philosophy),严厉批判了亦已流行两千多年的传统客观主义和欧陆激进人本观,且基于此提出了具有建设性意义的体验观,认为客观世界不存在一个绝对的客观真理,人们在不同时期可有不同的认识。他们还基于此深入批判了索绪尔的结构主义语言理论和乔姆斯基的转换生成论,提出了一整套全新的语言理论和研究方法,为 21 世纪的哲学、语言学和翻译学提供了新思路。

3. 研究进路:单向、双向与多向

值得注意的是,图 1.1 右侧所画的两个竖线箭头,从另一个维度标出了哲学研究不断进步的研究历程。图中所注"单向"二字,是指西方传统形而上哲学常循"从感性到理性(感性论)"或"从理性到感性(唯理论)"的单向研究进路,前者认为感性决定理性,持物质决定精神的立场;后者持理性决定感性,精神决定物质的观点,从而出现了认识偏妥的现象。20世纪70—80年代出现了两种双向论(或叫:互动论),以皮亚杰(Piaget 1970)为代表的建构派提出了"主客互动原则",以哈贝马斯(Habermas 1981)为代表的社会批判派发展了胡塞尔的主体间性,重点论述了"主主互动原则"。

无论单向(从O到S,或从S到O),还是双向(SO互动,或SS互动),都不足以解释人类认识的复杂性,我们(2009)基于雷柯夫和约翰逊的体验哲学和CL的基本原理,建构了"主客主多重互动理解模型"(Subject-Object-Subject Multiple Interaction Understanding Model,简称SOS),即两个交际主体(Subject,简称S)在面对一个相同或基本相似的客体(Object,简称O)时,根据体验哲学原则可知,人类的概念和语言来自于对现实世界的"互动体验"和"认知加工",这就决定了人类必然要享有部分甚至大部分共通的概念(或基本概念)。同时,人类也具有一定的主观性认知能力,因此人类的概念和语言中必定是既有客观性,也有主观性。SOS有利于我们更深刻地认识过往哲学的研究进路,更周全地揭晓人类知识的来源问题;同时,这也代表着哲学、语言学、翻译学当前研究的前沿方向之一。

第二节 翻译研究简史

相对于哲学、文学或语言学的发展史而言,翻译史发展线条较为简晰,它与哲学和语言学(特别是语义理论)有同步合拍的关系,笔者(2005,2007)曾依据人类的交际顺序"作者—文本—读者"为主线,简单小结如下,仅供读者参考。

表 1-1

	作者 →	文本 →	读者
	前4世纪—1950年代 经典期/文艺派	1950年代—1980年代 语言学派/科学派	1980年代— 文化派/操纵派/功能派
哲学理论	经验论 (前科学派)	唯理论(结构主义) (语言科学派)	后现代哲学(解释学、解构主义等)
三个中心	作者的独白 作者中心论	文本的独白 文本中心论	读者的独白 读者中心论

(续表)

	作者 →	文本 →	读者
语言观	工具论、模仿论	理性论、先验论	哈哈镜、建构论
语义观	指称论、真值论等	关系论、确定论	不确定论、由读者决定
翻译观	语文学派：作者是主人，译者是仆人；忠实论、直译 vs 意译	语言科学派：忠实源文论、等值论、等效论、再现源文风格	后现代译论：文化派、操纵派、解构派、读者反应论、目的论、女权派、再创作论
理论取向	规定型	规定型＋描写型	描写型＋解释型
	体认翻译学：基于体验哲学、CL 和体认语言学的翻译观		

从表 1-1 首栏可见，"作者"写出文本，通过它将自己的所思所想传递给"读者"，从而形成了一个语言交际的自然顺序，这也与奈达和塔布(Nida & Taber)、斯坦纳(Steiner)、哈特姆和梅森(Hatim & Mason)、贝尔(Bell)等学者所说的

Translation is communication. (翻译就是交际。)

的论断完全相符。但令人生趣的是，西方哲学上曾出现过三种不同的主要观点（经验论、唯理论、解构论），以及译界所产生的几个主要流派〔语文派（前科学）、语言科学派、后现代哲学（包括文化派等）〕相对应，它们正好体现出对人类交际过程三个不同环节的聚焦，这也反映在它们对语言、语义和翻译的不同理解上，从而出现了对应的三种主要翻译观：

1) 作者中心翻译观(Author-centred Translating Theory)；
2) 文本中心翻译观(Text-centred Translating Theory)；
3) 读者中心翻译观(Reader-centred Translating Theory)。

现我们根据此图将西方翻译史围绕三中心论简述如下，本节主要论述前两栏。

1. 传统翻译派：作者中心论

(1) 哲学基础、语言观、语义理论

从表 1-1 的第二栏可见，语文学派将研究焦点落在"作者"身上，以追寻作者原义为目的。他们主要以哲学中"纯经验论"(Empiricism)和"直觉主义"

(Intuitionism)为理论基础,认为经验是人的一切知识或观念的唯一来源,知觉是人类认知活动的基础,排斥理性分析和抽象概念,通过直觉方式就可把握整体和本质。

这一时期的语言学者以客观主义哲学为基本原则建构了语言观,认为语言是世界的真实表征,语言与其所指事物合一,这必然会导致过分强调作者权利的倾向,他被抬高到至高无上的地位,语言仅是表达作者个人意图的合用工具而已,具有十分精确的表征功能和再现现实世界的功能。在这种思想的统摄下,学者们过于强调上述交际过程的第一个环节,视文本为作者意图的忠实记录,他才是作品意图和意义的唯一来源和终极参照。这在文学研究中就体现为:注重分析文学作品的创作者,详细介绍其身世生平,经历遭遇、生活历程、言论述著、观点立场、心迹趣闻,及其当下时代的特征,还包括他的世界观、价值观、学术观等,且以其为基础来解释作品的来龙去脉和主要思想,从而形成了一个"作者独白式"的"作者中心论"。这就是刘勰所言,"不有屈原,岂有《离骚》"。

基于这种理论取向,源文作者的主体性被神圣化,作品受控于作者,后者成为解释前者的权威,且还预设了文本的客观绝对意义。进而形成了语义学中的"指称观、外延论、对应论、真值论"等观点,语言中的词语指称并对应于外部世界中的事物,语句反映并再现现实世界。据此阅读和理解就当追寻作者的原始思想,根据现实世界中的人、事物、场景等来理解源文本的本初意义,不允许有任何违背或曲解。

(2) 基于"作者中心论"的翻译观

在传统形而上学、经验论以及对应的语义观影响下,译界产生了长达两千多年(从前4世纪至1950s)漫长的"语文学翻译派",廖七一(2010:8)称其为"前科学派"(Pre-scientific School)或"前语言学派"(Pre-linguistic School)。这一时期的翻译研究主要基于经验层面,将眼光聚焦在作者身上,翻译原作时就当重视作者的权力,努力克服与源文作者的心理距离,当不遗余力地复制作者意图,且将其定为译者殚精竭虑所追求的终极目标。

据此,翻译首先要服务于的对象就是原作者(Source Author),且视其为主人,译者仅是"仆人、奴隶、跟屁虫"而已。此时译者只能"仰视"作者,"臣服"于作者,使得自己变小,充当一个"传声筒、转述者、复印机"的角色,发挥"录音机、反光镜、复读机"的作用,要求译文必须"忠实"于源文,译文应与源文具有镜像关系,译者的自我意识被泯灭。法国近代学者巴托(Batteux 1713—1780)提出的"作者是主人,译者是仆人",便是忠实于原作者的主要代表，认为译文必须"不增不减不改"地准确译出原作者的原意(参见谭载喜2005:93)。此时的译者只能是以"隐身人"身份藏匿于译坛世界。英国学者泰特勒(Tytler 1747—1814)也持这一观点，这从他的翻译三原则可见一斑：

1）译作应完全复写出原作的思想；
2）译作风格和手法应和原作相同；
3）译作应该具备原作所有的通顺。

这一时期的学者常怀有一腔翻译热情，主要关注翻译实践中的技巧总结，虽有些理论阐述，常怀揣"跟着感觉走"的经验式感想，所述观点较为零散，不成系统，缺乏连贯。正如谢天振(2004)所指出的：这一阶段的翻译理论

> 徒有理论之虚名而无其实，只是经验的堆砌而已。虽然这些经验之谈对翻译实践有一定的参考价值，但是它们不能看成是真正的译学理论研究。

此时的译界常就如下对立观点展开争论：

直译　vs　意译
死译　vs　活译
可译　vs　不可译

这些争论始终未能跳出"作者中心论"的羁绊，即在转译作者的思想和形式时所采取的两种基本方法，或是对作者的两种态度。

(3) 直译 vs 意译

由于笔头翻译肇始于宗教经典，因此大多译者主张要忠实于源文，这也在情理之中，宣扬上帝或佛祖的原本意旨，因此"直译法"(Literal/Mechanical/Faithful Translation)在语文学时期一直很受吹捧，参见表1-2和附录4"西方翻译简史表"。

自翻译活动开始以来，人们就认识到两种翻译方法："直译 vs 意译"，且就此展开了旷日持久的争论。这两种翻译方法在英语中有多种表达方法(参见 Tymoczko 1999:5)：

(1) Literal　　　　　　　vs　Free
(2) Direct　　　　　　　 vs　Indirect (Paraphrase)
(3) Foreignizing　　　　 vs　Domesticating
(4) Formal-Equivalence　vs　Dynamic-Equivalence
(5) Adequate　　　　　　vs　Acceptable

（6）Fluent　　　　　　　vs　　Resistant
　　（7）Scholarly Translation　vs　Literary Translation

早在罗马帝国时期的哲罗姆（St. Jerome 347?—420）就曾根据西塞罗（Cicero 前 106—前 43）的两大基本译法（Literal Translation vs Free Translation）论述了两种翻译方法：

　　（1）字面翻译（Literal Translation）
　　（2）意义翻译（Sense-oriented Translation）

且明确指出，不同题材的原作应采用不同的翻译方法，如翻译世俗作品（Secular Texts，即非宗教作品）时，可"用意义翻译法"；而在翻译《圣经》时当以"字面翻译法"，要忠实于原经典（Wilss 1977，2001：30）。

中世纪的宗教翻译家对"直译"也情有独钟，罗杰·培根（R. Bacon 约 1214—1292）注重直译，反对翻译时增删和篡改源文。意大利诗人但丁（Dante 1265—1321）也属于直译派，且基于此哀叹道"诗歌无法翻译"，率先提出诗歌的不可翻译性。德国经典解释学哲学家施莱尔马赫（Schleiermacher）常被译界尊为"直译法"的主要代表，极力主张保留原作的异国情调，该观点在学界有时又被称为"施莱尔马赫模式"（the Schleiermacher Model）。

直译的意义在于：反映了对语言互补的极大渴望，不要掩盖或阉割原作，不挡住原作的光芒，使得译作充分透明，从而使得"纯语言"（Pure Language）似乎因自身为媒介而得以加强，充分照耀着原作。（参见刘宓庆 2005b：xv）

与直译法相对的是"意译法"（Free Translation/Paraphrase），古罗马诗人贺拉斯（Q. Horatius/Horace 前 65—前 8）强调意译（或活译），摒弃直译，这被称为"贺拉斯模式"（the Horatius Model，赵彦春 2005：50），他（参见 Lefevere 1992/2010：15）说：

　　Do not worry about rendering word for word, faithful translator, but render sense for sense.（忠实的译者啊，别费神去做词对词的翻译了，要做意义对意义的翻译。）

其实，专注于意义对意义的翻译，就是要将困于他国表达形式中的意义解放出来，使得读者能看得更明白，这其中就已蕴含"译者为中心"的意思了。

比贺拉斯更早的西塞罗（Cicero 前 106—前 43）也有过类似的主张，他说（参见王东风 2010）：

　　我觉得没有必要做词对词的翻译。

在德国起初曾是直译派占上风,后出现了"翻烧饼"现象,意译派也很露脸,如德国宗教改革运动的领袖马丁·路德(M. Luther 1483—1536)就持意译观①。17—18世纪法国文学史上的厚古派主张直译,而厚今派强调意译。

译界还有一种观点叫"重构观、再现观"也可大致划归直译派。持该观点的学者认为翻译就是重构(Translation is rebuilding)和再现(Translation is representation):词是符号,符号反映现实,一个有形的符号代表一个意义单位,形与义之间存在一对一关系。他们常用下一隐喻来解释这种重构观:一个词就是一块砖头,一个文本就是用砖头盖起来的房子,翻译就是把一栋房子拆掉,用这些砖头另建一栋房子。如此说来,若现实不变,则符号也不变;符号不变,则意义亦不变。据此,意义就具有固定性、离散性、完美性、永恒性、绝对性,这显然与柏拉图和亚里士多德的传统形而上学如出一辙:世界背后存在绝对本质(或真理),符号代表永恒的意义。这又叫"柏拉图思想"。

国内传统译界也主要持"忠实源文,追求初义"的翻译观,如我国东汉三国时期的支谦、道安等因从事佛经翻译,遵从直译观。现代的鲁迅也坚决主张"保持原作丰姿",以"直译、求信"为主要原则(郭著章 1999:7)。王东风在题为《形式的复活:从诗学的角度反思文学翻译》的文章中鲜明地提出了自己的观点,用锐利的笔法谴责了"得意而忘形"的意义派译法,力主为长期受打压的注重形式的直译法"平反昭雪",呼唤着具有诗学价值和翻译意义的形式派译法的回归。

而玄奘(600—664)主张"直译兼意译",以能实现"圆满调和"的目标。英国的阿尔弗烈德国王(King Alfred 849—899)所倡导的"两法兼用"似与此不谋而合。清末民初的大学者严复提出的"信、达、雅"翻译准则也奉行"直译兼意译",这三个字作为译界经典,短小精悍,言简意赅,因而长期流传于世,近百年来一直被视为译界的宗旨。

现当代的一大批老翻译家在翻译理论上也很有思想,围绕严复(1853—1921)的"信达雅"进行了热烈的讨论(参见马祖毅 1998;陈福康 2000),以图完善和发展严氏翻译观,提出了很多类似的观点,现列述如下:

> 陈西滢(1929)提出"翻译三格:形似、意似、神似";
> 林语堂(1931)提出"忠顺美";

---

① 学界认为,17世纪的宗教改革是针对罗马教廷的一场改革运动,使得用除拉丁语之外的民族语翻译《圣经》的情况大量增多。甚至有人说,宗教改革就其实质而言,就是可否用民族语翻译《圣经》之争。

傅　雷(1951)提出"神似说";

钱锺书①(1963,1978)提出"化境说";

刘重德(1979)提出"信达切";

许渊冲(1979)提出"三美说:意美、音美、形美";

汪榕培(2002)提出"传神达意";

辜正坤(1989)提出"多元互补"

等,都大致遵奉着严复的"信达雅综合观"而展开的。

虽然他们都从不反对体现作者原义,以图通过"神、化、切、似"等来传旨达意,不免就要变通源文,其中更多地彰显出"意译"思想。当然亦有学者认为他们似乎还传递出"熊掌和鱼"都要的想法,内含着"面包"和"馒头"通吃的念头。这就是说,意译者并不完全排除直译法,只是在碰到不能直译的时候,当采用变通的方法,不可一味地"愚忠",奉行"死译",或会到头来只能将自己逼进死胡同,"硬译"或许会弄得头破血流,最终落得个语句不通,言词龃龉,说不定就连自己回过来阅读时都不明白在说些什么,更不用说如何使得译入语读者享用译文成果了,此等翻译还有何价值可言?

译界在漫长的两千多年中主要围绕"如何翻译""是否忠实于原作"展开了激烈的讨论,更多的学者认为译文应在意义、句法、文体上都要与源文对应。有关"直译 vs 意译"之争自翻译之初就有。罗新璋(1984:588—604)说,直译与意译之争,在我国自有翻译之时就已存在。他还说,汉唐以来主要在佛经翻译方面,译经大师各有主张,直译派、意译派、融合派各有不同论述。他的这番描述倒也说出了历史上所有译者的心里话,只要做翻译,必然要遇到此类问题,何去何从,各人自有主张。该争论实质上就是围绕要不要忠实于原作者的问题,是个"公说公有理,婆说婆有理"的现象,就像哲学中"先有鸡还是先有蛋"一样,似乎永无终极答案,潘文国(2009)将"直译 vs 意译"争论视为伪问题,成为中国译界摆脱不了的"魔咒"。陷入这种争论的泥潭,只能是越陷越深,不能自拔,见不到外面的精彩世界,若一味固执于此,追求一种并不存在的先验性理想目标,完全忽视语境和读者对译文的影响,无视译者的主观能动性,最终只能使理论研究陷入泥潭之中,根本无从说起理论的完整性和系统性。正如林克难(2001)所说,描述翻译理论根本不关心直译意

---

① 本书中出现钱锺书名字的地方,因原文献中繁、简体情况各不相同,本书尽量在尊重原文献封面及版权页标注方法的前提下,兼顾繁体字简化原则予以处理。故有与原文献不尽相同之处。——编者注

译,它十分宽容,只要你说得出理由,不管这种理由以传统的眼光看是多么"荒唐",某个文本就可以被认为是翻译。

现将"直译 vs 意译之争"以表总结如下:

表 1-2

		直译 类似术语:死译、异化	意译 类似术语:活译、归化	兼而有之
外国学者	1	哲罗姆(译《圣经》)	西塞罗、贺拉斯	哲罗姆(意译世俗作品)
	2			阿尔弗雷德
	3		马丁·路德	
	4	罗杰·培根		
	5	但丁、伊拉斯谟		
	6	法 17-18 世纪 厚古派	厚今派	
	7	施莱尔马赫		洪堡特
	7	泰特勒		
	9		彼得大帝	
	10	费特、托尔斯泰、别林斯基	普希金、莱蒙托夫、卡什金	
中国学者	1	支谦等	慧安、鸠摩罗什	
	2	道安	真谛	玄奘
	3		梁启超	严复
	4	鲁迅、周作人	梁实秋	
	5	茅盾	郑振铎	
	6	吴梼	郭沫若	
	7	马君武	傅雷	
	8	曾朴	钱锺书	

冯庆华(2000:329-352)在比对了杨宪益、戴乃迭与霍克斯所翻译的《红楼梦》两个英语译本之后发现:前者主直译,遵循以作者为中心(author-based)的原则,力保源文的中国文化形式;后者主意译,依据以读者为中心(reader-based)的方针,顺应译入语的文化形式。两个版本各有特色,风格互补,给人以完全不一样的享受。因此,在翻译中应当倡导多种译法并存。因此,"直译 vs 意译"之间不是对立关系,而是互补关系,当可兼收并蓄。

直译也好,意译也罢,还是没能摆脱"规定型"的翻译套路,这个时期奉行以原作和作者为中心,翻译研究主要围绕诸如"原则、标准、技巧"等议题,以期解决翻译中的 how 问题。

2. 语言本体派：文本中心论

(1) 索绪尔的结构主义

随着西方哲学出现了"认识论转向"，理性被视为是知识的唯一源泉，笛卡尔(Descartes 1596—1650)打着

I think, therefore I am.（我思故我在。）

的旗号，开始系统研究人类的思维活动，提出了"先验论、二元论、天赋论"等著名理论。此后的康德(Kant 1724—1804)、黑格尔(Hegel 1770—1831)继续沿此前行，将这一形而上学唯理论推向高潮。这是结构主义思潮的理论基础之一，语言被视为理性的典范而一跃成为研究的主体。

从表 1-1 的第三栏可见，哲学上的唯理论对结构主义语言学的登台亮相起到了重要影响，该学派将语言视为一种纯理性的行为，认为它是以人的因素和社会文化因素为围墙构建而成的封闭结构，语言具有自治性、先验性、系统性，这就是笔者所说的索绪尔"哥白尼革命"意义在于实施了"关门打语言"战略方针，着力追寻言语表象下所隐藏的理性本质，从而形成了一个具有文本独白性的"文本中心论"。认识论转向中的"人主体"被置换为语言论转向中的"语言主体"，它无情地消解了"作者主体"。

说其具有"自治性"，是因为语言本身具有独立性，它与"人"和"社会"无关，这就是我们常说的，索绪尔(Saussure 1857—1913)手持一把锋利的大刀，分别切去了与语言密切相关的这两个要素，将语言从诸多要素中独立出来，视其为一个封闭的系统加以专门研究，这样语言学就有了自己明确的研究对象。这显然是针对注重人和社会的"历史比较语言学"的一次革命。

说其具有"先验性"，是指索氏将语言系统从具体的实际言语中抽象出来，它成为一个凌驾于个体之上的先验性系统，人一出生，就被投入到这个语言系统之中，别无他路可走。海德格尔(Heidegger 1927)将其发展为"语言家园论"，视语言为我们存在的家园；詹姆森(Jameson 1972)直接称呼"语言为牢笼"，我们只能生活在语言的牢笼之中，受其摆布，听其操纵，别无他法。这种语言先验观，彻底摆脱了"语言工具论"传统观，语言不再是传统语义上的一种工具，顺手拿来就用，用完还可置于一边，人与工具可以脱离。按照索氏、海氏和詹氏的观点，人和语言不可分离，不是人用语言，而像是语言在操纵

人类。

说其具有"系统性",是指语言从人和社会中独立出来,从言语中抽象出来之后就成为一个自治的、先验的系统。这里的"系统",就是"结构",也等同于"关系",相当于索氏所说的"形式",强调语言是由内部诸要素构成的一个关系结构;符内关系由"能指 vs 所指"构成;符间关系主要指"横组合 vs 纵聚合",它们可统称为"形式关系"①。据此,词语的意义是由语言内部要素之间的关系确定的,可通过"横组合"和"纵聚合"来确定其交点,它就是一个词语的确切意义之所在,因此结构主义者认为意义具有确定性。这一结构关系语义观切断了"语义 vs 世界/人"的关系,取消了词语与其所指代的事物之间的联系,与语言的使用者也无关系。

索绪尔所建立的结构主义语言学理论流行于 20 世纪前 60 年,几乎波及到每一个人文学科,如:人类学、社会学、哲学、心理学、生物学、逻辑学、文学、音乐、美学、历史学、民俗学、建筑学、医学(精神病学)、教育学、宗教等,使其成为那个时代的标志性理论。众多学者根据这一理论,将语言研究视为一种纯理性行为,排除人的因素和社会文化因素,将焦点转向语言的系统、结构和内部规律。在这种思潮的影响下,一些英美哲学家将重点转向"文本"本身,视文本为一个独立的自足体,只要通过细读文本本身,努力挖掘文本的言内意义或潜在意义,就可达到理解文本的目的,武断地切断了文本与作者、读者,以及社会之间的联系,实现了从"作者的独白"到"文本的独白"的转向。

(2) 乔姆斯基的转换生成语言学

乔姆斯基的"转换生成语言学"(Transformational Generative Linguistics,简称 TG)继续沿着索氏倡导"关门"的结构主义研究方向,实施"关门打句法"的策略,因此学界也有人将 TG 归为结构主义阵营。乔氏还融入了笛卡尔的天赋说,认为句法具有先天性、普遍性、自治性,人一出生,在心智中就内嵌一个"普遍语法"(Universal Grammar)机制,经后天激活后,就能插入词语而生成"深层结构"(Deep Structure);再经过转换机制就能形成表层结构。

---

① 语义学家根据索氏"关门打语言"的方针还建立了"结构主义语义学"(Structural Semantics),专门研究语言系统内部的"涵义关系"(Sense Relations),主要包括"同义、反义、上下义、同形异义"等。国内学界常将其译为"意义关系",但考虑到汉语这里的"意义关系"对应的是英语术语"Sense Relations",当译为"涵义关系"更为确当,因为弗莱格所用术语 Sense,是指与词语具体指称(Referent)相对的"内涵",相当于索氏语言系统内部的语义关系。这样才能体现出结构语义学"关门打语义"的基本思路。

(3)（系统）功能学派

布拉格学派基于索氏的结构主义语言学理论提出"音位学"，注重从语音所表示的意义和功能角度来确定音位，继而引出了"功能学派"，着重从语言所发挥的社会功能角度来研究语言。英国语言学家弗斯（Firth 1890—1960）创立了功能语言学派，其学生韩礼德（Halliday 1925—2018）则将索绪尔的"系统"和弗斯的"功能"有机地整合起来，建构了"系统功能语言学"（Systemic Functional Linguistics），提出了语言的三大元功能：

概念功能、人际功能、组篇功能

且实施了"关门打语篇"的策略，从语篇内部所使用的连接性词语来分析语篇连贯，从而将语言学研究从词、词语和句层面导入语篇层面，为现代语言学的发展做出了重要贡献。

(4) 基于文本中心论的翻译观

翻译中的语言学派或科学学派以唯理论和结构主义为基础，将注意力转向了"文本"本身，从语言的结构特征出发来研究翻译的对等问题，较为科学、系统地揭示翻译研究中的各类议题，这就是当代西方翻译研究的语言学转向（谢天振 2008:8），潘文国（2012）将其称为翻译界的"第一次转向"。这批学者跳出经验层面，在"文本中心论"的影响下，主张从文本内部结构入手来获得意义，从而揭开了翻译研究的一个新方向。理查兹（Richards）基于此还提出了文本的"统一意义"（Unified Meaning）这一术语，通过它就能准确理解作者的创作意图。

结构主义者强调语言内部各种"涵义关系"（Sense Relations），重点分析文本自身的结构，其间也包含着很多内容：各类语义场的分析与应用，各个层面上的各种表达意义和修辞意义等（语音层面上的种种押韵：头韵、半韵、和韵、尾韵等；词汇层面上的双关、隐喻、呼应、文体、用词的对仗等；句法层面上的结构平行、语法意义、语法隐语等；篇章层面上的文风、结构、体裁、表述方式等），可见这种理论所关注的内容十分丰富，其间还是有很多道理的，但其局限性也是显而易见的，例如：忽略内容，孤立静止地看语言，人为设定二项对立、忽视语言外诸多因素等。

这一语言学理论自然也传入译界，此时译者也开始聚焦交际过程的第二环节，在"文本中心论"的统摄下，将焦点转向了语言本身，据此形成了一系列翻译理念，结构主义者擅长的"音位分析、语义成分分析、句法分析、语篇分析"等方法找到了用武之地。翻译就是"等值"（Equivalent,或译为"对等"）或

"等效"地将一种文字转换成另一种文字的活动,成为这一时期的译界基调。

根据结构主义语言理论,原作品有确定的意义,其意义是由语言内部规律所确定的,是"横组合 vs 纵聚合"相交而形成的确定值,好似同一个平面中两条线相交就可形成一个固定点。这为批判传统的"词对词"翻译方法提供了可靠的理论根据。此时,译者的中心任务就是将源文中这种确定意义忠实地在译入语中再现出来,在翻译理论中就出现了诸如:

忠实源文论、译文须形似源文、读起来像原作、等值论、等效论

等,围绕"等"和"似"做足了文章,出现了:

文本等值、形式等值、翻译等值、差异等值、语篇等值、动态等值
反应等值、功能等值、最佳等值、等值译论、话语等值论、等效论。

戈尔莱(Gorlee 1994:183)还基于符号学理论提出了:

指称等值、质量等值、含义等值。

可见,在20世纪前几十年中,由于结构主义语言学理论大行其道,译界在其影响下出现了"文本派译论",这就是根茨勒(Gentzler 1993)所说的"翻译科学派译论",廖七一(2010:8)所说的"翻译的语言学模式",开始倡导运用现代语言学(主要包括:索绪尔的结构主义、乔姆斯基的 TG 理论、功能和系统功能理论等)的相关成果,还借用概率论和数据统计等方法,系统地从语言文本层面来探讨翻译的理论与实践问题。译界所奉行这一全新研究方向,常被称为"翻译史中的语言学转向",视为西方翻译理论的一次重大发展。

在此思想的统摄下,翻译曾被视作"比较语言学""应用语言学"或"语义学"的一个分支,名正言顺地被纳入"语言学"范畴。苏联的语言学派的翻译理论家科米达罗夫(Komiddarov)直接提出了"翻译语言学"(Translation Linguistics)。

现列述其中的主要代表人物和观点。

(1) 马泰修斯、雅克布逊

布拉格语言学派(Prague School)的奠基人马泰修斯(V. Mathesius 1882—1945)于1913年就提出了"等效翻译观",他说[①]:

哪怕运用不同于原作中的艺术手段,也要让诗歌翻译对读者产生原作同样的作用……相似的、或接近相似的手段其效果往往未必相似。因

---

① 转引自谢天振 1999:91。

此,追求相同的艺术效果比追求相同的艺术手段更为重要,在翻译诗时尤其如此。

该学派的另一奠基人雅克布逊(R. Jakobson 1896—1982),被尊为现代翻译理论的开创者(参见杨晓荣 2005:127),他于 1959 年发表了经典论文《论翻译的语言学问题》("On Linguistic Aspects of Translation"),率先从语言学角度对语言和翻译的关系,翻译的重要性以及翻译中存在的问题作出了较为详尽的论述,为翻译的语言学派作出了开创性的贡献。他还尝试运用索绪尔的"能指 vs 所指"来区分翻译文本的语言形式和思想内容,初步形成了语义层面的等值概念。他曾将翻译分为三大类型:

语内翻译(Intralingual Translation)
语际翻译(Interlingual Translation)
符际翻译(Intersemiotic Translation)

且重点论述了第(2)种类型中有关语言意义和对等的关键性问题。雅克布逊(1930)也持与马泰修斯相同的翻译观,指出:

我以为,只有当我们为译诗找到了能产生像原诗同样功能的,而不是仅仅外表上相似的形式的时候,我们才可以说,我们达到了从艺术上接近原作。

他还从语言学和符号学角度提出了著名的"差异对等"的观点,认为在不同的语言现象中可以寻求对等翻译。

(2) 穆南

乔治·穆南(George Mounin 1910—1993)是法国著名的语言学家和翻译理论家,代表作为 1963 年发表的国家博士论文《翻译的理论问题》,被西方译界视为一部划时代的著作。他认为翻译是一种特殊的语言活动,应从语言学角度研究翻译理论,这为翻译研究打下了一个坚固的理论基础。而这在 20 世纪 50 年代之前却一直被语言学界所忽视。乔治·穆南的这一翻译观在法国乃至整个西方翻译界产生了重大影响,他被冠之以"法国翻译语言学理论的创始人和重要代表"。正如许钧(1998:4)所说:

乔治·穆南作为法国新时期翻译理论研究的代表人物,在开拓翻译理论研究的领域,廓清翻译理论研究的界限,特别是从语言学的角度,对翻译理论问题的探讨,以及对翻译的障碍与可行性的研究等方面做出了不可磨灭的贡献。

(3) 奈达

美国著名语言学派翻译理论家奈达(Nida 1914—2011)共出版著作40余部,发表论文250多篇,为当代西方翻译理论研究的杰出代表,《圣经》翻译的权威。他接受了索氏的"结构观",且将其与"功能观"结合起来,率先提出"翻译科学"概念,认为翻译不仅是一种艺术或技巧,而是一门科学,从而使他成为"翻译科学派"的倡导者,也是翻译语言学派的最重要代表人物之一。他还提出"翻译即交际"的立场,这使得他头上又多了一道光环:翻译研究交际学派的创始人。

奈达(Nida 1964)认为,词句一定会有一个恒定的意义,这种超时空、超语言、超文化的、不变的静态语义内核,正是"等值论"所追求的最终目标(王东风 2007)。他在书中提出了很有影响力的"动态对等"(Dynamic Equivalence,或译为动态等值),且将其与"形式对等"做出了区分:后者强调译文对源文在形式上的忠实再现;前者旨在突显译文表达的自然流畅,考虑译文读者及其文化语境,使其与源文具有相同的、超语言的的交际效果(Nida 1964:159)①。

他又于1969年正式将其发展为"功能对等(Functional Equivalence)",使得研究超越了译界围绕"直译 vs 意译"、"相同"(Identity)、"对应"(Correspondence)等的传统争论,这远比孤立和静止地比较译文是否忠实于源文更具科学性和可行性。根茨勒(Gentzler 1993:64)指出:

> Nida's theory emphasizes not formal correspondence, but functional equivalence; not literal meaning but dynamic equivalence; not "what" language communicates, but "how" it communicates. (奈达的理论强调功能对等,而不是形式对等;强调动态对等,而不是字面意义;强调语言交际的方法,而不强调语言交流的内容。)

因此,所谓的"等值",这个"值"就是指"功能"②。

奈达认为翻译活动当遵循下一原则:译入语当用最切近、最自然的功能性对等语来再现译出语文本的信息(Nida & Taber 1969:12;Nida 1993:§8),这亦已成为译界被常引用的定义之一。他所提出分析语义的三种方

---

① 这一观点已具有"读者反应论"的理念。这足以说明奈达的翻译观处于"现代"与"后现代"之间,相当于本书所说的兼有"文本中心"和"读者中心"两种观点。将奈达视为这两种翻译学派之间的过渡人物还是比较确切的。

② 参见谭载喜 1999:XXIII。

法:线性分析法、层次结构分析法、成分分析法,显然是结构主义语言理论的产物。

我们知道,美国著名语言学家乔姆斯基(N. Chomsky 1957,1965)的转换生成语法(Transformational Generative Grammar,简称 TG)与索绪尔的结构主义语言学理论,都是基于唯心论哲学立场的,前者认为语言具有天赋性,后者认为语言具有先验性,且都实施"关门打语言(或句法)"的策略,排除语言之外的一切要素,如社会、文化等。而奈达(Nida 1964/2004)与他们相反,在建构其翻译理论时主张将"文化因素"注入到语言研究之中(参见 Nida 1993:§7),这当是一大进步,终于冲出了"语言结构的牢笼"之羁绊。

奈达还根据乔氏 TG 理论中的"表层结构"(Surface Structure)vs"深层结构"(Deep Structure)提出了一种"逆转换翻译理论"(Back-transformation Translation Theory)①,因为 TG 认为全世界所有语言都享有普遍的深层结构(或曰:各语言在深层结构上比表层结构更为接近),这才是全世界操不同语言的民族得以沟通和进行翻译的认识基础。翻译过程就是:将译出语的"表层结构"转换为"深层结构"或核心句型,再由其转为译出语的表层结构,这样就能顺利地实施翻译活动,还能减少"死译"。正如谭载喜(1984)所评价的:

> 奈达提出的转换生成翻译法,最主要的是在语言的深层结构里进行过渡翻译的设想具有启发性,……使语言的过渡在结构最简单、语义最清楚的核心句上进行,译文的准确性可得到比较可靠的保证。

奈达和塔布后来还基于路厄和菲利普斯(Rieu & Phillips 1954)的"接受美学"(Aesthetics of Reception)提出了"等效原则"(the Principle of Equivalent

---

① 根茨勒(Gentzler 1993:44)指出,奈达实际上在 20 世纪 50 年代所撰写的论文和 1960 年出版的 *Message and Mission*《信息和使命》)中就基本形成了逆转换翻译理论。奈达(1976:71)说:
> Before the formulation of generative-transformation grammar by Chomsky Nida had already adopted an essentially deep-structure approach to certain problems of exegesis. In an article entitled "A New Methodology in Biblical Exegesis"(1952) he advocated the back-transformation of complex surface structures onto an underlying level, in which the fundamental elements are objects, events, abstracts, and relations.
(在乔姆斯基形成转换生成语法之前,奈达就已基本采用了深层结构法来解决释经学中的某些问题。他在 1952 年题为"圣经注释中的一种新方法"论文中就提出了下一观点:复杂表层结构可逆转换到深层结构,其中的基要成分为"物体、事件、抽象物和关系。)

Effect),将"动态对等"阐释为"读者反应对等"(Equivalence of Reader's Response),认为翻译过程中必须保证同一作品思想(如《圣经》的教义)能在不同人群中有相同的反应,强调读者对译文的感受应与源文读者对源文的感受基本相同,使得译论转向了"以读者为导向"的研究思路,也为后现代的译论奠定了基础。他从翻译《圣经》中获得的体会和形成的理论,竟然成为翻译理论研究中的"圣经"!(Gentzler 1993:44)

奈达(Nida 1993,2001)虽述及"翻译与文化"的关系,但与文化派翻译理论尚不可等同视之。我们通过认真阅读他的这两本书,发现他(Nida 1993:§7)所用术语"language-culture",主要是基于"语言植根于文化""两者密切相关"等做出的一般性论述,而没像文化派译论那样,将翻译上升到对他国文化和文学创作所起到的重要影响、且从"意识形态、权利、出版机构、赞助商、作者再生、改写"等角度全面考察翻译的社会作用。至于奈达和塔布所论述的"读者反应对等",也就不会像基于后现代哲学的文化派译论的认识那样深刻了。

(4) 纽马克

奈达提出的"动态对等"和"功能对等"都过于注重内容而忽视形式,这就使得他的理论具有一定的局限性。英国著名翻译理论家和翻译教育家纽马克(Newmark 1916—2011)对其作出了修补。他于1981年出版了《翻译方法论》(*Approaches to Translation*),接受了结构主义和功能学派的语言理论,倡导"译出语文本中心论",要求译入语文本应当接近或尽量接近译出语文本的<u>形式</u>,在结构和词序安排上力求贴近译出语表达,强调"直译"和"逐行翻译"这两种方法当互为参照。他(1981/2001:155)的一句话或许可反映出他的这一基本主张:

> The translator has to translate everything. (译者不得不翻译一切。)

纽马克在该书中第二部分(pp.111—188)论述了有关翻译实践的145个命题,对实际翻译活动具有广泛的指导意义。他(1988:11—18)在后来出版的《翻译教程》(*A Textbook of Translation*)专著中第一章就从"文本分析"入手来论述翻译理论,且解析出"文本"所含10项不同的内容:作者、规范、文化、版式、读者、内容、译者等。他(1981,1988)将译出语文本根据功能分为:

表达功能(Expressive)、 信息功能(Informative)、
祈使功能(Vocative)、 人际功能(Phatic)、

美学功能(Aesthetic)、　　　元语言功能(Metalingual)

在翻译这些不同功能的文本时应采用不同的策略,据此区分出:

语义翻译(Semantic Translation):在译入语结构和表达的许可下尽可能准确再现源文意义和语境;

交际翻译(Communicative Translation):译文所产生的交际效果应力求接近源文。

据此,不同功能的文本因采用不同的翻译策略,如具有表达功能的文本一般需用语义翻译法,主要原则为"以原作为取向","忠实、异化、直译",即应追求意义精确再现,忠实再现作者的意图和风格,尽量贴近译出语,维持其文体特色,翻译单位尽可能小,不必介意读者的反应。而具有信息和祈使功能的文本通常需用交际翻译法,主要原则为"以读者为取向","意译、顺应、归化",即译文不必拘泥于源文用词和句法,表达应尽可能的自然流畅,顺应读者的需求,归化处理一些难以直译的词句,甚至是适当改写,翻译单位通常较大。

可见,纽马克此时已经注重到后现代译论,区别对待不同功能的文本,在翻译具有信息和祈使功能的文本时,当充分考虑到接受者的理解和反应,发挥到"归化译法"的作用,允许译者重新组织语言结构,以使译文地道流畅。他(1991:1—33)后期还提出了"关联翻译法",以期能消除语义翻译和交际翻译之间的区分,用"关联"来统一调节不同功能文本的翻译,认为原作或译入语文本的语言越重要,就越要贴近源文进行翻译。

纽马克提出的根据不同范畴的文本采用不同翻译策略的观点,引起了很多学者的关注,不同的"文本类型"(Text Type)应择用不同的译法,这不失为一条可取原则,已为大多学者所接受[①]。不同类型的作品有不同的交际功能和目的,如翻译文学作品和科技论文就会有明显不同的取向,前者注重作品的艺术价值,后者聚焦论著的可靠信息。很多学者接受了这一观点,如巴斯奈特(Bassnett 1997)、夏富呐(Schäffner 1997)等,比利时翻译理论家勒菲弗尔也论述了这一方法(参见下文)。特洛斯伯格(Trosborg 1997/2012)以《文本类型与翻译》(*Text Typology and Translation*)为书名汇编了一本论文集,共收集了 16 位作者的成果,专题论述了这一翻译策略。哈特姆和蒙代

---

① 尽管莱斯(K. Reiss)于 1971 年就提出了文本类型理论,但她是用德语写的,直到 2000 年才被译为英语(参见下文)。因此英语界学者常将纽马克视为该理论的提出者。这也并不矛盾,莱斯与纽马克分别独立提出了文本类型理论。

(Hatim & Munday 2004:67—75)以"Text Type in Translation"为题专章论述了翻译学中的这一重要议题。

(5) 卡特福德

英国著名翻译理论家卡特福德(Catford 1917—2009)被视为现代翻译理论中的语言学派主将,他充满了原创性精神,于1965年出版了《翻译的语言学理论》(A Linguistic Theory of Translation),尝试用现代语言学理论来论述翻译问题,为译界作出了很大的贡献。

他根据结构主义理论提出了"对等论"翻译观,认为翻译就是用一种等值的语言文本材料去替换另一种语言(译出语)文本材料,翻译理论的中心任务在于界定对等成分的本质和条件(Catford 1965:20—21)。该观点在译界影响极大,卡氏常被视为"文本中心论"的主要代表者之一。

他还基于系统功能语言学家韩礼德(Halliday 1925—2018)将语言研究提升至语篇层面的立场(参见上文),提出了:

　　语篇对等、形式对等

的翻译观。所谓"语篇对等",是指在特定情况下,译入语文本与译出语文本理当对等;所谓"形式对等"是指译入语文本的语法范畴当与译出语文本的语法范畴在各自语言中占有相应的位置。

我国学者张美芳、黄国文等也可归为这一方向的重要代表。

(6) 霍尔姆斯

美国籍(后移居荷兰)翻译理论家霍尔姆斯(Holmes 1924—1986)于1972年出版了被译界称为划时代的重要文献——《翻译学的名与实》(The Name and Nature of Translation Studies),书中所用术语"Translation Studies"既可译为"翻译研究",也可直接译为"翻译学"。该文较为完整地界定了翻译研究作为一个跨学科的研究领域,得到国内外译界的普遍认可,始被誉为"翻译学科的创建宣言"(the founding statement for the field, Gentzler 1993:93),自此以后,翻译学在西方获得了"独立学科"的地位(Bassnett & Levefere 1990: vii)。霍尔姆斯在该书中较为全面地论述了翻译学的学科性质、范围和结构,且将其分为三大板块(参见本书第十四章图14.1):

1) 描写:较为全面地描述翻译现象;
2) 理论:建构解释这些现象的原则;
3) 应用:翻译实践和培训中的运用。

他(1994)指出，诗歌翻译形式的选择直接影响和决定了诗译的总体效果，还以描述的方法概括出译诗的四种方法：

1) 模仿：力求形式相似，尽量保持诗译形似，以使基本形式结构能对应；

2) 类比：力求功能相似，寻求两种语言文化中功能性平行，创造类型效果；

3) 有机：追寻内容衍生，将译出语之原意发展成译入语中自我独特的形态；

4) 外化：运用异常形式，为了传递特定目的故意最小保留原诗的相似之处。

霍尔姆斯认为，翻译研究的重点不在于译文作品上，而应是"翻译过程"(Translation Process)，着力分析译者是如何在若干可能译法中做出自己的选择，建构出译作文本的。一旦译者做出了初始选择，便开始形成自己的翻译规则，为未来的择用奠定了依据。

值得注意的是，霍尔姆斯在1972年这本译学奠基之作中还提出了"社会翻译学"(Socio-translation Studies)和"翻译社会学"(Translation Sociology)，这为日后翻译文化转向的观点有相通之处。

亦有学者主张将霍尔姆斯(1972)的著作《翻译学的名与实》视为文化学派的奠基之作(谢天振 2008:3)，此后的以色列著名翻译理论家佐哈尔(Itamar Even-Zohar 1939—)和图里(Gideon Toury 1942—)沿着霍尔姆斯所论述的翻译学分类图作出调整，使其更为合理和清晰，认为翻译的文化学派属于"描写翻译学"，为该学派奠定了理论基础。

(7) 费道罗夫、巴尔胡达罗夫、威尔斯

围绕"文本对等"建构译论的学者还有苏联翻译学家费道罗夫(A. V. Fedorov 1906—1997)，在西方当代译界最早较为系统地论述了翻译研究当属于语言学，因为翻译的过程就是使用语言的过程。他(1953)也持"等值译论"的立场，主张采用语言学的研究手段来科学地揭示翻译的规律和本质，可从"翻译史、翻译总论、翻译分论"这三个角度来论述。

另一位苏联翻译理论家巴尔胡达罗夫(Barkhudarov 1894—1983)在此基础上将"文本"修补为"话语"，认为翻译的对象不是语言体系，而是话语，且提出了"话语等值论"。他(1985)认为，翻译是把一种语言的话语在保持其内容意义不变的情况下(即等值)改变成另外一种语言的话语的过程。据此，在翻译过程中重要的不是各个词的等值,甚至也不是各个单句的等值,而是整个话语全文的等值。

德国翻译理论家威尔斯(W. Wilss 1925—2012)早在 1977 年就接受了奈达的"翻译即科学"的观点,认为"对等"是翻译研究的中心,且主张将语篇视为翻译的基本单位。他基于索氏和奈氏的理论提出了"最佳对等"翻译观,认为翻译就是从一篇书面的原话语译成一个在最大程度上与之相对等的译入语话语(Wilss 1977,2001:103)。他还将施莱尔马赫的解释学引入翻译研究,并以此修补了洪堡特的如下观点:否定普遍概念系统的先验存在,语言具有差异性,因此翻译就具有不可能性。解释学过程可使得讲不同语言的人接近普遍概念,超越特定的社会和文化界限。

(8) 切斯特曼

芬兰的切斯特曼(Chesterman 1946—　)曾提出了翻译的五种伦理模型:

1) 再现伦理——再现源文文本、源文作者;
2) 服务伦理——完成与委托人协商后达成的要求;
3) 交际伦理——与"他者"进行交流;
4) 规范伦理——满足特定的文化期待;
5) 承诺伦理——履行职业道德的规范和誓言。

第一个伦理模型就是基于"文本中心"的再现观,也可称之为"翻译的符号观"。切斯·特曼(1997)认为,翻译即转码(Translation is transcoding),认为意义是客观的,明了的,翻译就是将一种符码转换成另一种符码,应当关注语言符号系统之间的相似性和相异性(Chesterman 1997)。这显然受到索绪尔结构主义语言学理论的影响。

他(1991;1997:64—70)还提出了三种"行为常式"(Norms[①]):

1) 社会常式(Social Norms);
2) 伦理常式(Ethical Norms);
3) 技术常式(Technical Norms)。

第二类常式包括:清晰(Clarity)、真实(Truth)、义务(Trust)、理解

[①] 译界常将 Norm 译成"规范",林克难(2006)认为它不同于 Rule,主张将其译为"行为常式",而不是什么"标准"或"规范"。行为常式是在某一历史时期,某一社会之中,人们对于翻译选材,译法以及译文接受的客观要求,译者受这种客观要求无形的影响从而在翻译过程的各个阶段有意识或下意识做出的一些带有某些共性的行为。

(Understanding)四小类。第三类常式包括：

1) 产品常式(Product Norms)，又叫预期常式(Expectancy Norms)：关注读者对翻译成果的期望，它受制于流行的翻译传统，以及特定社团所接受语篇的文体形式，以及意识形态、政治等因素。

2) 过程常式(Process Norms)，又叫生产常式(Production Norms)、职业常式(Professional Norms)：指预期常式层次之下的运作层面，起着调节翻译过程的功能，其中又包含三小类：解释常式(Accountability Norm)、交际常式(Communication Norm)、关系常式(Relation Norm)。

图里(Toury 1995/2001)也曾论及 Norm 这一概念，且将其视为"描写翻译学"(Descriptive Translatology)中的一个重要术语。他认为，应当允许有不同的翻译行为常式的存在，以能充分地描写不同时代的翻译现象(参见林克难 2006)。笔者曾尝试以"识解"(Construal)为行为常式来描写和分析同一首唐诗的 40 种英语译文中的差异，为译者主体性提供了一个 CL 的分析方法，详见本书第十四章。

(9) 小结

基于文本中心论的译论家(不必绝对，如奈达、威尔斯等学者也曾述及过后现代译论)主要认为，在翻译研究中当聚焦于语言(或话语)的形式、结构、意义等层面的"对等"(Equivalent)问题[①]。Equivalent 在国内还常被译为"等值"，这显然是倾向于原作；后来国外学者提出"等效"，显然是倾向于接受者(包括译者和读者)的，两者既有联系，也有差异。这个时期的译论取向仍为"规定型"，亦已萌发"描写型"的想法。

国际译联基于上述原理，在《翻译工作者宪章》的第一章第四条明确规定(转引自萧立明 2001：150)：

任何译文都应忠实于原意，准确表达源文的思想和形式，遵守这种忠实的原则是翻译工作者法律上与道德上的义务。

将忠实于原作品作为法律条文确定下来，这也说明，以源文本为蓝图，进行"依葫芦画瓢"的翻译，不是毫无道理的。

现将上文所述以表格总结如下：

[①] 译界也有人主张将"作者中心论"和"文本中心论"这两种观点统一视为"传统理论"，本书的论述与这一观点并不矛盾。

表 1-3

	代表	主要观点	备注
1	雅克布逊	差异对等	
2	奈达＋塔布	动态对等、读者相同反应论	
3	纽马克	译出语文本中心论	
4	卡特福德	等值论、形式对等、语篇对等	*韩礼德也持语篇对等论的观点
5	霍尔姆斯	形式相似、功能相似	
6	威尔斯	最佳对等	
7	费道罗夫	等值译论	
8	巴尔胡达罗夫	话语等值论	
9	切斯特曼	翻译的符号转码观	

谢天振（2008:6）认为，若将以奈达等为代表的称为译界的"第一代语言学派"，而以豪斯（House 1997，2002）、贝克（Baker 1993，2005）、哈蒂姆和梅森（Hatim & Mason 1990/2001）、斯奈尔—霍恩比（Mary Snell-Hornby 1988）等为代表的则可称为"第二代语言学派"，他们尝试借鉴特定的语言学理论（如系统功能语言学、心理语言学、社会语言学、CL、语用学、批评话语分析等），充分兼顾非语言要素（如意识形态、权利、文化等）来建构翻译理论，翻译作为一门综合性跨文化学科，必须吸收除语言学和文学之外的其他学科的观点。特别是斯奈尔—霍恩比认为翻译就是一种文化活动。

蒙代（Munday 2001/2010:108）也曾指出，20 世纪 70 年代，上述所列学者从关注静态的文本转向到动态的"语域、语篇分析、社会文化、功能主义、目的论"等角度，已在一定程度上具有了文化转向的特征，我们也可视其为语言学派与文化学派之间的过渡人物。

与此同时在译学界也曾发生了另一转向，从静态转向"多元系统论"（Polysystem Theory），主要代表有佐哈尔、图里等。若说上述更多地属于语言科学派（文本派）或处于向后现代译论的过渡期，佐哈尔和图里等则已明显带有后现代译论的许多特征，可划归为"后现代译论"，详见下章。

第二章 后现代译论:读者中心论

笔者在第一章主要论述了西哲简史,且根据"翻译是交际"这一隐喻将交际过程分为三个环节:作者—文本—读者,发现不同的译论不仅有不同的哲学基础,而且还对应聚焦于交际中的不同环节:基于经验论、作者中心论、指称论和真值论语义观出现了语文学译论,强调译者要忠实原作者;基于唯理论、文本中心论、内部关系语义观出现了语言学译论,强调翻译要等值于原作品。本章继续论述基于后现代哲学(包括解释学、解构论等)、读者中心论和意义模糊观论述后现代译论,主要包括:文化派、操纵派、解构派、目的论、女权派等。由于译者首先是读者,因此读者中心论蕴含译者中心论。

第一节 概 述

西哲的"第四转向:后现代思潮"大致始于20世纪五六十年代,该思潮继承了尼采(Nietzsche 1844—1900)的衣钵,主张"造反有理",大有"舍得一身剐,敢把皇帝拉下马"的气概,惯于逆向思维,勇于反抗传统,提出了一系列新鲜观点,确实让人们大开眼界,打开了人们看世界的另外一扇窗。这折射出了他们的非凡智慧。但在这些反传统的观点中,也着实带有很多"标新立异"的倾向,露出了"语不惊人死不休"的痕迹,为"新"而新,为"异"而"异",为"惊"而"惊",往往使得某些观点走向了另一个极端,带来了难以避免的"胎里疾"。

随着后现代哲学思潮的滥觞,文学创作和评论率先入流;又因文学作品需要借助翻译才能在全球传播,译界很快对其做出反应,一批有识之士顺势而为创立了后现代译论,德里达、福柯、巴尔特等还直接把翻译问题视为哲学问题。本书所说的"后现代译论"是一个上义词,包括若干不同的分支学派,大致相当于很多学者所说的"文化派"和"哲学派"(参见廖七一 2010:10—16),包括谢天振(2008)所论述的第二章至第七章的内容。

译者首先是读者,因此"读者中心论"蕴含"译者中心论"。

法国17世纪的著名学者阿伯兰库(Ablancourt, Parrot de 1606—1664)就曾批评过传统的忠实论(又叫"奴性模仿"Servile Imitation),论述了新的翻译观,他说(Lefevere 1992:6):

> I do not always stick to the author's words, nor even to his thoughts. I keep the effect he wanted to produce in mind, and then I arrange the material after the fashion of our time. Different times do not just require different words, but also different thoughts. (我并不总是坚守原作者的词语,甚至也不坚守他的思想,而只想保留他想产生的效果。然后根据我们当代的时尚来组织材料。不同的时代不仅需要不同的词语,而且还需要不同的思想。)

这似乎可视为后现代译论的先声。法国翻译家雅克·德利勒(Jacques Delille 1738—1813)曾说过一句名言(Lefevere 1992b/2010:9):

> Extreme faithfulness in translation results in extreme unfaithfulness.
> (翻译的极端忠实会导致极端的不忠实。)

这就宣告了传统翻译观所追求的"忠实论"梦想之破灭。

巴尔特(Barthes 1915—1980)认为,文本生成之后,作者就失去了存在的价值,这就是他那著名的"作者已死"口号的含义。既然作者已不再对文本产生作用,文本意义只能产生自读者的阅读,这就有了"源文须依赖译文而存活"的说法(廖七一 2000:80)。而读者又有各自的文化背景和语言水平,原作品的意义不可能像索绪尔所说那样"在封闭文本中求得""固定不变",而主要是由译者决定的。若再经过翻译环节,跨越了语言,就会有不同的表音、表形、句法等方法,各民族就会有不同的表意方式,这就从理论上否定了客观主义者所说的"翻译镜像"现象。在此背景下,翻译的"忠实性"也就变得可有可无。

若再沿此思路走下去,译文就不再是源文的附庸,源文反而要依赖译文才能在异国文化中获得"新生"(Revitalization)，翻译使得原作者(Source Author)获得了"再生"(Afterlife)。于是乎，"翻译是再创作""译者即作者"也就顺理成章地登场亮相，译者从而就取得了与作者平等的地位，甚至还可能超过作者的地位。勒菲弗尔(Lefevere 1992b/2010:2)指出：

> Translation is not just a window "opened on another world", or some such pious platitude. Rather, translation is a channel opened, often not without a certain reluctance, through which foreign influences can penetrate the native culture, challenge it, and even contribute to subverting it. （翻译不仅是"开向另外一个世界"的窗口，或诸如此类虔诚的老生常谈，常是很不情愿地打开了一个通道，异国的影响可通过它渗透到本土文化之中，挑战它，甚至要颠覆它。）

法国的著名文学家雨果(V. Hugo 1802—1885)则说得更明白(Lefevere 1992b/2010:2, 14)：

> When you offer a translation to a nation, that nation will almost always look on the translation as an act of violence against itself. （当你向一个国家提供一个译文，那个国家将总会视其为对自身施暴的行为。）

想一想，原作者能做到这一点吗，这只能是译者之所为！如此而言，译者在译入语文化中发挥了超出原作者的社会功能，他不仅引进了他国的新词语，而且引进了异邦的新思想、新写法，起到了拓展本国文化的作用，此话就一点也不言过其词了。

据此，持后现代思潮的翻译理论家认为，翻译的目的不在于"求同"，而在于"存异"，当以"异化翻译"为主，这就从另一个角度阐述了翻译活动的本质与规律。正如德国后现代哲学家本杰明(Benjamin 1923)所指出的：

> There it is a matter of showing that in cognition there could be no objectivity, not even a claim to it, if it dealt with images of reality; here it can be demonstrated that no translation would be possible if in its ultimate essence it strove for likeness to the original. （据此明显可见，在认知中无客观性可言，甚至连可算作客观性的东西都不存在，因为认知处理的是现实的意象。这也说明，如果翻译的终极本质在于力求与原作相同，那么这样的翻译断不可能。）

这就道出了译作中的客观性是不存在的，当以"求异"为主的思想。

美国后现代文学理论家兼翻译家斯皮瓦克（Spitvak 1976）在翻译德里达《文字学》的译者前言中，依据德里达的观点指出：文本没有固定的同义性，缺乏稳定的源文，因此翻译不可能完全实现意义的转换，他还进一步论述了翻译具有语言暴力的特征。

第二节　兼顾读者由来已久

译文要依据"读者"的感受做出评判，自古有之，也并非什么新鲜事，如我国三国时期的佛经翻译家支谦就曾说过：

其传经者，当令易晓，勿失厥义，是则为善。

由于古罗马帝国没有自己的诗歌、戏剧等文学形式，为能弥补这一缺憾，在用武力征服他国后便开始了大规模的拉丁语翻译活动，出于占领者的霸主心态，也将他国文化视为可被任意宰割的战利品，力主意译法，在翻译古希腊作品的过程中自然就产生了"与原作媲美""超越原作"的想法，可随意改变原作的内容和风格（Wilss 1977，2001:29）。古罗马著名修辞学家西塞罗根据其演说与修辞学的原则，认为译者必须兼顾到译入语读者的语言习惯，用符合译文读者习惯的语言来打动听众。荷兰人文主义学者伊拉斯谟（Erasmus 1466?—1536）早就指出译文当兼顾读者需要；德国宗教改革的领袖马丁·路德（M. Luther，1483—1536）也持同样的观点；勒菲弗尔认为翻译旨在影响本国文化的发展；被尊为"自由翻译派的总代表"法国的阿伯兰库也主张译文应当迎合译入语读者的口味，强调文学作品的可读性（参阅 Lefevere 1992b/2010:6,8）。英国桂冠诗人、译坛巨星德莱顿（Dryden 1631—1700）等也曾论述过翻译中的"读者"因素，认为检验译品是否合格在很大程度上要看读者的反应（谭载喜 2002,2005:141,232）。

俄国的彼得大帝（King Peter 1672—1725）也主张采用意译法，要求译文能使俄语读者明白易懂（谢天振 1999:44）。泰特勒（Tytler 1747—1814）在界定"优秀的翻译"时也曾指出：给译作读者以原作读者的感受。后现代哲学的滥觞者、德国哲学家尼采（Nietzsche 1844—1900）早就在他的"唯意志论""权力意志说""超人哲学"等理论基础上提出了他的"再创作"翻译思想，认为在翻译中不能盲从作者，更不要拘泥于原作，译者应当完全放开手脚，充分体现自我意志的力量和冲动。

苏联翻译家费道罗夫（Fedorov 1955:45）在《翻译理论概要》中也指出，俄

国在 18 世纪下半叶就曾盛行"适合俄国口味的译风",他说:

> 尽量使译作接近读者,使读者忘却这是译作,消除译作与创作之间界限。

美国翻译理论家奈达也论述翻译中应强调"读者"因素,他指出:

> 衡量译作质量首先应当考虑的是,检验译文读者会做出什么反应,然后将译文读者的反应与源文读者的反应加以比较。

这些学者的观点对姚斯和伊泽尔产生了重要影响,他们在后现代哲学思潮的推动下进一步发展出"读者反应论"的翻译观。

第三节 后现代译论:读者中心论

上述学者仅论述了翻译过程中的读者因素,还未能将其上升到"中心"地位。在译界正式确定读者中心位置的,当从 20 世纪 60 年代末在德国出现的"接受美学"(Receptional Aesthetic),又叫"读者反应批评"(Reader-response Criticism)算起,自此在西方文艺理论界和美学界刮起了一股理论风暴,实现了从"作者中心"和"文本中心"到"读者中心"的转移。

德国康茨坦斯大学文艺学理论家、美学家姚斯(H. R. Jauss 1921—1997)于 1967 年提出了"接受美学",认为美学应重在发现读者受众对文学作品的期待(文体、形式、内容等)、接受、反应、阅读过程、审美经验、接受效果等,研究"作者、作品、读者"之间的动态交往过程,且把审美经验放在"历史—社会"这一大背景下考察,意在将文学研究从实证主义窠臼的死胡同中引导出来。因此,文学研究应从接收者的角度出发来审视作品的主旨意义和受众影响,一本印好的书,在读者没有阅读它之前,充其量也只能是一个半成品;书中僵硬的符号要靠读者来添补色彩和情感,才能使得它们成为活的东西。

德国美学家、文学批评家、接受美学创始人之一,伊泽尔(W. Iser 1922—2007)提出了现象学文本阅读理论,重点研究读者与文本的交流,提出了"隐含读者"的观点,认为文学作品本身是一个充满未完全定点的召唤结构,若无读者来解读,它只能处于模糊状态,只有经过读者的理解才可使得这些未定之点具体化。费什(S. E. Fish 1938—)基于此在文学批评中直接提出了"读者反应批评",将读者提升到文学本体论的地位,他主要论述了"文本与读者的关系""阐释团体""构成阐释团体的读者""文本的分析方法",认为不同阐释团体由于采用不同的策略，就会有不同的阐释结果，它们只对某一阐释团体中的读者有效，因此我们当对不同阐释结果持宽容态度。

法国翻译学家贝尔曼（Antoine Berman 1942—1991）于20世纪70年代基于"接受美学"首倡"走向译者"的翻译原则（屠国元 2003）。这显然深受流行于欧美的后现代哲学家巴特尔、福柯、德里达、波德曼等所创立"解构派"或"颠覆派"的影响。美国当代最著名和最具影响力的批评家、理论家布鲁姆（Bloom）在20世纪70年代还基于后现代哲学理论提出了"误读理论"（Misreading Theory），认为阅读就是一种延异，无异于误读，因为读者不可能再获得作者之原意，这就与上述后现代第二期的哲学家观点如出一辙。

基于后现代哲学理论建构起来的"读者反应论"使译论进入后现代时期，其最明显特征就是将翻译重点从"作者"和"文本"转向了"读者"兼"译者"身上，因为作品总是为读者（或接受者）而创作的，作品的唯一对象就是读者，他们的作用和反应必须受到重视和强调，译者兼读者也就自然成了文本意义的仲裁者。该观点的问世显然受到法国后现代哲学家巴尔特"作者死了"惊人之言的影响，认为作者一旦写完书稿就完成了他的历史使命，无异于"死去"，丧失了对文本赋义的功能。于是乎，译者兼读者便粉墨登场，成为解释文本意义的主人，文意完全取决于译者兼读者的自由解读，焦点也自然就从作者或文本转移到了"读者"或"接受者"这一环节，"读者中心论"由此而生，具有读者的独白性。

这样，语言就不再是一个封闭自足的系统，文本的意义也不再是单一的、固定不变的，那种被认为是"唯一的""作者的"权威性意义不复存在，意义会因读者而异，人言人殊，源文本的意义失落于无限的理解和解释可能性之中。一句话，文本意义是不确定的，结构主义"意义确定论"遭到了前所未有的颠覆。很多学者接受了这样的观点。在语言学界，很多学者基于此提出了意义模糊观，一时间，模糊语言学、模糊语义学、模糊语用学等备受青睐，大为流行，成为众多学者的盘中主食。

若沿此思路前行，文本意义由读者决定，那么有不同的读者，因为他们有不同的知识背景，就会有不同的理解，这就引出了德里达的一句名言：

  One hundred readers will produce one hundred Hamlets.（有一百个读者就会有一百个哈姆雷特。）

毋庸置疑，不同的读者确实会对同一作品产生不同的理解。我们知道，语言不可能脱离人这个主体而存在，一方面作品是由人写出来的，必然具有一定的"个体性"；另一方面，作品是为了让人读的，写作时心中也有一个隐含的读者,尽管不是每个读者都能意识到这一点。再者,读者在解读文本时常以另一主体的身份来参与同作者的对话和交流(如很多读者在阅读《红楼梦》时,情不自禁地将自己当做贾宝玉或林黛玉)。这正体现了一种主体间性的活动,即读者在解读作品意义时也发挥着一定甚至较大的主观性,他在与文本(作者)对话中常会产生超出作者赋予作品的意义,这也属正常。因此,从某种意义上来说,文本意义具有一定的不固定性,会随着个人理解的不同而有不少差异,还可能会产生若干超出文本的意义。

在"读者反应论"这种哲学思潮的影响下,译者(因为首先是读者)的主体性意识被激活,译者就要将注意力置于读者身上,此时就不可避免地要调整、改动,乃至篡改原作者和源文本,译者就应享受"主人"的自由权,不再心甘情愿地位居"仆人"的低下地位,或至少也应享受到"平等对话"的待遇,不再受作者和原作的束缚和困扰。译者兼读者在阅读和翻译过程中,一直在不断打破文本这个系统和结构的牢笼,大胆摆脱对意义确定性的依恋,展开想象的翅膀对文学文本大加创造性发挥,从而在译作中便会突显自我,自然就得出了如下结论:

  翻译就是再创作;
  译者必须具有自我风格;
  作者因译者而存在;
  源文活在译文中;
  读者(译者)利益至上;
  译者在译作中须突显"自我";
  译者必须具有译者风格;
  译者是翻译活动的主体和中心

这些命题悄然在全世界蔓延开来,成为译界的主打产品,使得"等值观""等效观"失去了存在的理论依据。后现代译论认为,作者和源文的思想乃至他们的生命,只有依赖译者的理解和解释才能在新的时间和空间中得以延续。

郭沫若(1892—1978)早就说过,文学翻译"与创作无以异","好的翻译等于创作,甚至超过创作"(参见许钧 2001:20)。既然翻译是"创作"或"再创作",还会有"再再创作",同一文本被若干不同的读者兼译者翻译,就会有若干不同的译文,源文本中的各种潜在意义不断被挖掘,文本也就不断地被赋以崭新的生命,从而出现了文本一直在

  理解的理解的理解……

>　　解释的解释的解释……
>　　翻译的翻译的翻译……

无限循环中代代延续,这就是译者的中心任务和历史使命。

　　这个时期的译论取向主要为"描写型"兼"解释型",摒弃了"规定型"和"作者中心"的原则,视线由作者转向了读者,注重发挥译者的创造性和自由性。"描写型"主要关注对译学的"学科性质、任务、方法、译文现状"的描写,重在描述具体的翻译现象和翻译事实,以及翻译的认知过程;而"解释型"则涉及为何要关注某一译论,运用某一译法(如异化 vs 归化等),通过"解释",深刻揭示翻译与社会、文化、心理、认知等因素的关系。

　　体认翻译学则注重将三个中心(作者、文本、读者)和诸型(规定型、描写型、解释型)作整合处理,予以全盘考虑,这就是表 1-1 中最后一行所标注的"体认翻译学"之含义,详见第三、四、五章。

第四节　后现代译论种种

　　祝朝伟(2005:85)认为,20 世纪 70 年代以降,西方语言学翻译理论已逐步式微。谢天振(2008:315)也指出,"翻译研究自 20 世纪 80 年代'文化转向'后,主要向一些'后现代'翻译理论发展"。后现代翻译理论家(包括翻译文化派学者)都主张对传统的"作者中心论"和"文本中心论"进行义正词严的口诛笔伐,激烈主张摆脱这两个中心论的束缚,进入到更为广阔的社会空间、文化语境以及读者和译者的世界,不仅论述意义的多元动态性,翻译的不确定性,而且还探索有关意识形态、话语权利、宗主殖民、性别差异等问题,关注译者的主观能动性,分析读者的接受情况,还要兼顾赞助人、出版商、社会需求等要素。

　　后现代哲学思潮挑战二元对立,主张多元论,本身也充满了各种不同的声音,莫衷一是,这在译学研究中也有反映。王东风(2003)指出,20 世纪 70 年代以降,后现代理论已全面介入译学研究:多元系统论、解构主义等刚刚唱罢,后殖民主义、女性主义又纷纷登台。可见,基于后现代哲学建立起来的译论也绝非异口同声,而是各自有各自的理论视角和表述方法,现简述如下。

1. 文化派

一个民族的文化是历史的沉淀,汇聚了精神文明和物质文明的成果,闪烁着人类的智慧。语言必定要深深打上文化的烙印,或者说,特定的语言就是特定的文化系统,前者既是后者的产物,又是后者的载体,两者相辅相成,休戚与共,任何语言都要植根于文化环境才能生存,而所有的文化都要借助于自然语言才能延续(参见张美芳 2001:28)。巴斯奈特(Bassnett 1980:14;方梦之 2011:558)曾打比方说:文化是身体,语言是心脏,只有身体与心脏相互协调,人的生命才能不断延续。王克非(1997:2)指出:文化及其交流是翻译发声的本源,翻译是文化交流的产物。因此文化当是语言的最大参照系,即意义的定位必须参照文化体系,这毫无疑问!

说起"文化",只要受过一定教育的人,心里都知道它指什么,可一旦要为其下一个大家都接受的定义,却难倒了一大批学者,它就像"意义"一样,可以意会,而难以言传。美国人类学家克罗欧巴和克勒科霍恩(A. L. Kroeber & C. Kluckhohn 1952)就曾收集到有关文化的 164 种定义。更多的学者尝试对文化进行层次性分类,诸如"同心圆型、洋葱型、冰山型、三层次型"等(详见 D. Katan 1999/2004:16—33)。

美国人类学家、哲学家萨丕尔(Sapir 1884—1939)从广义角度认定人类语言本身就是文化,而且是文化的主体,文化的基本现象(参见刘宓庆 1999:138),难怪在汉语中说"学文化"常指"学汉语"。正因为文化涉及不同民族和不同语言之间广泛的时空差异,从而也导致了民族心理和意识的差异,这种文化差异对语言和翻译产生了制约性功能,历史语境和文化语境在语言交际和翻译活动中起着决定性作用,使得从文化角度研究语言和翻译顺理成章,这就是刘宓庆(1999:148)所言的:

> 总之,就文化翻译而言,翻译之功功在文化诠释的求证和分析运作,功到自然成。

1976 年在比利时召开的卢汶会议(Leuven Seminar)标志着翻译研究开始转向文化,时隔十几年后(即 20 世纪 80 年代末 90 年代初)西方译论全面关注这一转向。我们认为,这一转向显然与西方于 20 世纪 60 年代进入后现代哲学思潮密切相关。此时的译界传承了后现代哲学的关键词"反叛、颠覆、消解"等,主张消解"原著、译著、忠实、对等"等概念,跳出了围绕作者的语言和文本的老套模式,摆脱"作者中心论、文本中心论"的羁绊,将重点从"怎么译"转到了"为什么这么译""为什么译这些国家、作者的作品而不译其他"等问题,所关注的视野投入到更为广阔的语言之外的文化视野中,如权力、意识形态、读者、出版商、资助者等。因此,翻译不再是纯语言层面的活动,而是一种"文化活动",当彰显译出语背后所蕴含的文化要素,且要让译文影响译入语文化,且要融入到其文化之中,这就是潘文国(2012)所说的翻译界的"第二次转向",又可称为"读者转向"或"目的语转向"。

以色列的翻译学家佐哈尔(I. Even-Zohar 1939—)和图里(G. Toury 1942—)提出的"多元系统理论"为翻译研究的文化转向打下了坚实的基础。斯奈尔—霍恩比(Snell-Hornby 1940—)在1988年专著第二章的标题即为"翻译作为一种跨文化活动"(translation as a cross-cultural event),1990年提出译学的"文化转向"(Cultural Turn)。巴斯奈特(Bassnett 1947—)和勒菲弗尔(Lefevere 1946—1996)在1990合作出版的《翻译、历史和文化》中也提出了"翻译研究的文化转向"。正是他们的努力使得"翻译的文化学派"得以在全球传播,并被学界普遍接受。

他们一致认为,翻译的重点不在于"文本",也不必追求什么"等值、相同、相似",翻译的基本单位也不是语言中的词、句或语篇,而是"文化",其中包括"意识形态、权力、赞助者、文化语境、历史背景"等,主张从文化角度研究翻译,将翻译文学视为译入语文学系统的一个重要组成部分,可采用描写性研究范式。他们还十分关注翻译的社会文化制约因素,译作在译入语文化中所起到的作用,产生的影响,故而冠之以"文化派译论"(参见 Gentzler 1993)。

卡坦(Katan 1999/2004)甚至认为翻译就是翻译文化,他1999年专著书名的正标题即为"Translating Cultures"。他在书中还论述了"双文化背景"(Bicultural Background)的概念。

(1) 佐哈尔和图里

以色列著名翻译理论家埃文—佐哈尔(Even-Zohar 1978)借用了20世纪20年代俄罗斯"形式主义者"的观点于1970年至1977年间提出"多元系统论"(Polysystem Theory),认为翻译文学不只是一个孤立的艺术作品,而是文化系统中的一部分,当重点分析它在译入语多元系统中的地位。据此,翻译活动也不仅是一个简单的文字转换过程,体现的不仅是译者的语言能力,而且必然会受制于译入语的文化系统和译者的人文觉悟,据此译论就当描述和分析翻译活动在社会文化中的动态性和异质性。

佐哈尔指出,翻译是社会文化系统的一个子系统,"翻译文学"当为"文学多元系统"(或:文化多元系统)中的一个支系统。于是,译入语的文学系统就决定了选择何种译出语文本,且也规定了翻译政策和方法。这就是说,译论研究就应描写翻译文学在主体文化中被接受的情况和所产生的影响,以能发现并揭示制约文学翻译的有关规律。他还具体论述了翻译文学若能进入译入语国家多元文化系统的中心地位,主要有以下三种情况(Even-Zohar 1978:193;Munday 2001/2010:110;参见谢天振、查明建 2004:10):

1) 当译入语文学还处于"幼稚期"的建立过程中;
2) 文学处于"边缘、弱小"状态,亦或两者兼有;
3) 文学正经历"危机"或转折点,出现了"真空"。

倘若外来的翻译文学处于次要地位,它就不能对主流系统产生重大影响,译作中会保留较多的传统形式,尽量与主流系统的文学创作标准相一致。但也有可能部分译作成为主流,如在两次世界大战期间以色列学者译入希伯来语的作品中,译自俄语的成为主流,而译自英语、德语和波兰语的作品仅据次要地位。

若翻译文学占据了译入语文化的中心位置时,它就会成为该国家文学创新力量的一个重要组成部分,新的创作模式和语言表达就会被有效引入,此时便会引发"异化"现象。自此,"原创"与"翻译"也就无甚区别了,这就充分体现出"翻译就是再创作""译者就是作者"的后现代理念。

佐哈尔的多元系统论受到译学界的高度评价,如根茨勒(Gentzler 1993:119—120)认为这是翻译学中的一个重要进步(an important advance for translation studies),且具体列述了该理论的三个优点(参见 Munday 2001/2010:111)。我国学者陈平原曾举晚清时期的译界例子来证明佐哈尔上述观点的正确性,他(1989:23)说:

域外小说的输入,以及由此引起的中国文学结构内部的变迁,是 20 世纪中国小说发展的原动力。……没有晚清开始的对域外小说的积极介绍和借鉴,中国小说不可能产生如此脱胎换骨的变化。

佐哈尔的弟子图里(Toury 1942—)是以色列特拉维夫大学的翻译教授,基于老师的观点,他(1980,1995)先后出版了《翻译理论探索》(*In Search of a Theory of Translation*)和《描写翻译学及其发展》(*Descriptive Translation Studies and Beyond*),大力倡导基于多元系统理论的描写性研究,又叫"描写翻译学"(Descriptive Translation Studies,简称 DTS)。1980 年的著作是该研究范式的奠基性标志之作,1995 年的著作则在前者的基础上进行了更为系统化的论述,实践并改造了霍尔姆斯所勾画的翻译学范畴体系。他在这两本书中对希伯来社会文化语境中的翻译现象和活动进行了较为深入的实证性研究,进一步从社会行为角度论述了社会文化等因素在翻译中的具体体现,密切关注文化接触与规划,使得翻译学进一步脱离了传统文本研究的桎梏,为翻译的文化转向推波助澜。

图里(1995:55)在描写翻译学中还提出了一个十分关键的概念"常式"(Norms),且对其做出了如下描写:

> ... the translation of general values or ideas shared by community—as to what is right or wrong, adequate or inadequate—into performance instructions appropriate for and applicable to particular situations. (将一个社团所共享的诸如对与错、合适与不合适等普遍价值和概念,翻译成适合于或可用于特定场景的行动指令。)

图里(1995:36—39,102;Munday 2001/2010:112)提出了建构包括三阶段的 DTS 研究方法:

1) 将译出语文本置于译入语文化系统,探索其意义和接受度;

2) 对比译出语和译入语,寻找移译现象(Shift),识别两文本经翻译映射后出现的"配偶对"(Coupled Pairs),以期发现潜在的翻译概念;

3) 为制定未来的翻译策略找出潜在规律。

图里据此进一步提出了衡量翻译行为是否得体的一般"行为常式"(Norms),主要也有三条(参见 Hermans 1999/2004:75—76):

1) 预备常式(the Preliminary Norms):决定翻译哪一源文,择用哪一文本,是最终原作还是已译文本,了解其基本意义和意旨取向;

2) 初始常式(the Initial Norms):决定译者对翻译的整体思路,偏向译出语文化或译入语文化,前者用"充分性"(Adequacy),后者用"接受性"(Acceptability)来衡量;

3) 操作常式(the Operational Norms):决定具体的翻译操作。

在操作常式中又区分出宏观和微观两条:

1) 材料常式(Material Norms):有助于决择语篇的宏观结构并制约相关决策,例如:是翻译源文的全部还是部分,如何划分章节、幕、节、段落等。

2) 组篇常式(Textual Norms):影响语篇的微观结构,包括:语句建构的细节,选词造句,使用斜体或大写表示强调等。

图里还认为,这三条翻译常式不仅是研究社会文化如何制约翻译的重要依据,也是译者形成翻译机制,有意识调整翻译策略和方法的原则。他还引入了"目标文化系统"(Target Culture System)。

他主张将"常式"置于"能力"(Competence)和"运用"(Performance)之间,以及"规则"(Rules)和"个性"(Idiosyncrasies)之间,使其具有社会文化的规约性,常式是人们在教育和社会化过程中习得的,翻译就是由这样的常式所管辖的活动,它是一种在特定文化或文本系统中被优先而又反复采用的翻译策略,是对传统"对等翻译观"的一种超越。

很多学者对图里的"常式论"提出了不同的看法,至于在初始常式中提出的"充分性"和"接受性"这一对术语更是屡遭诟病(Hermans 1999/2004:76—77),切斯特曼(1997:64)主张用"源文导向"(Sourse-oriented)vs"译文导向"(Target-oriented),或者"前瞻性"(Prospective)vs"后顾性"(Retrospective)等术语取而代之。

(2) 勒菲弗尔

比利时翻译理论家勒菲弗尔(Lefevere 1980,1981,1990,1992a,1992b/2010)是翻译文化派中最重要的代表之一。他与巴斯奈特(Bassnett & Lefevere 1990)合作主编了论文集《翻译:历史和文化》(*Translation, History and Culture*),成为文化派译论的代表作,将翻译从词句等文本层面的研究拓展到语言之外的文化层面(包括历史、政治、权力、机构、意识形态、风土习俗等),这就是英国学者斯奈尔—霍恩比(Snell-Hornby 1990)在该论文集中所说的"文化转向"(the Cultural Turn)。

勒菲弗尔于1992年出版了《翻译、改写和文学名著的操纵》(*Translation, Rewriting and the Manipulation of Literary Fame*)和《翻译、历史和文化论集》(*Translation, History, Culture: A Sourcebook*),基于多元系统论重新审视了翻译活动,更强调翻译中未被以色列学者所充分阐释的"意识形态",认为译者当依据文化意识形态和诗学的需要进行必要的"改写或重写"(Rewriting)。他(Lefevere 1992a:9)说:

> Translation is the most obviously recognizable type of rewriting, and ... It is potentially the most influential because it is able to project the image of an author and/or those works beyond the boundaries of the culture of origin. (显而易见,翻译最可被公认为改写,最具潜在影响力,因为翻译能将作者和/或那些作品中的意象投射到原作文化的边界之外。)

学界常将他的这一观点归结为以下两个著名命题：

Translation is rewriting.（翻译就是改写。）
Rewriting is manipulation.（改写就是操纵。）

因此，勒菲弗尔也可视为"操纵学派"的代表之一。他（Lefevere 1992b/2010：10）基于这一思路曾对翻译做出如下定义，可视为翻译文化派的纲领：

Translation needs to be studied in connection with power and patronage, ideology and poetics, with emphasis on the various attempts to shore up or undermine an existing ideology or an existing poetics. It also needs to be studied in connection with text-type and register, and in connection with attempts to integrate different Universes of Discourse.（翻译需要结合权力和赞助、意识形态和诗学进行研究，重点在于支撑或破坏现存意识形态和诗学。翻译还需要结合文本类型和语域进行研究，尝试将不同语篇世界融合起来。）

他的立足点与其他持后现代译论的学者基本一致，将翻译的重点转向了译入语的社会文化、意识形态、文学系统以及广大受众，但更强调"意识形态、赞助人、诗学"三因素对翻译的操纵，深入探讨翻译过程中影响翻译策略的各个层面。他还认为翻译在文学系统中的生产和消费主要受制于以下三个因素：

1）文学系统中的专业人员；
2）文学系统外的赞助系统；
3）占据了主流地位的诗学。

一言以蔽之，勒菲弗尔深受后现代哲学思潮的影响，努力将该思潮引入翻译研究之中，主张将其置于语言之外的更为宏大的社会文化背景中来考察，从多元系统论、意识形态、权力等角度来审视它。据此，勒菲弗尔认为翻译研究就当分析翻译活动在各种不同文化中所处的位置，认为在文学翻译中就当最大程度地关注译入语的文化系统，且当建构互动性的文化系统，从而也提高了译者的主体性意识，强调译者对翻译过程的施暴和操控，从而颠覆了传统译论以作者和源文为基础的陈旧观念，开辟了翻译理论研究的全新视角。

（3）巴斯奈特

英国著名翻译理论家、沃瑞克大学（Warwick University）的翻译与比较文化研究中心的讲座教授巴斯奈特(Bassnett 1978，1980，1990，1999，2006)是翻译文化派的旗手级代表，因其具有深厚的比较文学背景，且常以此为视点来论述翻译。她 1980 年出版的《翻译研究》(Translation Studies)已多次再版，成为译界权威著作和翻译研究的经典入门教材。她与勒菲弗尔于 1990 年合编的《翻译、历史和文化》(Translation, History and Culture)，首次正式确立了翻译研究"文化转向"这一方向，"翻译文化派"宣告登场。他们(1998/2001)于 1998 年合作出版了《文化构建——文学翻译论集》(Constructing Cultures: Essays on Literary Translation)，书中共收集了 8 篇论文，巴斯奈特和勒菲弗尔各作 4 篇。他们不仅讲述了翻译研究的发展史，总结翻译理论研究、文化研究、描写翻译研究、翻译教学等方面的最新动态，而且还进一步拓展了翻译学的研究领域，且为 21 世纪的学科发展指出了方向。

巴斯奈特与特雷维蒂(Trivedi)于 1999 年合编的《后殖民翻译：理论与实践》(Post-colonial Translation: Theory and Practice)更是论述文化派译论时的常引书目。她还与勒菲弗尔和根茨勒合作主编了两套译学丛书：

1) 她与勒菲弗尔合作主编了《翻译研究丛书》(Translation Studies)；

2) 她与根茨勒合作主编了《翻译主题丛书》(Topics in Translation)。

大大拓宽了译界的理论视野，使得文化派作为一个译学新论在全球得以迅速传播。

巴斯奈特认为研究翻译，特别是文学作品，在一定意义上就是研究不同文化的相互作用，因此翻译者的工作是促进不同文化之间的交流，发挥着文化纽带的作用。她借鉴了文化研究中的三个核心概念：权力关系、操纵、文化生产，这都是后现代译论所关注的核心内容。她认为，文学翻译虽是基于语言的，但在将一种语言符号所含意义转换①译为另一种语言符号时，不仅要运用词典和语法，更多地包含了一整套语外规则，翻译与文化有效互动，被视为一种权力参与下的文化对话和建构活动，内涵若干操纵因素。

巴斯奈特还分别从文学翻译、后殖民理论、女权主义等角度论述了翻译的后现代特征，认为译者必须认识到文学作品的题材差异，可用对应不同的翻译策略，如话剧译文必须考虑其"表演性"，就得超越纯语言转换的模式。

---

① 体认翻译学认为，翻译活动不仅仅是实现"意义转换"的过程，而是在不同语境中，基于体认原则重新建构意义的过程。

她率先质疑语言学译论,力主抛弃"对等原则",高度赞扬勒菲弗尔的"多元系统论",认为文学翻译必须考虑其在另一种文化中所产生的社会效应,使得人们深刻认识到,翻译研究当摆脱"忠实""对等"的无谓争论。她在研究翻译史时发现,翻译绝不是派生的(Secondary, Derivative),而是一种原发性的(Primary)活动。甚至可以说,译者就是革命活动家,不是原作者或原作品的仆人,因为译作可塑造一个时代的文化和生活。

正是由于他们的努力,使得斯内尔—霍恩比首创的"文化转向"(参见方梦之 2011:558)得以迅速传播和广泛普及。不仅如此,巴斯奈特(Bessnett 1998b:123)还指出:翻译学的文化转向已在 20 世纪 80 年代末完成,现在轮到文化研究的翻译转向了。此一宣称意在将翻译学的研究理论和方法拓展到文化,乃至其他领域之中,使得翻译学的学术地位得到大大提升。

(4) 小结

上文仅列述了翻译文化派的代表人物,除此之外还有许多,恕不一一列述。总而言之,该学派认为翻译不再是语码层面的转换和语言技能的研究,而应将其视为一种文化行为和社会实践,理当取消语言翻译本体论中诸如"原著、译著、忠实、对等、等值"等概念,大力倡导后现代哲学中反叛、颠覆、消解等思想,从而实现了翻译中心的转向:

  1) 从"原作"转向"译作";
  2) 从"作者"移至"译者";
  3) 从"译出语文化"改为"译入语文化"。

时至 20 世纪 90 年代,译论开始密切关注翻译在特定文化中的"生成、变形、出版、传播、接受",以及翻译活动与文化意识形态之间的互动关系,认真考察翻译中的语言与文化之间的权力关系、身份确认、政治利益、文化语境(Cultural Context)和文化框架(Cultural Frames)的建构以及转移。译者理应有一份"文化传播者"的担当,肩负着跨文化鸿沟上"架桥者"的义务,是一位名副其实的"文化中介者"(Cultural Mediator)(参见 Katan 1999/2004)。这一思潮开创了后现代哲学视野下的译学理论新篇章,直接将译论推到了世界人文学科研究的最前沿。

其实,密切关注语言与文化之间的密切关系,并不能算是翻译文化派的原创,这一理念早已被中西学人所认识。从古希腊时期便有之,将哲学、文化与语言交织在一起的论著很多;近代洪堡特(Humboldt 1836)也从民族精神的角度论述语言的本质;此后的马林诺夫斯基(Malinowski 1923)和萨丕尔

(Sapir 1912),他们都详述了语言学与人类学之间的密切关系。我国亦有学者对其做出了精彩论述,如罗常培(1950)早就倡导将语言和文化紧密结合起来的研究思路;如刘宓庆(1999:10)在《文化翻译论纲》中就认为严复的"信、达、雅"实际上就是"文化上的信、达、雅",他(1999:82)还列述了一批持有此观点的学者,如:刘光汉(1906)、刘师培(1907)、黄侃(1908)、梁启超(1916)、王国维(1917)、章太炎(1919)、张世禄(1923)、陈望道(1926)、魏建功(1926)等。我国翻译家傅雷(1951)①提出的"神似"和钱锺书(1964)提出的"化境",多少也具有外国翻译文化派的理念。

特别值得一提的是我国香港翻译家张佩瑶(Martha P. A. Cheung 2006/2010),曾基于法国后现代哲学家福柯(Foucault 1926—1984)提出的与"权力、意识形态、文化、知识"等密切相关的"话语"(Discourse),率先提出"中国翻译话语"(Chinese Discourse on Translation)这一概念,积极倡导译者及编者在翻译中彰显自己的权力介入,翻译活动之目的性,应主动让读者(特别是西方读者)了解有关中国典籍的文化、意识形态等,以能"再现"(Represent)、"自我"(Ego)。因此在她所编纂的《中国翻译话语英译选集(上册)——从最早期到佛典翻译》(*An Anthology of Chinese Discourse on Translation Volume 1: From Earliest Times to the Buddhist Project*)中,不是"自我"翻译"他者"(other, Other, otherness),而应是"自我"翻译"自我",这里被翻译的自我,不是指自己的作品,而是指自己的理解、民族的文化。她采用了阿皮亚(Kwame A. Appiah 2000)所说的"丰厚翻译"(Thick Translation)的方法,在译文中增加了很多对中国文化的注释,以能展现中国翻译话语和东方文化的"软实力"(Soft Power),可望实现"自我"与"他者"的平等对话。随着西方学者受到后殖民主义和反欧洲中心主义思潮的影响,他们对非西方的文化产生了浓厚的兴趣,在此形势下张佩瑶所编译的中国翻译话语文集引起了他们的注意,并得到了普遍认可。

这似乎在向人们昭示人文研究中的一个事实,并非外国学者就一定领先于我国,在"西风四起、西学狂飙"年代的外语界,国人尚需保持一个清醒的头脑,千万别忘了在"他山之石,可以攻玉"时,仍有若干"我山之石,也可攻玉"的实例,甚而国产理论的月亮的圆度不比他国差,常有更圆和超越的现象。

综上所述,文化派翻译理论所论述的主要观点如下:

---

① 傅雷于 1951 年 9 月在撰写《〈高老头〉重译本序》一文时指出:"翻译应像临画一样,所求的不在形似,而在神似。"

1)翻译不仅关注语言文字(词汇和语法),更要关注文化、社会意识形态,因此翻译不仅是语言符号的转换活动,也不仅是信息翻译的问题,而且是一种文化交流活动,可冠之以"跨文化翻译",当将其置于社会意识形态中加以考察,参与了文化建构等经国大事。美国翻译学家铁木钦科(Tymoczko 1999)指出:随文学运动之后会出现政治运动,随政治运动后会产生军事运动,我国20世纪初的五四运动也可说明这一点。作者不可能在真空中写作,他或她本身就是特定时代、特定文化的产物,其作品必定涉及时代特征、意识形态、社会阶层、种族、性别、年龄、阶级、故乡等(Bassnett 1998b:123)。据此,文化派译论主张消解"原著""译著""忠实""对等"等概念,跳出"作者中心论"和"文本中心论"的窠臼,将视野投入到更为广阔的语言之外的社会运动和文化习俗、意识形态的视野之中,看到世界文化的异质性,当倡导不同文化之间的互流、互动、互补。

2)翻译可使原作在另一种文化中获得再生,如此说来,翻译就不是翻译,而是一种伪翻译(Pseudo-translation),作者、译者和读者之间存在"共谋关系"(Collusion)。译作会在他国文化中产生影响,推动其发展,起到建构一国文化(Constructing Cultures)的作用(Bassnett & Lefevere 1998),促进世界文化的交流和互动。所以,译作的成功还取决于译出语文化在译入语读者中的地位,而不仅是译作质量的好坏。另一方面,翻译还应受制于译入语的文化系统或文学系统,据此形成了对应的翻译政策和方法,期盼能实现全球化语境中的文化交流与共享。如我国清末民初时严复、林纾等一大批翻译家为推动我国那个时期的民主化、科学化进程做出的重要贡献。

3)我们常讲翻译的文化派主要基于"语言与文化唇齿相依"的观点,其实还有一个重要的观点"翻译技巧与文化因素密切相关",这两个观点就成为"将翻译置于文化中审视"的理论依据。进而言之,翻译学就应研究一国作品(特别是文学作品)中文化的标志性概念(the signature concept of culture,Tymoczko 1999)如何被译为另一国语言的,应描写译作如何进入他国的多元文化和文学系统,以及被接受情况和所产生影响,努力发现制约翻译的有关规律,因此译作的质量当从身处他国文化中读者的角度来验证其可接受度,其结果便冲出了长期以来囿于原作者、源文本来衡量译作标准的信、达、雅传统观念,"读者反应论""目的论"应运而生。

4)翻译活动不仅是译者的个人或群体问题,还涉及选择翻译对象时的社会、文化、意识形态、权力、历史背景,以及赞助商、出版商、客户、传播和流通等因素。翻译是一项涉及多元系统的工作,并非译者一方之事。特别是"翻译与权力"的关系,铁木钦科和根茨勒就曾以此为书名出版了论文集,认为"文化转向"(Cultural Turn)亦已成为"权力转向"(Power Turn)(Tymoczko & Gentzler 2002:xvi)。书中与其相关的高频词语有:change, impact, constraint, manipulation, negotiation, compromise, multiplicity, pluralism, dominance, control, command, authority, government, empowerment, hegemony, colonialization, repression, resistance, struggle, subversion, violence 等。

5) 翻译文化派不再纠缠"直译 vs 意译"的争论,而采用了另一套概念"异化 vs 归化",且强调翻译的异化、艺术和创作等功能,提出了译者的"操纵、改写、重写、再创作"的新观点(详见下文)。西方人在"归化"译法的掩盖下,肆意篡改他国文化,将其纳入到英美文化之中,这无异于一种"殖民活动"。因此韦努蒂(1995:23,41)主张把外国文本中的语言和文化差异带进占统治地位的译入语文化价值观中,倡导民族、语言和文化的平等。

国内有些学者对"翻译文化派"存有不少的误解,认为翻译是纯语言层面的事情,主要解决语符的转换以及文本间的语义传递,将翻译研究框定在语言与文本的范围之内。他们认定"忠实、准确、可译与不可译"等才是译学的关键词,针对翻译文化派提出了所谓的"译学应回归语言本身"的论点。我想,通过上文的论述足以可见文化派之真谛,翻译研究当跳出"纯语言转换"的单层面思考,不必再退回到"文本中心"的旧论,而应揭示潜藏于翻译活动中诸多因素之间的有机联系,兼顾语言"生前、生后"的诸多要素,将其置于更为广阔的文化、社会的大背景下加以综合考察,"风物长宜放眼量"嘛! 这与当前科学研究所倡导的"跨学科、超学科"思路完全吻合。

2. 操纵派

英国翻译学家赫曼斯(Hermans 1985)最早将"操纵"一词引入译学界,创立了"操纵学派"(Manipulation School 或 Manipulation Group),素有"翻译操纵学派的旗手"之美誉,持与文化派相似的立场。赫曼斯与其同事在佐哈尔和图里的多元系统论的影响下,于 1976 年至 1980 年期间召开了数场关于翻译文学的国际研讨会,于 1985 年主编了《文学的操纵——文学翻译研究》(*The Manipulation of Literature:Studies in Literary Translation*),为后现代译论再添新成员。

赫曼斯将译论文化学派的核心本质定义为：以多元系统理论为基础，以译文为中心，以描述性研究为方法，探索制约翻译产生和接受的机制，以及译作在译入语文学系统中的地位和功能（参见谢天振 2008：305）。他认为，翻译涉及的"先前文本"绝不是单纯的源文本，它或突出，或创造，或"发明"了源文本，因此翻译活动并不取决于译出语文本的意义，译入语作品也就不是译出语的翻版或摹本，它既不能代表原作者，也不是源文本语言的转换和复制，而是译者对文本做出抉择和摆布的结果。他据此指出，翻译告诉我们更多的是译者的情况，而不是译本的情况（参见谢天振 2000：12—13），翻译就是文化性改写，也就是一种文化性操纵。译入语作品中不可避免地混有除作者之外的各种杂音，犹如一场巴赫金所说的"多音部交响乐"。赫曼斯（Hermans 1999）指出，不可信赖译者和译文，因为经过译者之手的阉割，译作再也不能代表原作了。

铁木钦科（Tymoczko 1999/2004）接受了赫曼斯的观点，强调政治、权力、意识形态等在翻译中的作用，这与上述的文化派十分接近，但也过分夸大了翻译中的"改写"和"操纵"等因素。她还竭力证伪"忠实"和"对等"，接受了勒菲弗尔的上述观点，主张将操纵派的思想直接表述为如下等式：

  翻译 ＝ 操纵；
  翻译 ＝ 改写。

正如她与根茨勒（Tymoczko & Gentzler 2002：xxi）所指出的：

> Translation thus is not simply as act of faithful reproduction but, rather, a deliberate and conscious act of selection, assemblage, structuration, and fabrication—and even, in some cases, of falsification, refusal of information, counterfeiting, and the creation of secret codes. In these ways translators, as much as creative writers and politicians, participate in the powerful acts that create knowledge and shape culture. （翻译不是简单地忠实复制的行为，而是一个故意和有意识地选择、组装、建构、编造的行为，甚至在某些情况下，是篡改、拒绝、伪造、创写密码的行为。如此说来，译者就像原创作家和政治家一样，参与到权力行为之中，创造知识，产生文化。）

另外，勒菲弗尔也是操纵学派的代表之一。

后现代译论终于使得译者脱下了"仆人"的工作服，披上了"主人"的锦绣衣，译者不再受制于作者，被他任意摆布，而是要大唱"反宾为主"的高调，直接操纵作者和源文。

3. 解释派

被誉为"现代解释学之父"的德国哲学家施莱尔马赫(Schleiermacher 1768—1834)将古希腊时期的传统解释学进行系统化分析,形成了具有认识论和方法论特征的普遍解释学(General Heumeneutics),德国另一位哲学家狄尔泰(Dilthey 1833—1911)在使该理论成为一个独立的哲学门类的道路上又向前跨出了一大步。

海德格尔(Heidegger 1889—1976)从存在主义哲学理论重新论述解释学,使其从认识论和方法论转变为哲学中人的存在性,即人的理解不再是人的认识方式,而是人的存在方式。他认为理解不仅与主观性有关,还与"前理解"有关,理解不在于把握事实,而是接近于人存在的潜在性和可能性。海氏的弟子伽达默尔(Gadamer 1900—2002)于1960年出版《真理与方法》,将解释学视为人类的普遍经验,认为它是以理解和解释为核心的,在哲学界享有独特地位。哲学解释学使得人本学科摆脱了科学主义的长期统治,主客体的二元对立关系被消解,解释者的主观能动性得以彰显,从而促成了由文本中心论转向读者中心论(屠国元等 2004)。

我们知道,翻译的前提就是理解,理解的方式就是解释,据此,翻译就与解释学密切相关,甚至可视为解释学的最具代表性的范例。解释学家对翻译的论述也就成为译论中的一个重要组成部分。施莱尔马赫于1813年在皇家科学院的会议上宣读了长达三十多页的论文《论翻译的方法》,他基于解释学论述了翻译与理解的密切关系,探索了翻译的原则和路径。他指出(参见 Lefevere 1977:74):

> 只有两种翻译方法,要么译者尽可能让作者安居不动,让读者去接近作者;要么译者尽可能让读者安居不动,让作者去接近读者。

这就区分了翻译中的"作者中心论"和"读者中心论"。

海德格尔也论述了翻译与解释学之间的关系,他主张直接将"翻译"与"解释"视为等同,认为一切翻译都是解释,一切解释也都是翻译。他还指出,翻译之要旨是传递词语背后的"道说"(Sagen),而它又无法被真正把握,因此,翻译总要失去(或遮蔽)部分内容,这就从根本上动摇了传统的"翻译忠实论"。伽达默尔基于解释学中所论述的理解的普遍性、历史性、创造性、经验性、语言性(参见王寅 2001:54—56),对"合法的偏见、效果历史、视域融合"等做出了全新的解读,为译学界平反"重译、误译"奠定了理论基础。

法裔美籍翻译理论家斯坦纳(Steiner 1975/2001:293,312)于1975出版

了《通天塔之后——语言与翻译面面观》(*After Babel*: *Aspects of Language and Translation*),被视为当代西方译界里程碑式的著作。他基于上述几位哲学家的理论建构了"解释学译论"(Hermeneutic Theory of Translation),将翻译的过程视为解释的运作(Heumeneutic Motion),提出了令人耳目一新的观点"理解即翻译",语言产生和理解的过程就是一个翻译的过程,如此说来,"翻译"就是语言的基本属性之一,从而赋予翻译以更为宽广的含义。

他指出,翻译理论就是意义转换理论(a theory of semantic transfer),翻译活动就是一种意义的引出和合适转换的艺术行为,要求高度精确,但缺乏系统性(不具有科学性)。所谓"解释学",就是解释意义的理论(the theory of interpretation of meaning),因此有学者主张将其译为"释义学"。斯坦纳(Steiner 1975/2001:§5)围绕"翻译是释义"进一步论述了解释学译论的四个步骤(又叫"解释的运作"):

1) 信任(Initial Trust):译者动笔翻译时先要信任被译源文,相信它有意义,可被理解,值得翻译。翻译提升了源文的价值,大大拓展其影响,使其在另一种文化中得以传播,获得"新生"(Revitalization)、"再生"(Afterlife, Continued Life)、"复活"(Survival)①。

2) 侵入(Aggression):因译者具有主观性,在理解源文时会发生语言和文化上的冲突,不可避免地要粗暴地(Violently)侵入源文,干涉源义,插入(Penetrate)②已见。此时,译者就已经在用自己的词语和理解将源义带进译入语,肢解了译出语的结构和意义,源义必受伤害。

---

① 这是本杰明(Walter Benjamin 1923)的观点,他认为翻译不是以"传递源文的信息内容或意义理解"的形式存在,而是既与源文共生,又是一种延长源文生命的独立形式,使得原作获得再生。好的译作不必寻求与源文的等同,而应表明语言间的互动关系,使两个不同语言能和谐共存,且当揭示源文中所存在的,但未明说的东西,寻得"纯粹语言"(Pure Language)。本杰明的纯粹语言指"language of truth"或"true language",主要意为:
  a. 普遍的内在意蕴,相同的深层结构;
  b. 讲不同语言的人都能领会,具有可译性,相当于荷尔德林所说的"直译";
  c. 具有整体互补性;
  d. 一种传达人类真情实感的共享根据,让不同语言之间实行合作;
  e. 为人类共有,传达的是信息整体。
本杰明认为,译者的任务就是在译入语中释放出由另一种语言所意味的纯粹语言,在创造性译作中解放出被囚禁的纯粹语言。因此,创造性翻译允许异国表达进入本国语,前者能为后者注入新的活力,促使后者的成长。这就使人们情不自禁地想到施莱尔马赫的"异化翻译观",主张将读者送到国外。

② 女性主义者赛蒙(Simon 1996)、张伯伦(Chamberlain 1988)严厉批判了斯坦纳的大男子主义,认为"penetrate"一词带有明显的男性对女性的欲望,被指责为"性占有欲"(Erotic Possession)。

3) 合并、体现(Incorporation 或 Embodiment)，又叫吸收(Import)：经过侵入过程后，两语言或两文化得以一定程度地融合。源文的思想和形式被移植，同时译入语文化会摄取他国文化，后者可使前者更为丰满；或前者会受其感染或拒绝后者。于是，意义就被吸收和融合。翻译使得源文能量流出，进入接受方，可使双方发生变化，阉割了整个系统的和谐性，从而产生了不平衡性。

4) 补偿(Compensation 或 Restitution)：这种不平衡性足以证明合并过程具有辩证性：一方面翻译可增加我们的表达方法；另一方面我们也会受到外来表达的掌控，这一缺憾可由"补偿"加以弥救，以期能恢复原有的平衡，使得翻译进入理想境界。这一观点有利于译界跳出围绕"直译、意译、忠实"三元模式(Triadic Model)所展开的长期而又枯燥的争论。

斯坦纳的解释学译论认为，真正的理解和翻译发生于：当他国语言和母语互相溶合和扩散之处。此时译者具有跳出不平衡性的能力，让自己逐渐而又巧妙地潜入他国语言，这就是翻译家的奥秘。斯坦纳据此得出的结论"好的译作不等于流利的归化译作"，法国当代著名的翻译理论家伯尔曼(Antoine Berman 1942—1991)和美国解构主义理论家韦努蒂(Lawlence Venuti 1953—)倡导异化翻译，也都接受了他的这一观点。

4. 解构派

"解构主义"(Deconstructivism)是以法国后现代哲学家德里达(Derrida 1930—2004)、巴尔特(Barthes 1915—1980)、利奥塔(Lyotard 1924—1998)、福柯(Foucault 1926—1984)、比利时裔美国籍的博德曼(Paul de Man 1919—1983)，以及美国学者韦努蒂等为代表形成的一种最主要的后现代哲学流派，处处都与结构主义者背道而驰，毫不留情地解构了他们所坚守的结构封闭性，消除逻各斯中心主义(强调真理、本质、理性、主体等；语音重于文字，意义先于言语)的核心观，颠覆根深蒂固的二元对立传统哲学观，大力倡导多元化，发起了一场"反基础、反中心、反理性、反逻各斯、反二元对立"的轰轰烈烈的批判运动，开启了世界人文研究中一扇全新的窗口。

(1) 本雅明

德国哲学家本雅明(W. Benjamin 1892—1940)，被学界视为解构主义翻译理论之先驱。他于1923年在《译者的任务》一文中所阐释的翻译观就已蕴涵了解构主义的思想,后经博德曼和德里达的阐释,被奉为解构主义译论的奠基之作。

本雅明主张破除忠实论,消解二元对立,取消"源文 vs 译文""作者 vs 译者""译者 vs 读者"之间的二元对立,抹去两者间的差异(the Effacement of Difference),此时也就无从再说源文与译文孰重孰轻,不必再提作者与译者之间谁主谁次,两者之间不存在什么主从关系或主仆关系,他们(或它们)当享有平等的待遇,可相互依存,相互补充,相得益彰。

他引入一个非常重要的概念——"纯语言"(Pure Language),用以指各语言不同意指方式的集合体,可喻为"由碎片构成的花瓶""最高境界",它依存于所有语言之中。在这个集合中,每种语言表达都只言说了这个抽象性纯语言的某一维度,各语言的意指方式相辅相成,互为补充,臻于完善,翻译便是通向这一境界的途径。据此,原作和译作都是花瓶摔破后的碎片,不同语言相互间从来就不陌生,它们具有平等互补性,在所期望表达的事物上紧密关联。译者的任务就在于呈现不同语言之间的互补关系,使得原作在译者手中获得再生和来世,让纯语言的种子在译作中成熟。

倘若没有译者,一国原作又何以能为他国大众所知晓,正是有了译者,源文才能在译文中获得新生,有了"来世"(Afterlife),使得作者和作品的生命得以延续。本雅明(1923)说:

译作总是标志着原作生命的延续。

据此,源文和译文都可被视为创造的再创造(Both are seen as recreations that are creations),我们译者歌点功、颂点德,似乎也不为过。此时,译者的作用和地位还能被小觑吗?这就为译者的解放,并走上至少与作者平起平坐的地位,甚至可作为扬眉吐气的主人翁提供了可能性,也使得"多元对话"和"改写创译"的思想闪亮登场,且一举成为译界的主导思潮。

如此说来,传统的"忠实论、对等论"恰似"一场游戏一场梦",译作不是去复制或传递原作的内容或意义,而是对原作语言的一种补充,与原作具有和谐关系,这就消解了两者之间的二元对立,削弱了原作的权威性,终使译者摆脱了"奴仆"的下贱地位,将译作从"屈从"处境中解救出来。雅克布逊曾将翻译视为"选、换"的隐喻过程不具有现实性,翻译不是简单的"选择"和机械的"替换",也不是简单的二元对立,不存在"是 vs 非""对 vs 错"的截然切分,而是充满了"灵活、模糊、重叠"的问题,是一种充满着创造性的智力活动。

因此,翻译当可视为一种"转喻活动",这就出现了"翻译转喻"(Translation Metonymy, the Metonymies of Translation, the Metonymic Perspective of Translation),铁木钦科(Tymoczko 1999/2004:284,333)甚至直接称之为"翻译转喻学"(Metonymics of Translation),认为翻译一方面在源文和译文之间建立了"联结关系"(Connection),使得两者获得了"比邻关系"(Contiguity);另一方面,任何翻译活动都要丢失或增添某些信息,不可能将全文信息全部转译出来,"部分代整体"或"整体代部分"的现象不可避免。CL 的隐转喻理论在此具有很强的解释力(参见第七章第六节第 2 点)。

侧重"选、换"的翻译隐喻观蕴含着一种二元论,选用现成的一块语言材料去替换译出语中一块语言片段,就像用一块同等大小的船板去替换"忒修斯之船"(the Ship of Theseus)上的破损的旧船板,这就蕴含着"是 vs 非""对 vs 错"的二元论。翻译转喻观则强调"邻近、共存、重叠、皆可、部分对应",显而易见,这更符合后现代译论的基调。

(2) 德里达等

被誉为"解构主义之父"的德里达(J. Derrida 1930—2004),其思想是后现代哲学思潮的主要理论源泉,深刻地影响到人文社会科学的各个领域,它是法国理论家奉献给世界思想库的一次重大盛宴,也是法国为何能成为后现代哲学之故乡的最重要原因。

他于 1980 年发表了《巴别塔之旅》(Das Tours de Babel),对翻译进行了深刻的哲学思考和解构。他借用《圣经》中的巴别塔(Babel①)以说明语言的多样性和含混性,指出翻译的艰巨性和不可能性。当上帝阻止人类建造通天塔、变乱其语言之时,就已经道出了一个无解的悖论:他一方面把翻译工作强加于人类(为了相互沟通,不得不花大量的时间和精力来从事翻译活动);同时又禁止人类的翻译(上帝阻止造巴别塔的根本目的就是让人们言语互不相同,难以合作,破坏生产力)。这一悖论又引出了另一个悖论:翻译是必要的,但它同时又是不可能的。从中可见,上帝既是一个原始的矛盾体,又是一个伟大的解构者。

德里达在其他作品中进一步指出,人们在阅读文本时一直在不断消解源

---

① 根据伏尔泰在《哲学词典》上的解释,Ba 在很多东方语言中指"父亲",Bel 指"上帝",Babel 就有了"上帝之城、圣城"的意思。古代许多民族常用 Babel 来命名自己的首都。当巴别塔修到一定高度后,惹恼了上帝,弄乱了建筑者的语言,思想也随之发生混乱,Babel 就有了"混乱"之义。笔者认为,这是一个值得注意的翻译现象,作为专有名词是指"巴别塔",指向唯一的存在;而作为普通名词却可泛指"混乱",还兼有"父亲、上帝之城、圣城"等。这也足以可见 Babel 的词义本身就是混乱的。

文本的结构和语句,再按照读者的理解将其重新编织出意义。人们在使用语言符号时,它仅代表了一种"缺席性在场"(an Absent Presence),有了符号就不需要出现实物,认为实物(意义)在场只是一种假象和错觉。德里达用自创的术语"延异"来论述这一现象,他认为意义就在这种"缺席性在场"中被延异了,它在时间上发生延长,空间上出现变异,符号就成了一系列不断被延异的差异性游戏,读者所理解的意义也就不可能是原作者的意义了,而是在阅读过程中不断被建构起来的,这就是德里达的"延异论"。据此,任何作品都不属于某个别作家,也不属于某特殊年代,而是贯穿着整个作品的历史,不可避免地被打上了不同时代的烙印,带有不同作家的痕迹,闪现着不同文化的特质。因此,作品既具有"语言互文性",更具有"文化交织性",这就瓦解了流行于译学界多年的"翻译忠实论",突出了译者的中心地位。

巴尔特的一句"作者死了"震惊全世界,起初一听,大有耸人听闻之义,细一想倒也蛮有一番道理。该口号意在否定文本有确定的原初意义,当作者写完一个文本之后,他已完成了自己的使命,即"死了",一切尽由读者及译者说了算。福柯认为文本具有历史性,源文根本不存在什么固定的纯粹意义,对作品的理解只能是基于不断积累起来的解释和翻译,因此原义不断被改写和重构。

德里达据此得出结论,翻译就不像原先人们所认为的那样在复制源文的意义,所有翻译的意义都在于赋予"原作"以新的生命,意义不是出自源文,而是取决于译者和译文。人们对源文所进行的每一次阅读和翻译,实际上都是在重构源文,"译作"与"原作"的关系只能是延续和创生,即原作在翻译中得到延续,译作是原作的创造性生存。译者通过"撒播、印迹、错位、偏离"等手段不断解构原作,使得原作得以复活、获得生机,也只有这样,原作的生命才能得到不断再生。正如根茨勒(Gentzler 1993:145)所说,译文使得原作存在和复活;源文本身没有确定意义;是译文写我们,而不是我们写译文(…the translated text writes us and not we the translated text)。这显然与后现代哲学"不是我们在说语言,而是语言在说我们"的观点具有异曲同工之处。

博德曼(Paul de Man 1919—1983)是美国当代最重要的文学批评家之一,最先将德里达的解构主义思想译介到美国。他认为,一个文本根本就无"原义"(Original Meaning)可言,没有一个读者可以获得源文的最初意义,这就从理论上论证了翻译的不可能性。博德曼(Paul de Man 1986:91)说:

Meaning is always displaced with regard to the meaning it ideally intended—that meaning is never reached.（意义，相对于它理想性意指总是被取代的，意义永远是不可企及的。）

他还基于后现代的解构派译论阐释了译文和源文之间的关系，他认为译文"脱离"(Disarticulate)、"毁灭"(Undo)，乃至"杀死"(Kill)了源文。

(3) 韦努蒂

意裔美籍解构主义翻译理论家韦努蒂(venuti)将其运用于文学评论和翻译研究之中，通过文化研究的途径将其落实到翻译研究之中，用解构主义的利刃消解了传统的归化翻译法，企图建立一个异化中心论。他认为必须拓展译论研究范围，充分考虑基于社会文化系统中的价值取向。他充分考察了传统译论中的"直译 vs 意译"之争，主要从文化转向的角度进一步论述"异化"(Foreignizing)vs"归化"(Domesticalizing)之别，且将重心落在异化翻译法上，力主让不同文化及其价值通过译者之手引入到译入语国家中，以能展开竞争，实现多元化新格局。他(Venuti 1995:20)说：

> 译者可选择归化或异化的译法，前者以民族主义为中心，把外国的价值观归化到译入语文化中，把原作者请到国内来；后者则离经叛道，把外国文本中的语言和文化差异表现出来，把读者送到国外去。

韦努蒂(2004:18)对"归化"的宗旨界定如下：

> 把"文化他者"(Cultural Other)作为相同的、认可的，甚至面熟的东西带回来。要实现这一目的，就会在高度自我意识的规划中甘冒全盘归化他国文化的风险。此时，翻译就会挪用(Appropriation)异国文化，以求服务于本土文化、经济、政治等日程。

我们不妨将其小结如下：

> 异化：信仰异国文化，竭力保留译出语的语言特色和文化差异，主张传播多元文化，以期给译入语读者以陌生感，送读者于国外；
> 归化：张扬民族主义，消除语言隔阂，将外国的价值观归化到译入语文化中，要求译文通顺流畅，以提高本国文化的地位，彰显自主心态，将原作者请入国内。

很多学者认为，施莱尔马赫和韦努蒂的翻译观基本上还是围绕"直译 vs 意译"在新层次上——文化转向——的延续性展述，可列示如下：

表 2-1

直译	意译
作者中心	读者中心
死译	活译
可译	不可译
异化	归化(文化转向后的术语)
重构、干预	通顺、透明
译者显形	译者隐形
异国情调	民族主义
送出读者	请进作者
让读者靠近作者	让作者靠近读者
变源文形式就译入语习惯	留源文形式使读者了解译出语习惯

译界常说"异化 vs 归化"大致对应于"直译 vs 意译",但只能是一个"大致"而已,严格说来,它们是不可同日而语的。前一对术语是译论发生"文化转向"之后的术语,当从后现代哲学角度来重新审视,表 2-1 自"异化"和"归化"那行以下的各行表述都与文化转向紧密相关。

所谓"异化",即基于译出语,在文化上取突显异国情调的策略,保留源文特色,让读者走入他乡。译者在翻译过程中,对本土文化观进行必要干预,不要粗暴地对待他国文化,当要重构译出语的文化观,彰显译者的道德职责,尽量尊重译出语文化。也就是说,在翻译外国作品时,应让译者"显身",即译文当留下翻译的痕迹,这便是译者身份之显现,这就是潘文国(2012)所说的翻译界的"第三次转向"。

而"归化",则重视译入语,以读者为中心,采取突显本族语和文化的策略,要求译文通顺流畅,意义明晰,符合本民族的表述方式和习俗规约,不留翻译的痕迹,具有高度可读性,即译者当处于"隐身"(Invisibility)状态。据此,译者就可能会粗暴地对待他国文化,用本土文化观来"破坏、强拆、转化"译出语文化,隐藏译者的道义职责,表现为民族主义,让作者走近读者。

张景华(2009:7-9)等认为,韦努蒂所说的"异化"中的"异"主要包括七个方面:"选材之异、语言和文化之异、文体之异、程度之异、文化干预、精英主义、提升译者及译作文化地位。"他据此认为我们必须承认译者所付出的心智劳动,可通过种种异化翻译的方法让自己"显身"(Visible),这样,译作就具有了一定的独立性和自足性,在译作上可公开标明译者自己的"著者"身份,这样就能提升译者和译文的社会地位,这就是他的"译作著作权思想",即译者当拥有自己译出作品的著作权。

韦努蒂据此建构了"异化翻译观"(Foreignizing Translation Theory),突出了翻译文本作为"文化他者"(Cultural Other)的地位,以能抵制翻译中的种族中心主义的暴力。他指出,异化和归化不仅是一种词语选择和话语策略的问题,而是在译文中表达对外语文本和外国文化的一种道德态度,许多不同话语的翻译策略都可产生异化效果,这就要求在译作中尽量保留译出语表达习惯,以能表示不同文体在文化和语言上的差异,使得译文能带上一点异国情调,在译入语文化中产生陌生感和疏远感,以能批判时下以奈达为代表的译入语文化占主导地位的归化倾向①。

他还指出,"归化翻译"是以西方意识形态为理论取向的,体现的是基于民族中心主义和帝国主义的文化价值观,企图将他国作品和文化通过翻译纳入到英美文化之中,从而实施了对原作的歪曲和篡改,对他国文化的侵吞和掠夺。韦努蒂承认文化差异,在翻译中应体现民族平等,倡导多元文化共存,以抵制打着归化幌子实施的"文化不平等"和"殖民主义"策略,坚决批判帝国主义的"文化霸权主义"。

"异化"与"直译"虽有联系,但前者比后者所含内容更为丰富,更具后现代哲学性质。他还喊出了令人惊愕的口号:主张解构"忠实"和"通顺",大力重申"翻译就是再创作"的观点,这显然非"意译"所为。另外,异化与归化并不构成一种绝对的"二元对立"(Venuti 1995:34),因为异化翻译必须落实在接受语文化中,异化也可视为一种归化;而归化不是异化。可见,这两者之间不存在截然对立,在一定程度上它们是重叠的(郭建中 2008)。

(4) 埃斯卡皮

法国文学社会学家埃斯卡皮(Escarpi 1958)基于解构论和解释学哲学提出了后现代译学中的一个著名观点:

翻译总是一种创造性叛逆。

这就是学界常说的"创造性叛逆"(Creative Treason),参见谢天振(1999:137)的专著《译介学》。

---

① 后现代翻译理论家勒菲弗尔也反对异化翻译,推崇奈达的归化翻译。

5. 目的论

翻译的语言学派曾一度流行(参见第一章),这些学者围绕"对等原则"提出了一些大同小异的观点,以至于学界曾一度将翻译视为语言学的附属品,严重束缚了译学理论的发展。在此形势下,功能派(后发展为目的论)翻译理论应运而生,将翻译的目标从译出语文本转向译入语文本,关注译文读者的反应,且成为译界最活跃的学派之一。该学派跳出了以往译学纠缠于语言微观层面的词句对等,将语篇作为研究单位,强调翻译交流的功能和目的,这是对译学理论的一个重要发展。

(1) 莱斯

德国学者莱斯(K. Reiss 1923—)和她的学生弗米尔(H. Vermeer 1930—2010)基于功能主义理论,率先将"功能"引入译学,将"语言功能、语篇类型"等与翻译策略相联系,抛弃了语言学翻译派所积极倡导的文本对等论,大力倡导"功能重于对等、以翻译需求指导翻译过程"的原则,建构了功能主义的文本类型学、目的论。她于1971年用德语写成的专著,2000年才由罗德斯(Rhodes)译为英语,书名为《翻译批评——潜力与制约》(*Translation Criticism:the Potentials & Limitations*),不仅首倡翻译批评,而且还率先论述"文本类型"(Text Type)与翻译的关系。潘文国曾将这一翻译取向视为译界的"第四转向"。

莱斯指出,语篇类型决定具体的翻译方法,译入语文本的形态应受制于译入语语境中所要求的功能,应根据不同文本的类型和功能来研究翻译,主张从功能主义的角度来审视翻译过程,建构翻译批评。她的文本类型理论根据德国心理学家、语言学家布勒(K. Bühler)的语言三功能:

    1) 信息功能(Informative Function)
    2) 表情功能(Expressive Function)
    3) 感染功能(Operative Function,或译"操作功能")

提出了对应不同的翻译目的和方法(张美芳2009):

    1) 重在传递内容,用简朴语言做到见解明了;
    2) 重在表达形式,应尽量地忠实和仿效原作;
    3) 重在期望读者反应,可用编译法,求等效。

一个文本可能同时有几种功能,但总有一个主导性的功能,它应该在翻译过程中受到特别的关注。因此,诺德基于"将译作的动机、功能、接受、传播途径"等视为翻译的关键词,较为详细地考察了不同文本类型的不同译法。据此,"忠实"就有不同的层次和含义,对于表情和感染功能的文本应审视其能否在译入语环境中实现预期的功能和目的,译作如何使读者在译入语文化中做出反应。若将文本分为科技文献和文学作品,翻译前者时应注重内容,后者当讲究形式。

(2) 弗米尔

弗米尔在莱斯的影响下,同时也受到"接受美学"的启发,突破了他老师功能对等的束缚,提出了"目的论"(Skopos Theory),以图摆脱源文中心论的束缚,填补翻译理论与实践之间的断裂。在他与莱斯1984年合作出版的《普通翻译理论原理》,以及他1989年的《翻译行为中的目的与委任》中对其作出了较为详细的论述。

"Skopos"一词为希腊语,意为"意向"(Intent)、"目标"(Goal)、"功能"(Function),学界常注重源文本的意义和意向,而忽视译本的目的和功能。鉴于人们的一切行为都是有一定目的的(参见祝朝伟2005:87),翻译的标准也当受制于此。因此,译文取决于翻译的目的,译者应根据不同的翻译目的决定采用相应的翻译策略(不排除对等翻译也可能带有合目的性)。若翻译是为了让某国读者了解他国文化,其目的就应是"目标受众",译者就该为这一目的服务,当将自己置身于目标场景之中,以能产出特定的译出语文本,满足目标受众的需要。顺其思路,他们所说的功能主义是从接收者角度看到的文本意图或意义,据此译者就当充分考虑到读者的需求,而不必囿于原作者和源文本,从而否定了"文本"和"作者"的始源性功能,忽视译入语与译出语在文本上的忠实和对等。

弗米尔根据上述对skopos的语义分析,将翻译的目的分为三个层次:

1) 形式上的意向:关注翻译的形式;
2) 过程中的目标:关注翻译的过程;
3) 译本所具功能:关注翻译的结果。

弗米尔(1989)指出,"目的法则"应为翻译过程中的最高标准,因为译者会基于不同的翻译目的,执行不同的翻译策略,采用不同的翻译技巧,传统译论中"直译 vs 意译"都应服从于译者的目的,这就为译界长期争论的议题提供了一个较好的解答。若以读者为目的,"直译"也就无立锥之地了。如此说来,我国清末民初时期的著名翻译家林纾,早就在践行着翻译的目的论了,他或许可称得上目的论的首倡者。

为能更好地反驳翻译的语言学派,瓦解源文中心论,弗米尔还进一步提出了:

语内连贯规则(Intratextual Coherence Rule)
语际连贯规则(Intertextual Coherence Rule)

前者指译入语文本的内部必须连贯,便于读者阅读和理解;后者指译入语与源文之间的连贯性,有时称为"忠实法则"(Fidelity Rule)。这些法则具有等级性,可根据翻译的目的性作出选择。

(3) 诺德

德国功能主义翻译理论家,目的论新一代的代表人物诺德(Nord 1991, 1997/ 2001)深受其师莱斯的功能主义、文本类型学的影响,也大力支持弗米尔的目的论,在较为系统地分析功能学派各种思潮之不足的基础上亮出了自己的观点,建构了"功能+忠实"(Functionality plus Loyalty)的翻译原则,且将"忠实"定位于:译者、源文作者、译文接受者、翻译发起者等之间的人际关系,它限制着译文的功能类型和范围。她所论述的"忠实"属于人际、道德范畴,指人与人之间的社会关系,有别于对等论中的"信",用以指译文与源文的关系。

诺德根据"目的决定方法"(the end justifies the means)的哲学原理,译文的功能和目的当为影响译者作出抉择的最为关键的标准,因此翻译的目的就该确定在读者受众的身上,翻译方法就不该是"直译",而当奉行"意译"和"顺化"的译法,充分考虑到读者的接受程度和反应情况,那种不顾读者是否可以接受,一味地追求"忠信、对等、相同",既行不通,也不可行,无法解释翻译活动中诸如"变通、调整、改写、编译、节译、创译"等方法,到头来,此类原则只能是一种"愚忠""伪等""假同"。

诺德指出,"翻译是人类的一种交际行为"这是一个不争的事实,据此就该注重对比分析译出语文本的功能(指称、表情、诉求、寒暄)、翻译的目的、产生的效果,以及译出语文本的接受性,就当依据"功能观"和"目的论"来建构译论,而不该奢谈什么"对等"。她还进一步细化了翻译活动的目的,将其分解为"翻译功能、译文功能、翻译类型、翻译方式、翻译目的、翻译过程中的注意焦点",以能根据这些不同的功能,确定出对应的翻译策略,做到"有的放矢",这也完全符合"具体情况具体分析"的哲学原则。

诺德也论述了"语内连贯 vs 语际连贯",她指出,根据韩礼德的观点,连贯语篇是产生意义的必要条件,因此连贯语篇是产生意义的必不可少的前提,有了连贯和意义,读者才能读懂,也才谈得上是否接受一个作品。后者强调译入语语篇与译出语语篇应在目的论的观照下形成对应关系,取得"一致性"(Coherence)。诺德还认为,语际连贯从属于语内连贯,两者都从属于目的原则。

"目的论"主要是德国学者基于功能主义理论建构而成的("功能"与"目的"这两个概念有相通之处),因此不少学者将其称为"德国功能学派"(文军 2006:163),或称之为"功能主义的目的论"(朱自渝 2004)。此处所说的德国功能学派是译论中的德国学派,不可与语言学中的功能学派混为一谈,也不要误解为"翻译的语言科学派"。

有学者直接将"目的论"归入语言学派译论,但它是一种面向译入语读者的理论,聚焦于译入语的"语境、功能、文化、受众"等,当属"文化派",体现的主要是后现代哲学特征。

6. 女权论

女权主义(Feminism,或译为女性主义)在西方于20世纪60—70年代已成为一场声势浩大的政治运动,这也深刻地影响到译界。赛蒙(Simon 1996,2002)和张伯伦(Chamberlain 1992,2000)、巴斯奈特(Bassnett 1990ab,1992)、弗洛托(Flotow 1997/2004)等是"女权主义[①]"的倡导者,她们与文化论者等一样,也深受后现代哲学(包括后结构主义、后殖民主义)思潮的影响,反对翻译中的"忠实、对等、模仿"等原则,主张跳出纯语言分析的束缚,融入其他学科的思想和方法,强调文化转向和权力转向的重要性,以图通过解构传统的男性中心主义,重构新型的男女平等关系,或张扬女性译者的主体意识,可运用翻译来干预文化,重写和操纵译出语文本。

(1) 赛蒙

赛蒙(Simon 1996:ix)在《翻译中的性别:文化身份和翻译政治》(*Gender in Translation :Cultural Identity and the Politics of Translation*)中提出了"学科揉合"(Disciplinary Hybridization)这一术语。她(1996:136)指出:

> Cultural studies bring to translation an understanding of the

---

[①] 蒙代(Munday 2001:126)将"女权论"和"后殖民论"归入"文化派",我们认为将"文化派""女权论""后殖民论""解构派""目的论"等都归入"后现代译论"更妥,可直接反映出这些译论是深受后现代哲学影响的结果。

complexities of gender and culture. It allows us to situate linguistic transfer within the multiple "post" realities of today: poststructualism, postcolonialism and postmodernism.(文化研究使得译界认识到性别和文化的复杂性,我们可将语言转换置于当今的"后—"现实之中:后结构主义、后殖民主义、后现代主义。)

赛蒙(1996:134)在书中的一句名言可较好地概括翻译女权论的基本立场,"女性应将她们自己翻译进父权社会的语言之中"(women translate themselves into the language of patriarchy)。她还举例论述了加拿大魁北克的两位女性翻译家:戈达德(Barbara Godard)和洛特宾尼埃尔(Susanne de Lotbinière),她们都接受了后现代哲学家的观点,前者认为每次阅读和翻译都是对文本的再读、改写和操纵;后者认为翻译实践就是一场旨在让语言为妇女讲话的政治活动,当用好每一翻译策略努力使得女性翻译家显身。

她还认真评价了历史上的女性翻译家对翻译所做出的贡献,特别值得一提的是,英国女翻译家加内特夫人(Constance Garnett 1861—1946)曾翻译了近六十卷(本)俄罗斯经典文学作品(参见附录4),包括屠格涅夫、托尔斯泰、陀思妥耶夫斯基、契诃夫、果戈理等,为英国翻译文学做出了重要贡献。赛蒙还提到了女性翻译家列文(Suzanne Jill Levine)在翻译英芬特(Guillermo Cabrera Infante)作品时,带着"自信"(Self-confidence)和"反叛"(Betrayal)的精神,创造出一部"新"作品。

女权主义者如同上述的解构主义者一样,坚决主张消解"源文 vs 译文"之间的二元对立,就像反对"男性—女性"在社会地位上"男尊女卑"的恶习一样,破除"源文高贵、译文卑贱"的传统陋习。于是,译文就不再受到源文的压制和奴役,前者就不再是后者的从属和派生,也就谈不上"歪曲"和"恶劣模仿",译文与源文具有共生关系(Symbiosis)、平分秋色,甚至译文还会超过源文。她们主张分析语言表达中的性别标记,揭示翻译过程中的"性别歧视"(Sexism),意在颠覆传统的等级制度,挑战传统对等观,重塑妇女形象,彰显男女平等思想,以期达到"解放妇女"和"解放翻译"的双重目的。

"女权主义"与"翻译研究"同属文化研究这个大范畴,语言是文化身份的表现形式,且能干涉意义的创造,翻译具有教育作用,且可视为一种参与和建构民族文化的社会活动,这一观点与文化派译论有异曲同工之处。正如赛蒙(Simon 2002:138—139;Tymoczko & Gentzler 2002:xxv)所指出的:翻译可起到建构民族和身份、创造和交流文化的作用,翻译就是一场运动,一场类似于调和诸多后殖民立场的运动,寻求颠覆和替换价值符码的途径。妇女也可在这场运动中推动文学创作,塑造自己的团队形象的作用,融入到新文化创造的大潮之中。

2) 张伯伦

美国学者张伯伦(L. Chamberlain 1957—　)也是一位著名的女性主义翻译理论家,她于 1988 年发表了《性别与翻译的隐喻学》("Gender and the Metaphorics of Translation"),堪称该领域的一篇经典之作。她在文中深入分析了 17 世纪法国修辞学家梅内(Ménage)一个著名的翻译隐喻——"不忠的美人"(les belles infidèles)①,即翻译像女人一样,美与忠实不可兼得,漂亮的翻译总是不忠实的,参见第七章第四节。这种性别化隐喻的前提明显将女人置于父权体制中的社会底层,这里的父权是指原作者或源文本,他或它总是处于文学等级体系的上层;而翻译与女人同构,始终处于这个等级体系的下层。这种"写作男性论"赋予原作者和原作品以男性特质,使得翻译不可避免地沦落为"小脚女人",屈尊在写作男性之下,这是莫大的不公,当为其申冤!她(1988/Venuti 2000:316)说:

> 根据父系血统与原作者身份来描写原创性,就将女性的地位贬低到各种次要的角色。我对这种对立性很感兴趣,特别是当这种对立性被用来区别写作与翻译——以此来标明一个是原创的和"男性的",另一个是派生的和"女性的"。……翻译一直以来都被视为次要的。……人们也认为翻译行为从本质上不同于写作行为。

张伯伦在文中大胆质疑男性(丈夫、父亲、原作、作者)的权威性,主张取消"写作 vs 翻译"的二元对立,它们相互依赖,互为债主,以期能为被禁锢在文学等级体系底层的翻译求得解放,获得新生。

(3) 巴斯奈特

上文所论述的翻译文化派旗手巴斯奈特也是一位女权主义者,她也曾用男人和女人的隐喻来揭示传统翻译理论之弊端。传统译论常将"原作"比作男人,具有主导性;而"译作"比为女人,具有从属性。前者对后者具有压迫性,"忠贞"是由译作(作为妻子)与原作(作为丈夫)之间的隐性契约所限定的。传统观认为作为妻子的翻译会因"不忠"而受到公审,而作为丈夫的原作按法律却永远不会犯罪。这是当代女权主义者所不可容忍的,当予颠覆,要

---

① 该谚语一方面源自法语的音韵,另一方面是因为法语单词"traduction"(背叛)是阴性,因此"les beaux infidèles"(不忠实的美男)不可能存在。这就是说,"丈夫"(原作)是不可能犯有不忠实的罪行,而"不忠实的妻子"(译文)由于此罪会遭到审判。

充分关注作为妻子的译作的重要地位和不可替代性。

巴斯奈特还提出过"译者为双性人"和"食人文化"的观点，前者意在取消男女二元对立，译者与作者平起平坐、不分仲伯；后者意在强调译者应食入源文、吸取其养分，承继其文化，怀孕后产出新作，为我所用。

(4) 弗洛托

弗洛托（Luise. von Flotow 1997/2004）出版了《翻译与性别——"女权主义时代"的翻译》（*Translation and Gender: Translating in the 'Era of Feminism'*），认为翻译女权论顺应了女权主义和后现代哲学思潮，强调翻译不再是语言问题，更关涉文化和权力等政治问题，使其从应用语言学分支地位转向到文化研究的一个重要分支。该思潮反映到译界，对性别与翻译问题特别敏感，更关注女性作者和译者，及其在译出语和译入语中的身份突显和识别；力主将误译和删译置于社会文化、意识形态和女权主义视野下加以审视；留意如何将有关女权色彩的词语和习俗转译到他国语言和文化环境之中的技巧，努力消解和抵制文本中的男女不平等现象。她在书中还探讨了针对翻译研究中女性主义视角的各类批评。

有些学者也将下述女性后殖民主义者视为女权主义者。

7. 后殖民理论

历史学家用"后殖民国家"称呼第二次世界大战后取得民族独立的第三世界国家，"后殖民主义者"强烈抨击自帝国主义殖民者离去后，宗主国文化霸权依旧在控制和影响着曾被殖民过的国家，从而出现了全世界各民族文化之间的不平等性，因此批判的矛头直指"欧洲中心主义"，以图摆脱殖民者的文化侵略或文化霸权之苦。后来该术语的内涵不断丰富，后殖民主义理论渐趋发达，从文学、文化、政治、社会、经济等领域，一直扩展到翻译研究。

后殖民翻译理论初成于 20 世纪 80 年代，与葛兰西（Gramsci 1891—1937）的文化霸权论、福柯的知识考古学和话语分析、德里达的解构主义（后结构主义）、赛蒙和张伯伦的女权主义，以及殖民文化研究等密切相关，主要代表有霍米芭芭（Homi Bhabha）、斯皮瓦克（G. C. Spivak）、尼南贾纳（T. Niranjana）、罗宾逊（D. Robinson）、铁木钦科（M. Tymoczko），以及赛义德（Said）、韦努蒂（Venuti）等。巴斯奈特和特雷维蒂（Bassnett & Trivedi 1999）合作编写的《后殖民翻译——理论与实践》（*Post-colonial Translation: Theory and Practice*),以及赛蒙和皮埃尔(Simon & St-Pierre)合作出版的《词语变化——后殖民时代的翻译》(*Changing the Terms：Translating in the Postcolonial Era*)也都是有关后殖民译论的重要著作。

世界上曾经强大的几个帝国主义国家在世界各地建立了很多殖民地。贾科贝(Jacoby)曾认为世界上有四分之三的土地曾为殖民地；尼南贾纳(Niranjana)指出,时至1918年,地球上85%的土地沦为欧洲列强的殖民地。殖民者不仅在政治和经济上奴役殖民地的土著人,而且还在思想和文化上欺压弱小民族,总以宗主国身份自居,将自己的强势文学、文化和译作硬性输入到殖民地,压制并操控那里的弱势文化,企图侵蚀本土思想,强化不平等的交流。另一方面,来自殖民地或弱势群体的作品,在被译为英语等强势欧美语言之后,常遭"滥用的忠实"(Abusive Fidelity)和"归化"(Domestication)等方法的阉割。译者意在突显出强势语言的价值观和信仰,一笔抹煞掉他国的文化特征,客观上达到强化殖民统治的目的。

翻译,作为一把双刃剑,既是帝国的殖民工具,也是被殖民者解除殖民枷锁的武器。

(1)斯皮瓦克

斯皮瓦克(1942—)为印度裔美籍女性翻译理论家,师从美国著名的解构主义学家博德曼。她通常被视为名声仅次于萨义德(Said 1935—2003,生于耶路撒冷,后在美国接受高等教育并工作)的当代颇有影响的后殖民地或第三世界的知识分子,或称后殖民批评家,她致力于将后殖民主义理论与女权主义、结构主义、马克思主义、心理分析家理论紧密联系。斯皮瓦克于1976年翻译了德里达的《论文字学》,并在译作前写了一篇漂亮的序言,从而一举成名进而享誉英美文坛。她在译界最有影响力的是1992年的长文——《翻译的政治》("The Politics of Transltion"),该文先后被斯皮瓦克(1993)和韦努蒂(2000)所主编的论文集收录。

她在文中指出,每一种语言都有各自的修辞方式,这对语言的逻辑性造成了一定程度的破坏。翻译的等值论者只看到了语言的逻辑性一面,强调不同语言之间一对一的对应,而忽视了语言的修辞性,这当引起译者的足够重视。据此便可得出结论：翻译的绝对忠实性是不存在的,翻译中的殖民主义观念由此而生。

斯皮瓦克(1992,参见 Munday 2001/2010：134)还指出：翻译的政治突显了英语的政治,以及其他具有霸权地位的前殖民主义者的语言。这足见翻译在殖民化过程中起着十分重要的作用,其变成了文化侵略的渠道、实现文化霸权的工具。从这个意义上来说,翻译延伸了帝国的疆界。难怪巴斯奈特和特莱崴迪(Bassnett & Trivedi)将这一现象视为翻译史上的耻辱("shameful history of translation")。

(2) 霍米芭芭

霍米芭芭出生于印度孟买,曾在美国和英国著名高校工作,是当代著名的后殖民理论家。霍米芭芭所提出的"仿真、混搭、矛盾状态、文化差异、文化翻译、少数族化、本土世界主义"等概念广泛流传于学术界。牛津大学文学批评家罗伯特·扬(Robert J. C. Young)用"圣父、圣子、圣灵三位一体"来指称来自亚洲、客居英美的后殖民主义理论的主要创始人和代表性阐发者萨义德、斯皮瓦克、霍米芭芭这三位著名学者(洪晓楠 2017:296)。

霍米芭芭曾在《被视为奇迹的符号》("Signs Taken for Wonders")一文中提出了"第三空间"(the Third Space),又叫"媒介空间"(Mediation Space),认为翻译时不可避免地要"混搭"(Hybridity)译出语的文化和译入语的文化,它们不属于任何一方的空间,参与者的地位总是处于不断变化之中,依此来不断重新定义自己的身份(Wolf 2007:118)。从后殖民主义角度来说,这种混搭是指殖民地和宗主国在文化和文学方面的混搭,它破坏了殖民者的威信,抹去了文化差异。

这种混搭也影响到翻译,可使语言、文化、思想等在各个层次上都出现混杂。如爱尔兰的翻译,也曾经历了这种过程,适应了一个"混合民族"(Hybrid People)之需。她认为:翻译的本质是转喻性,只能转写一个文本和文化的某些方面,这也使得翻译具有了灵活性,难免会打上"偏袒性或倾向性"(Partisan)的烙印。

(3) 铁木钦科

铁木钦科与尼南贾纳一样,也认为"翻译是权力",她指出:

> It is a matter of power. (翻译是权力问题。)

她根据解构主义理论批判了翻译是语言层面的转换现象,直接提出"翻译创造知识"的论点,她说:

> Moreover, translation creates knowledge, rather than knowledge creating translation. (更有甚者,翻译创造了知识,而不是知识创造了翻译。)

她(1999)还以爱尔兰为例,论述了殖民①时期爱尔兰的本地语与英语共存的现象,在此情况下翻译自然就成为殖民时代的政治事件,如 18 和 19 世纪的爱尔兰学者在将本国作品译为英语时,力主捍卫本族文化,且通过各种途径来明确表达对英国殖民主义和文化压迫的反抗,以抵制英国人在撰写爱尔兰历史和文学时的殖民观点。现在,爱尔兰政府的"艺术委员会"(Arts Council)资助由爱尔兰作家用爱尔兰语或英语撰写的文学作品译为欧洲其他语言,以扩大其政治和文化的影响力。她(1999:290,296)认为"翻译是激发活力的行为"(Translations are acts leading to other acts),"文本本身就是行动"(The text itself becomes a performance),而且爱尔兰人的爱国翻译和文化运动还照亮了其他后殖民地的争取独立和发展文学之路。

(4) 尼南贾纳

尼南贾纳为印度裔美籍女学者,她于 1992 年出版的《为翻译定位:历史、后结构主义和殖民语境》(*Siting Translation: History, Post-Structualism and Colonial Context*)在译界享有盛誉。她基于解构主义理论认为,翻译是一种政治行为,不是一种跨语言的转换过程,而是一个建构殖民主体的话语场所,是一种殖民的工具,维系了不同民族、不同阶层之间的不平等权力关系。这种后殖民译论还密切关注意识形态和殖民权力的共谋关系,再现殖民地被压迫的历史记忆和文化身份,分析殖民者的话语以及殖民地与宗主国的关系,消解文化帝国主义所坚守的不平等策略,保留殖民地语言中的文化特征,力倡文化认同和文化混合,探索后殖民语境下的文化翻译理论和方法。

她在论述殖民统治下的不对称权力关系对翻译的影响时,认为文学翻译服务于霸权机制和殖民统治,她说:

> Translation as a practice shapes, and takes shape within, the asymmetrical relations of power that operate under colonialism. (翻译作为一种实践,塑造并成形于殖民主义中运作的非对称权力关系。)

这足以可见,翻译不再是纯语言层面的工作,而是与文化具有唇齿相依的紧密关系,同时也是展现语言、文化、种族不平等关系的场所,如此说来,译者就不可能隐身了(Venuti 1995)。

---

① 人们一谈到"殖民",首先想到的是欧洲对拉丁美洲、非洲、亚洲等地的侵占和奴役,而忘却了欧洲内部的此类情形,如英国对爱尔兰的殖民统治。而且爱尔兰不仅是英国的第一个殖民地,还是世界上第一个摆脱英国殖民统治的国家。

(5)坎波斯兄弟

另一种后殖民译论是"巴西的食人文化"(Brazilian Cannibalism),它源自巴西一个部落的"食人风俗"(Anthropophagy 或 Cannibalism)。在巴西有一个部落叫 Tupinamba,族人们为表示对德高望重之人去世后的敬意,就将他的遗体吃掉,一是可让他永远活在人们的心中,同时还可从敬重之人的身上获得力量。1554 年曾有一位葡萄牙天主教传教士萨尔弟尼亚(Sardinha)被分食(普通人死后没有资格获得这种待遇),这引起了欧洲人的惊恐和不满,他们以欧洲优等民族自居,将 Tupinamba 部落称为"食人怪"(Cannibal),且视其为"原始、野蛮、未开化"的同义语,这本身就反映出一种文化冲突。

这一风俗引起了巴西诗人兼翻译家坎波斯兄弟俩(Haroldo and Augusto de Campos Brothers)的关注,他们将其引入到翻译界,提出了别具一格的"食人翻译隐喻观",参见 Gentzler(1993:192),Munday(2001/2010:136)。该隐喻在喻说着殖民化和翻译的经历:殖民主义者以及他们的文化和语言被吞食掉了,他们的生命力以适合于土著人的新能量形式滋养了吞食者。笔者认为,不要一味地否定外国文化和营养,当吸取其中有用的养分来滋补自己,参见第八章第十二节。

美国女权主义翻译理论家张伯伦(1988)在《性别与翻译的隐喻学》一文中述及了格弗荣斯基(S. Gavronsky)的观点:

> 替代虔诚式译者的是食人者译者(the Cannibalistic),富有侵略性的译者捕获到原作后加以品尝,真正以文字为食,囫囵吞下,然后再用自己的语言表述它,这样就可公开地除掉"原"作者了。

张伯伦接着说到:

> "虔诚"模式表明译者较之原作和原作者完全是次要的,而"食人"模式则使译者从"文化与意识形态"的羁绊中解脱出来,获得了解放。

食人者翻译隐喻寓意深刻,内涵丰富,现小结如下:

1) 翻译是暴力,因其涉及死亡、血腥、吃人;
2) 吞食源文是对源文的一种解放,可使其升天;
3) 分食殖民者意为摆脱欧洲文化所强加的限制;
4) 翻译不是刻意模仿,而在于吃透和消化源文;
5) 译者当从原作获得力量,便于创作出新文本。

这一观点与德里达等倡导的解构主义哲学理论(翻译具有生命力,可使文学作品复活)相通,也算是对美国韦努蒂等所倡导的解构翻译论的一个补充和发展。

(6) 克娄宁

克娄宁(Michael Cronin)重点论述了翻译在爱尔兰和英国的语言政治斗争中所发挥的双重作用:翻译既可服务于殖民者,如 1537 年通过的"英语令"(English Order),强迫爱尔兰人讲英语;翻译又推广了殖民地的文化,如英国著名诗人斯宾塞(Edmund Spenser)就十分欣赏被译为英语的爱尔兰诗歌(但他也支持殖民统治者)。

第五节 结 语

后现代译论中的各路思潮"文化派、操纵派、解构派、目的论、女权论、后殖民主义"等,都是深受后现代哲学思潮影响的产物。若换个角度看,这些后现代译论在某种程度上也在推动着后现代哲学的发展,两者共享诸如"反叛、颠覆、消解"等关键词。这些翻译理论家都意在摆脱"语言本体翻译论"的束缚,反叛"源文至上论、文本等值论、文本等效论",颠覆了流行多年的传统观念,消解了追寻作者原意的惯用方法,一致认为译出语文本的内在特质和原有意义不可能在译出语作品中得到如实复制,所有译文的意义都在于赋予原作以新的生命。由此便产生了为"误读"正名或合法化的需求。

现以表格总结如下:

表 2-2

	代表	主要观点
1	勒菲弗尔、佐哈尔、巴斯奈特	文化派、多元系统 目标文化系统
2	赫曼斯、铁木钦科	操纵、改写
3	德里达、巴尔特、利奥塔、福柯、博德曼、韦努蒂、埃斯卡皮	解构派
4	姚斯、伊泽尔、贝尔曼	接受美学、读者反应论
5	奈达	读者反应对等论
6	希鲁姆	误读理论
7	莱斯、弗米尔	目的论(功能派)
8	赛蒙、张伯伦、巴斯奈特	女权论
9	赛义德、斯皮瓦克、霍米芭芭、罗宾逊、韦努蒂、铁木钦科	后殖民理论

不同学派聚焦于交际过程的不同环节,运用了不同的理论模式和分析方法,形成了不同的侧重点,从而建构了不同的翻译理论。唯理论和结构主义结束了"作者独白"的语文学时代,开启了强调作品本身的"文本独白"的语言学时代;解构派则站在读者的立场,强调文化传播的作用,打破了文本中心论,又结束了"文本独白"的时代,开启了"读者独白"(或"读者对话")的后现代译论,冲出以作者和文本为中心圈设下的篱笆围墙,进入翻译的外部语境,将视野投向了更为广阔的读者反应、社会文化、意识形态、政治权力、宗主殖民等崭新天地,确立了读者和文化在翻译工作和接受活动中的中心地位。

斯奈尔—霍恩比(Mary Snell-Hornby)在专著《翻译研究的转向——新范式还是新视角》(*The Turns of Translation Studies: New Paradigms or Shifting Viewpoints*)[①]中指出,20世纪60—70年代基本属于"语言学转向",主要运用语言学的概念、理论体系和方法来研究翻译,这相当于笔者在第一章表1-1中的"文本中心论"。在20世纪80年代出现的"文化转向"以及与此相关的译论相当于表1-1中的"读者中心论"。她在书中还论述了20世纪90年代及21世纪初出现的"实证转向"(the Empirical Turn)、"全球化转向"(the Globalization Turn)、"U型转向"(U-Turn:指部分翻译理论家主张重新回归语言学理论),但该书未提"认知转向"。

西方学者在理论研究中常会染上"偏食症",喜好"标新立异、独树一帜"的风格,常会犯"走极端"的毛病,由此可见一斑。交际的三个不同环节"作者、文本、读者",分别在各自的理论框架中青睐其一和冷落另二的命运,虽各有不同的闪光点,但也留下了以偏概全的缺陷。如此说来,斯奈尔—霍恩比在《翻译研究——综合法》(*Translation Studies: An Integrated Approach*)一书中提出的"综合论"(Integrated Theory)则视角较为全面,认为翻译学应采用多元化的、兼收并蓄的策略,吸取后现代哲学、认知科学、语文学、语言学、文论派等各路学者的成果和方法,这就是表1-1中最后一行的含义:体认翻译学主张综合过往译论所述相关要素,基于格式塔整体论研究的思路,采取综合法进行多元融合,将其整合为一个更有解释力的理论整体,为我所用[②]。

[①] 亦有学者根据英语书名中的Turns的复数形式,将其译为"翻译研究的多重转向"。
[②] 我国学者辜正坤(1989)提出了"翻译标准多元互补论"与其遥相呼应,参见孙迎春(2004: xxxviii)。

第三章　反思三个独白译论

如此林林总总、斑斓异色的译论,对于译界来说是件大好事。理论单一不利于学术繁荣,独家之言难以周全天下,视野太窄有害于思路开阔,只有真正大力倡导"百花齐放、百家争鸣"的方针,才能给学界一个自由论辩的空间,各种观点才能在正常论辩之中彰显各自的本色,清浊也就自会分明。正是在这种思辨与澄明的过程中,译者的命运就会逐步走向光明。笔者在反思过往译论之不足的基础上,依据体验哲学、CL的基本原理,特别是体认语言学的核心原则"现实—认知—语言",建构我国的"体认翻译学",权且充作提出本土化译论的一种尝试。

第一节　概　述

人类语言正常交际的三个环节:

　　作者—文本—读者

未曾想到它们在不同时期竟然会受到哲学界、语言学界和翻译学界的不同聚焦,且这三个学界的观点几乎同步对应。三个环节在不同领域的理论框架中,各自闪烁着自己的亮点,经受了不同的受青睐和被冷落的命运,按照顺序的此消彼长,确也展现出学界的一道闪亮的风景线,值得我们深究。

在传统时期,各路学者关注源文的创作者,建立了"作者中心论",主张从从源头(即作者)处获得原作之原意。随着索绪尔所创立的结构主义语言学的普及,各路学者又将焦点转向语言本体,进入"文本中心论"的时代,重点从作品内部来分析文本自身的意义,译者被禁锢在语言结构或形式结构的枷锁里,以至于彻底消解了人和社会的因素,沦为语言牢笼中的囚禁者,丧失了人的主观能动性。此时,翻译被视为机械性的语言转换,强调语言规律的普遍性,译者只要据此行事,人人都能搞翻译,无视人之创造力。在后现代哲学"造反有理"旗帜的引领下,文学、翻译学几乎同步地将视点导向"读者"这一环节,大有"罢黜前两者,独尊接受者"之势,让学界同仁再次领略到"转向"的快感。他们冲破文本中心论的藩篱,走出了源文—译文内部关系之窠臼,冲出了语言结构牢笼之禁锢,将视野扩大到文本之外的文化、读者、社会等因素。在后现代理论的冲击下,作者"被判了死刑",文本"被流放到边缘",流行了数千年的忠实论和等值论终成碎片和泡影。

细细想来,这几种研究思路各有可取之处,但因各有不同程度的"偏食症",其后果必然是营养不良,发育不佳,身体健康会大受影响。过分突显单一的主体性,未能顾及"居间性"的多元化,难免会一叶障目,不见泰山。

第二节 基于作者独白的译论

接受"作者中心论"的翻译论者,深受传统经验论哲学的影响,到根源处找本质和意义,强调交际源头的重要性,以发话人为基本出发点来获得原意,这一原始理论倒也显得较为朴实,要问此话怎么理解,直接追问作者何意便可,并非毫无道理可言。正如方平为谢天振《译介学》所做序中所说:

> 这传统的、务实的研讨自然是有益的,有其必要性。……这传统的、脚踏实地的、学以致用的讨论,"只缘身在此山中",就不免显得单薄、局促些了。

仔细想来,这种作者独白的译论似有如下不妥之处:

(1)"作者中心论"所遵循的是一种典型的客观主义形而上哲学,这已为很多学者所证伪,因为语言绝非现实的镜像反映,作者也不可能忠实于客观世界。正如布雷尔(Breal,转引自许钧 1998:38)在《语义学》一书中所指出的,语言绝不是,也远远不是一面反映现实的镜子,它是借助于特殊的符号对现实的一种转换,而这种特殊符号大都与真正的东西根本不相符。

这一时期的译论主张将原作者(Source Author)的意义看成一种超越时空与超越语言的不变实体,翻译的任务就是认识这一实体,且将其从原作品中抽象出来,"万分忠实"地用另一语言传达出来。这遭到后现代哲学家的严厉批判。我国传统译论,从"案本、求信",到"神似、化境",似乎都笼罩在这种经验论和超验论的阴影之下,试问如何才能"忠实"？怎样才能"信达"？讨论了这么多年,好像永远没有终极答案。不如另起炉灶！

(2)作者所使用的词语并非一词一义,词与词的组合也常会出现不同结构关系,一个词句可能有多种不同的解读,这是我们的常识。虽说语境可以帮助消解歧义,但它也不是万能的解药。或许,作者故意双关,采用模棱两可的手法；也可能故弄玄虚,一时兴起玩弄了文字游戏(如 James Joyce),事后或许已遗忘这是怎么回事了,这都难以从作者处找到最终的答案。泰戈尔在《飞鸟集》(Stray Birds)第6首中的 miss 就引出两种都能讲得通的理解和译文：

[1] If you shed tears when you miss the sun, you also miss the stars.
[2] 如果你怀念太阳时便流泪,你也就怀念星星。(周策纵译)
[3] 如果错过了太阳时你流泪,那么你也要错过群星。(郑振铎译)

泰戈尔源文中所用的多义词 miss 具有模糊性,这本身就具有文学解释的开放性(参见杨晓荣 2005:163)。

(3)根据 CL,语言交际具有转喻性,即说出的词语仅是想说内容中的一部分,人们在实际交际中不可能将自己的思想和盘托出,只能基于"认知转喻论",用部分代替整体,剩下的信息由听话人去补充,这就是为何要有"语用学"这门学科的理论依据。如此说来,不同的听话人,处于不同的场合,生存于不同的时间,就会有不同的填补方法和内容,信息减损或增益甚至误解,也就在所难免。

(4)作者(或发话人)就真的明白他自己所说的就是他自己想要说的吗？他总能用对词语和句型,用合适的方法表达思想？所有作者都能随心所欲地驾驭自己的母语吗？例外的情况在现实生活中也常有发生,作者自己的语言能力有限,词不达意,表述有误,此时此景,读者(或听者)又该如何应对,怎一个"误"字了得！

(5)作者的生命是有限的,而作品的生命相对于作者来说要长得多,只要条件许可,能永久保留。若仅以作者的用意为获取作品意义的标准,就会出现下一情况：一旦作者驾鹤仙去,我们便要陷入一种"无可奈何花落去"的尴尬境况之中,何处觅得真义,岂不落得个"死无对证"的结果。

充其量而言,"作者独白"是诸多观点中之一种,仅可作为"依据"之一,供参考而已,若要将自己全身托付于他,弄得不好,是要耽误终身的。基于这种立场之上所建构的翻译理论，自然就难以切中要害，不足以服众，在很多场合下难以周全。

再说，将作者比作主人，将译者视为仆人，这种不平等待遇总让译者心怀不悦，难怪译者们要发出呐喊——凭什么我们要低人一等？这种翻译观所倡导的"忠实""直译"在多大程度上能够得以实现？何为"忠实"，怎样才叫"信"？仔细想来，好似一笔糊涂账。什么叫"直译"，翻译本来就是跨语言和跨文化的活动，他民族原来独有的，如何才能"直"着译进我族，难免又要重蹈"无米之炊"之难辙。倘若"直"了，就会不"达"或者不"雅"，真是难煞人也！

第三节 基于文本独白的译论

基于"文本中心论"的译论，深受唯理论哲学的熏陶，接受了索绪尔"关门打语言"的策略，认为语句的意义不必参照言外之物，既不必考虑原作者，也不要参照社会和人，仅依靠作品语言系统内部的词语间的形式关系就能获得意义，这就是德里达的一句名言：

> There is nothing outside the text.（文本之外，别无他物。）

利科（Ricoeur 1981，陶远华等译 1987：9，156）在述及索绪尔的结构主义语言学理论时指出：

> 符号群可看作是一个封闭的、内部相互依赖的自控系统。……一个符号不是根据它所解释的某个客体来规定，而是根据它所处的系统内和它所有同一层次符号的关系来规定。

> 把它①看作是没有语境和没有作者的对象，在这种情形下，我们是根据内部关系和内部结构来解释文本。

索绪尔这种理想化的语言分析方法，听上去倒也蛮有道理，就像经济学规律一样，商品价格完全由市场系统内部的"供给"（Supply）和"需求"（Demand）来确定和调节。语言研究，完全可凭借人类理性所构筑起来的语言系统这一围墙，不受任何外界干扰，排除诸如社会、文化、人为等其他因素的干扰，就在这个围墙所封闭起来的院子里自娱自乐，院子里的风光独好，倒也落得个清净！学界还常高度赞扬索氏这一巧妙设想——明确了语言学的

---

① 指文本。笔者注。

研究对象,从而才使得语言学作为一个独立的学科诞生在20世纪之初。

这不禁使人想起汉语"井底之蛙"这一成语,仔细想来,结构主义之蛙怎么也观不了语言之真天,其失误之处也十分明显:

1)索氏高举二分之大刀,进行了一系列的切分(参见王寅2014:58),这第一刀就将言语系统二元切分为"语言"和"言语",且还认定了"切二留一"策略,抛弃后者聚焦前者。同时,索氏还接受了传统的中心论思想,在语言系统中心论的基础上提出了"语音中心论"。而说到"语音",它又是与"言语"紧密相关的,此乃自相矛盾之一。同时,索氏还将符号定义为"由表示音响形象的能指与表示概念的所指结合而成的一个结合体",既然是一个不可分割的整体,又何以能丢弃意义仅以语音为中心呢! 此乃自相矛盾之二。

2)语言自身真的能成为一个独立系统吗?索绪尔的"关门法"真能将语言与外部世界(包括社会、人、日常语言)隔绝开来吗?这一直是学界对结构主义发出的诟病。大多学者认为,文本之外还是有很多内容的,语言与世界、与人是密不可分的,只因为有了人和社会,才有语言,若无前两者,语言必然会是无源之水,无本之木。关门的结果只能产出"井底之蛙",甚至是"井底蝌蚪"而已。

3)若说符号A的意义,取决于与A相关的其他符号的差异和关系,那么,这个"其他符号"究竟是哪些呢?如"学生"可能会与"教师""学校""教室""上课""作业""考试"等无数概念有关,只有将这些"其他符号"列全了,符号A才能有确定的价值。我们知道,一个系统(或微系统)中倘若增加了一个新要素,其内部的要素关系就要发生连锁性调变。可事实上,与"学生"相关的其他要素是不可能穷尽的,那又该何以对之?另外,索氏强调意义来自于差异,这就是人们常将符号的本质理解成"差异性",它又该如何与"意义确定性"相兼容?

4)"能指"和"所指"两者都是心理实体,它们究竟为何物,有什么关系,有无明确界线?倘若这两者无法确定,将它们的关系说成是"任意性"岂不成了空中楼阁。

5)按照索绪尔的观点,符号在空间上总是为其他符号所限定,离不开与其相异的其他符号,于是,一个符号的意义也就有赖于其他符号来限定。因此,单独符号的意义是不可能被确定的,只有靠与其共现的符号来为其定位,这就是我们所说的语境。此时,人们从符号系统中寻找到的意义只是能指的能指,解释的解释,如"学生"通过"教师"来限定,

"教师"本身还需要其他词语来限定,如此循环下去就形成一个"能指—所指"链。由能指所确立的所指,也可能再次用作"能指"来指称其他概念。此时,意义就不可能存在于任何固定的符号中,而只能是"延异"和"撒播"在一连串的"能指—所指"链之中。由此说来,索氏所论述的"意义在结构系统中具有确定性"本是一部糊涂账。

结构主义语言学,作为一种语言学理论,自有可取之处,提供了语言研究的另番思路,可喜可贺!但是,将"语言 vs 言语""语言 vs 文化"做出绝对的二分,这能做得到吗?人们不禁要问:基于"言语"之上真的存在一个抽象的、先验的、纯粹的语言系统吗?若真的有,它在哪里,何处觅得?没有学过结构主义语言学的人,好像并没有感觉到"语言系统"的存在,这一点也没有影响到他用语言进行交际啊!语言又是深深扎根于文化土壤之中的,符号表达意义,文化就寓于意义之中,语言能成为一个独立自主的体系吗?

肤之不存,毛将焉附!倘若结构主义语言学理论难以立足,基于其上建立起来的文本独白翻译理论,又能在多大程度上自圆其说?诚如刘宓庆(1999:58)所言,结构主义排斥了社会、文化、历史、人本、民族、心理等因素来奢谈语言系统,执着于语言的形式特征和机械属性,忽视了语言的人文特征和社会属性,具有较大的局限性,这给翻译研究设置了诸多障碍。因此,仅聚焦于作品本身,而忽视作者,无视读者,排斥社会和语境,将"人"无情地赶出视野,这种"文本行空,独往独来"式的做派岂不成了悬空之物,不接地气,也难接上气。基于其上形成的"窥斑见豹式文本独白"翻译法,充其量也只是在重演"盲人摸象"的古老寓言。

我们都知道,在翻译过程中文本自身不可能代表一切,作品也绝不是语言交际的全部,很多语句必须从"社会语言学"和"认知语用学"角度才能做出更为合理而又全面的解释。从事过翻译的人都有这样的经验,在翻译过程中常要走出文本,寻求其他有效信息来解读和翻译源文。有时,适当改写一下源文也是可取之道。难循"直译"之法时,巧用"意译"来通融一下,也是译者们的常见技巧。

正如上文所述,译者难以"完全忠实"于原作者,难道我们就能做到"完全忠实于源文"吗?这显然是同一笔糊涂的"忠实老账",从"作者"搬到了"文本",似有"换汤不换药"之嫌,于事无补,解决不了什么问题,也算不上有多大的新意。钱锺书(1979)在分析文学翻译时早已指出"源文与译文之间存在三种距离":

1) 两种文字之间的距离;

2) 译者的理解和文风与原作内容和形式之间的距离；
3) 译者的理解能力与他自己的表达能力之间的距离。

这也明显表明：追求忠实于源文意义，以"信"为翻译标准，在理论上似乎是一种靠不住的说法，不仅无法把握，更是难以衡量，充其量只是理想主义者的一种梦想而已。

与"忠实"相似的另一术语"等同"，这似乎与"忠"和"信"没什么区别，同样也是一道永远都理不清的难题。所谓的"等值论、等效论"同样陷入了难以测量的窘境，无异于又一天方夜谭，在人世间永远寻觅不到它们的踪影。自然科学界似乎尚可大谈特谈"等值"或"等效"，而在人文社会科学界，特别是文学翻译中，这或许只能是人们的一种奢望？这种理想化的"等"，只能是可想而不可即之事，在现实生活中难觅其踪。体验哲学和 CL 认为，只要符号不同，意义肯定不一样，这就是我们所说的"像似性"：一形对一义，此为语言的经济性原理所使然。语言中所谓的同义词，充其量也只能算是"近义词"而已，因为绝对的"同义词"是不存在的，它没有存在的必要。

若说"再现源文风格"，依旧是一种梦幻式的遐想而已。源文究竟是什么"风格"，各有各云，人言人殊。再说，怎么个"再现"法？这里的"再现"，依旧是在"等同"的理想王国中转圈，不会转出个什么结果来。或许，该理论的创造者自己也没有"转"清楚这是怎么回事。

第四节　基于读者独白的译论

语言学者们不断勇往直前，推陈出新，引领着世界的学术新潮流，使得译论后浪推前浪，一个转向接着一个转向的登场亮相。潘文国（2002）指出，当今翻译研究的趋势经历了从源文转向译文，从规定性转向描写性，译文地位从"低于源文"经过"等于源文"一直到"比源文更重要"，译者的地位从低于作者到被认为在翻译活动中起着决定性作用等一系列转向。这些层出不穷的新理论令人目不暇接，它们自有出场的原因和各自的精彩之处，但不免也各有偏颇之处。就"读者中心论"而言，有以下几点值得思考。

1. 以独代独，误象丛生

在后现代思潮的冲击下，众多学者又将研究的方向转向了语言交际的临时终点站,即"读者",以读者之"独"取代了"文本之独"和"作者之独"。他们认为,作者写完作品后,任务即宣告完成,理解作品意义的主动权就落在了接受者的身上,从而出现了"读者独白"的新取向。译者具有双重身份,他首先是读者,他可以让原作品进行跨国旅游,大大拓宽了读者范围,延续了原作的生命力。

猛然一看,这些论述倒也让人们耳目一新。这种标新立异的言辞确实激发了人们"换位思考"的热情。他们胸揣"语不惊人死不休"之格言,建立了"思不惊人死不休"的逆向思维模式,理论不断推陈出新,观点更是花样百出,情不自禁地走上了独木桥,进入另一个极端。惯常行走在同一条道上的人,不妨改走另外一条"林中路",或许会觅得另番风光,见得别样天地,如西方哲学的四个转向,就是换位思考的最佳例证,当哲学研究在某一既定框架下难以获得解释之时,不防改换门庭,另择良木而栖。在西方大力倡导"花样不断翻新、新论不断涌现"的语境下,西方哲学界奇才辈出,理论泉涌,好一番波澜壮阔的景象。

后现代种种论述,听上去好像颇有道理,文本随着时间和空间的变迁,经历了沧桑变幻,意义也就在所难免要产生差异。物也非,人也非,世道在变,岂有文本意义不变之理?原作究竟何意成了一个永久的谜团,根据博德曼(参见第二章),原来就根本不存在什么作者或作品的原义。当今的读者再已无法与故去作者谋面核实,只能由接受者进行"独家经营",做出自己的"单向理解"。正如日前刘心武所解读的《红楼梦》,不仅讲述了书中文字透出的信息,还揭示出若干文字背后的故事背景和隐含意向,因为在曹雪芹所处的年代,还是有很多忌讳的,这就留下了多种可解读的空间。但刘心武的别样解读并不为红学界所普遍接受,这笔糊涂账由谁来澄清,找谁来评判!曹雪芹早已作古,只得由刘心武"一厢情愿"地不断挖掘其中的隐含意义,听上去倒也头头是道,令人觉得好像是这么回事。至于这些真是否曹雪芹的原意,天晓得!

西方学者敢于更换角度审视问题的研究方法和创新精神,值得我们借鉴,他们惯常透视到了被现有理论所掩盖的另类现象,听到了霸权壁垒中的别样声音,为文论、语言学和翻译学等诸多学科的发展确也提供了崭新视角,开辟出广阔的研究新空间。但是,这些新论在给人们以诸多启迪的同时,常将问题从一个极端导向了另一个极端,将一种"独"更换为另一种"独",不免也会"误象丛生",令人担忧。

2. 理论反思，五点小结

（1）理论研究不必从一个极端走向另一个极端。后现代思潮一味强调脱离原作者的原义，忽略现有文本而只注重"读者独白""翻译是再创作"式的单边理解和独家解释，势必会将人类的语言交际置于巴别塔式的窘境，误导读者兼译者陷入虚无主义的泥潭，不免要出现有悖常理的情况。难道打破结构主义的牢笼，就一定要走向解释的放纵；以作者或文本为中心，不必由邂逅相逢式的任性理解与肆意发挥来取代。昔日的"窥斑见豹"却又引来了"一叶障目，不见泰山"的结局。例如"直译 vs 意译""归化 vs 异化"等等两者相对的概念绝对不是非此即彼的排斥关系，而从来就是你中有我，我中有你，相互交融的关系，直译离不开意译，归化中有异化，译论研究不可走极端。正如图里（Toury 1980:226，转引自王克非 2008）所指出的：

> 译文再"异化"，也不可能全部照搬译出语而不顾译入语的语言规范，译文再"归化"，也总会与译入语存在某些差异。这些差异不会以明显不符合目的语语法规则的形式出现，而往往以多少有些异常的形式偏离语言使用的规范。

（2）"读者独白"意味着可任凭文本接受者自己去随心所欲地理解源文，可未曾见过哪位读者真的可以丢开源文，任意发挥，随便创作，放纵翻译的。对原作做适度调整是可以接受的，甚至在一定范围内理解上出点误差也属正常。但倘若修改甚至违背作者或译出语的原意图，则不会为人们所接受。创而有度，改而有数，方才不乱，思量适中，这才是阅读和理解中的不二法则。倘若不做任何约束，任凭译者天马行空，自我独白，"片面性""主观性""单相思""偏食症"又会以另一种面貌出现于世人面前。

（3）海德格尔的"存在主义"视语言为人类存在的家园，可语言这个家园还得靠人来建设啊！若像海氏那样，过分强调理解的"前结构"（包括：前有、前见、前设），那么人又是如何达至理解？伽达默尔的解释学却也道出了问题的核心，理解和解释是以人的主观性、多样性为基础的。德里达用"痕迹、延异、撒播"等来解释意义的不确定性，忽视了文本还是有部分确定意义的，过分强调意义的模糊性大有不妥，未能说明人们何以能达至共识。若用解构主义来消解德氏自己的理论，其结果又该如何？

（4）冲破二元论的束缚，大力倡导多元化，对于"解放思想、打开视野"发挥重要作用，但多元论也给人们带来了诸多困惑，使人有"无所适从"的感觉。我们在进行科研时总得依据某一理论基础或主要方法,倘若飘忽不定,于情于理都难以说得通。后现代哲学家克服传统形而上学之弊端,强调社科研究中的人本精神,这是一大进步,可有些激进者又提出了"后人道主义、反人道主义、超人道主义",似欲发动一场围剿"人主体"的战争,这又为何故?福柯喊出了"人死了"的口号,满足了"语不惊人死不休"的心理需求,但也使得世人为之惊愕不已。连人都死了,这人世间还有什么?

(5)"读者反应论"也是个难以操作的观点,将翻译说成是再创作,大有误导之嫌。倘若完全遵循"读者反应论",只去比较译文读者和源文读者的反应,而置作者和文本于不顾,这显然有悖于翻译常理,岂不是在谈"无源之水、无本之木"? 若没有文本,凭什么进行翻译,靠什么做出反应? 怎么个比法? 是比较同一读者看了源文和译文的反应(先入为主怎办),还是比较以译出语为母语的读者与以译入语为母语的读者,这又该怎个比法? 如何操作? 怎样测量反应? 以谁的反应为准? 该观点似乎仅是个理论假设,而缺乏实际运作的可能性。

我们也曾听说过译作能使原作者(兼读者)自愧不如的故事,如歌德读了法译本后竟然自愧不如(参见谢天振 1999:18,216)。梁启超(1902)也曾称赞过林纾的译文"似更优于源文"。另外,不同的人对同一译本会有不同的评价,实在是太正常不过了。令一些人赞叹的译本,完全可能在另外的人眼里不名一文被嗤之以鼻;而遭一些人唾骂的译作,在另外人那里却可能被奉为佳译,爱不释手,这就是我们常说的"众口难调"。如日本译者岩野泡鸣所翻译的西蒙斯名著《表象派文学运动》曾被视为"不值一读的拙劣译作",而该作却使日本天才作家河上彻太郎如获至宝,河氏的写作因此受到了很大影响(转引自谢天振 1999:18)。真可谓"人言人殊"啊,萝卜青菜,各有所爱,太正常不过了。

3. 身份转换,地位上升

后现代译论,使得读者兼译者的命运得到了彻底改变,走出了"作者至上"的阴影,摆脱了"忠实和对等"的约束,抛弃了"原作权威"的神话,走出了"源文重于译文"的逻辑关系,学界对翻译有了一番全新的认识,给人以一种"改头换面"的感觉。由于译者首先必须是读者,因此读者中心论就预设了译者中心论。在此理论滥觞之时,译者不必再是亦步亦趋地跟在原作者后面打转转,不必为追寻源文本之原初义而苦思冥想,也不必总以源文作为裁定一切的僵硬标准,更不用谨记英国诗人德莱顿(Dryden)"带着镣铐在绳索上跳舞"的教诲,一改"奴仆、搬运工、中间人、媒婆、模仿者"的传统形象,脱下"紧身衣"(Straightjacket),松开"手铐脚镣",丢弃"传声筒、留声机、反光镜、转换器"之老身份,顶上"主人、作者"的华盖,从"隐形人"变成了"显形人",变"模仿者"为"创造者",力争做个自由舞者,可自由地翩翩起舞、恣意旋转;更有不甘心者,还要充当"叛逆者"。他们基于埃斯卡皮的"创造性叛逆①"直接喊出了"翻译者,反叛也"的口号。可人们不禁要问,这种风光是真的风光吗?

4. 语言文化,孰先孰后

翻译属于跨文化交流,这本身没错,但不可将语言等同于文化,语言为源,文化为流,分清主次,不必本末倒置。置"车"于"马"前,马还能拉车吗?

离开语言,翻译学将无从谈起,文化也无以谈论,语言当是文化的主要体现者和依据,这恐怕是不争的事实。就译学而言,撇开语言来奢谈文化,无异于缘木求鱼,是不可思议之事。其所以如此,道理很简单,翻译的操作对象是语言。

什么是"文化",也是众说纷纭,莫衷一是,定义甚多。《现代汉语词典》(商务印书馆 2012 第 6 版:1363)中"文化"的定义有三:

  1) 人类在社会历史发展过程中所创造的物质财富和精神财富的总和,特指精神财富,如文学、艺术、教育、科学等。
  2) 指运用文字的能力及一般知识。
  3) 考古学用语,指同一个历史时期的不依分布地点为转移的遗迹、遗物的综合体。同样的工具、用具,同样的制造技术等,是同一种文化的特指,如仰韶文化、龙山文化。

---

① 廖七一(2008)说,严几道先生译的书中,《天演论》和《法意》最糟。假使赫胥黎和孟德斯鸠晚死几年,学会了中文,看到他的译文,定要上法庭起诉,不然也要登报辩明,这都是因为严先生不曾对作者负责任(陈福康 1992:218)。屠国元等(2003)也说严复所译《天演论》算得上是一个典型的创造性叛逆的例子。在原作中,赫胥黎认为自然规律是"物竞天择,适者生存",但人类社会的伦理关系因其道德标准而不同于自然法则。赫氏写这本书是为了维护进化论的"纯正",反对斯宾塞关于进化论适用于人类社会的曲解。严复对进化论的理解明显受到斯宾塞的影响,没有接受赫胥黎的观点,坚信进化论可以解释一切事物的发展。他相信人的主观努力、奋斗和变革可以避免"亡国灭种",促进社会进步,鼓励国人奋发图强。王东风(2003)也认为:严复对原作的"歪曲"或"改写",并不是因为他的英语理解能力不济,而是意在启蒙,为我们这个已被西方列强逼到绝境的泱泱中华敲响警钟,中国知识分子没有必要对严复的"不忠"口诛笔伐。

显而易见,文化包含语言,语言为文化的一个主要组成部分,甚至有的时候"文化"就是"语言"的同义语。在"文化"和"语言"之间设立这种二元对立,与后现代反对二元对立哲学观的初衷背道而驰,为何又出尔反尔,守不住理论同一性呢?

我们认为,关注文化本身没错,但在翻译过程中,"文化"是包含在语言之中的,我们只能通过语言知晓和理解异国文化,因此,语言为"本",文化为"末",不能走极端,本末倒置。

5. 汉籍英译,独尊老外

根据"接受美学""读者反应论"似乎可推导出如下命题,中国的作品是否只能由外国学者来翻译,因为他们可作为母语读者,最有权对其作出本能反应。英国汉学家格雷厄姆(Graham 1965:37;转引自潘文国 2004)曾说过令很多中国学者难以释怀的一句话:

> ... we can hardly leave translation to the Chinese, since there are few exceptions to the rule that translation is done into, not out of, one's own language.
>
> (在翻译上我们几乎不能放手给中国人,因为按照一般规律,翻译都是从外语译为母语,而不是从母语译为外语的,概莫能外。)

按照"读者中心论"来说,格雷厄姆的这句话似乎有道理,因为只有以英语为母语的人才能获得译文的直觉感知,而实际上这一观点并不符合事实,中国很多学者中译英水平并不比老外的差。老外的中文能力究竟如何,能达到像中国学者一样能力(包括古汉语和现代汉语)的学者恐怕为数不多,或屈指可数;再说中国文化,西方知之者有,晓之者少,精通者更少,所谓的"中国通",恐怕不在中国住上几十年,不能枉戴此冠。西方学者,甚至是名家,在翻译我国作品时闹出的笑话也不在少数,误译、曲解更是难以计数。

我国自改革开放之后,一批学者留学国外,英语水平已有很大提高,与昔日不可同日而语,语感虽不能完全与老外相提并论,但所差无几者应是面大量广的现象。再言中国学者不能做汉译英,实为狭隘之见。正如潘文国(2004)所指出的:

> 汉籍英译不是外国人的专利,中国学者和翻译工作者应该理直气壮地勇于承担这一工作,只要我们刻苦磨炼,练好两种语言和文化的基本

功,我们就有可能在二十一世纪弘扬中华文化的伟大事业中作出自己的一份贡献!

格雷厄姆的这一妄言也从另外一个侧面说明,"接受美学""读者反应论"有较大的局限,似有"以偏概全"之嫌,不足以视为评判译文质量的唯一凭证!

6. 二则例证,可佐说明

似乎能体现"读者中心论"或"译者为叛逆者"的又一例证是,英国国王乔治三世于1792年写给我国清朝乾隆皇帝的国书,当它被(从意大利找来的两位中国神甫做翻译)译为汉语,呈交给乾隆手中之前,又经过清朝官员的层层把关、修改或篡改,汉译文已做了太多的手脚,乃至编造,源文是"国书",却被清朝官员强迫纳入到"表、奏"的话语体系(臣下写给皇上的奏章),此时很多词语都得改变,如将乔治三世的"平行口气"译为"属国口气",将一个有独立主权的英国国王所写的一份书信,强行纳入到了"天朝式话语"体系中。在这套话语系统中,英国使者马嘎尔尼被称为"钦使";"使节"被译为"贡使";"礼品清单"被译为"贡单"等等,不一而足。正如王辉所说,译文荒腔走板,既背叛了乔治三世,使他威风扫地,匍匐在中国皇帝的脚下,又愚弄了乾隆皇帝,让他陶醉在万国来朝的假象之中,使他错失了一次认识世界的良机,也让中国失去了一次对外交往、早日现代化的机会(参见王辉 2009)。

同样,乾隆皇帝写给乔治三世的回信,在翻译成英语的过程中,也被做了类似的手脚,终使这位清朝皇帝享受到了一次"礼尚往来"的外交待遇。

面对这样一个翻译史上的事实,不同学者可有不同解释,后现代译学者常引此例来说明"修改、误译"源文的必要性和重要性。但是,我们也不能忘却该译文的另一方面,它毕竟在很多地方还是传递出了英王乔治三世的基本意思,如"愿意与清朝礼尚往来,友好交往,相互通商,互贸互惠",这些基本事实是无法被"捏造"出来的,译文将其反映了出来。

在翻译中,译者的作用与个体读者的作用是不可同日而语的,因为前者还担负着传播者的角色,其译作还要被他人阅读。因此众多学者还是接受了以下基本立场:译者应该吃透原作者源文本中的基本意图,将其映射并建构成译入语,在这个过程中还当谨慎使用"创作权"。例如外国人,即使有修养的贵族或大户人家,在谈论爱情和性欲时,有时亦可直言不讳,倒也显得几分朴实和直白,如在莎士比亚的悲剧《罗密欧与朱丽叶》中,他们向往爱情自由,敢做一夜夫妻,朱丽叶公开表白,待天黑后向窗外抛出一条软梯,让心爱之人

爬进闺房搞个一夜情,她说:

> [4] He made you a highway, to my bed;
> But I, a maid, die maiden-widowed.

作为大户人家的小姐,公开表白要男友"上她的床",这实在与我国传统道德相左。同样的情景下,处于热恋中的我国闺秀只能是"心虽如热火,嘴却不敢说",常常会陷于既想幽会偷情,又要羞羞答答故摆姿态,或许还会来个半推半就。这在老外眼里,实属一个"虚情假义"的伪闺秀也。

面对这种文化差异,译者若将上句直译为"盼有情人来上我的床",恐会使国人觉得此等贵族佳丽竟会如此淫荡不羁,反而会损伤听众或观众心目中朱丽叶的美好形象。请看朱生豪是如何处理的:

> [5] 他要借你(软梯)做牵引相思的桥梁,
> 可是我却要做一个独守空房的怨女而死去。

源文既无"借"和"牵引",也无"桥梁";更无"相思",只有"上床",如此处理,倒也彰显出汉民族的"性忌讳、性压抑"的传统心理取向。朱先生的这一翻译倒也迎合了我国传统的性禁忌观,较好地处理了中西方因文化差异而产生的形象冲突,常被译界视为"创造性叛逆"的佳作①。

7. 创而有度,圆满调和

我们认为,译者主体意识的觉醒并不一定非要摆脱"创而有度"的原则,朱生豪的翻译在字词择用上虽有调整,但原句的主要意思还是靠谱的,他并没有"踢开源文闹创译"。朱光潜认为一切艺术的成熟境界当为:

> 从心所欲,不逾矩。

许钧(2001:23)认为这也是文学翻译的成熟境界。前半句突出了创新;后半句则强调了"度"。两者的有机结合,体现的正是"创而有度"的原则。

我们所说的这个"度",就是指受制于作者与作品的意图,"作者意图决定论"在翻译中不可被彻底抛置一旁、置之不理,译者不可漫天乱译、任意发挥。难怪老舍对 Evan King 胡乱翻译他自己的作品《骆驼祥子》表示不满(吕俊2001:68;王宏 2012:25)!

---

① 若要考虑到英语中的韵脚,可在第二分句中用"亡",若再兼顾到两句字数相同,不妨调整为:他要借你(软梯)做牵引相思的桥梁,可我却要做一独守空房的怨女而死亡。

王宏(2012:27)区分了"从事严格意义的翻译"与"从事宽泛意义的翻译",前者要求译者尽量抵制权力关系、意识形态、社会、政治、文化因素等对翻译过程的操控,尽力向源文靠拢,"信、达、雅"还是用得上的;后者要求译者顺应权力关系等对翻译的操控,与源文保持一定的距离,解构"信、达、雅"就是依据这一理论提出的。国内外解构派学者若能将他们的理论限于"宽式翻译"这一范畴,我想,大多学者还是能接受的。

王宏(2012:26)还认为,异化和归化是对立统一,相辅相成的,各自以对方的存在为前提,异化寓于归化之中,归化中也包含着异化。我想,这是完全正确的,说明王宏能自如地运用哲学中的"辩证法"来合理解释翻译现象。他据此还将翻译过程描写为:

> 理想的做法是将异化和归化翻译策略融合并用,使归化和异化达到动态统一。在操纵和反操纵,投降和拒绝投降之间还存在模糊中间地带,应该允许翻译异中有同,同中有异,多元共存。

译者如何对待译文,或翻译、或编译、抑或创译、抑或摘译,这确实是译者的权力,无可非议!但译者如何下笔,对待他所拥有的创作权,就要涉及"具体情况具体分析"了。学界普遍认为,这个"权"当慎而用之,须有制约,毕竟还有现存文本做基础嘛!它是作者所为,必定会打上他所处的那个特定年代的历史烙印,其主要内容和倾向也不会过于含混。因此,译者还是要以译出语的文本为蓝图,在此基础上进行有限制的创作。

进而言之,译入语当会受到译出语文本、社会权力和话语、读者反应和译者自身条件等因素的限定,自由放纵的理解和翻译,也不会为学界所认可。由于虚构、生造、杜撰等属于文学作品固有的属性,现在很多编纂的电视连续剧在开头要声明:本作品纯属杜撰,若有雷同,纯属偶然。翻译这类作品时,译者可做点调整,也不至于影响大局。正如许钧(2010:3)所指出的:

> 文学翻译既是不同语言的转换活动,也是一种艺术再创造活动,同时也是一项跨文化的交流活动。

这种"融三活动于一体"确实道出了文学翻译的核心特征,我们完全赞同。

若翻译的不是文学作品,而是严谨的法律文本、经济合同、政府文件、外交文书、科技文献等,当以直译性语言转换活动为主,尽量传递出源文信息,照直翻译当为上上策,而后两种活动,即"创作活动"与"文化活动"当为次之。此时,译者不可越俎代庖,反宾为主,错把自己当作者,误认读者成主人。在口译活动中，主谈领导不会喜欢，或说是不能容忍译员取己而代之的。

意大利著名符号学家昂贝多·艾柯（Umberto Eco）1990年在剑桥大学的丹纳讲座（Tanner Lectures）上所做的著名演讲中说了一段耐人寻味的话（参见王宇根译《诠释与过度诠释》1997：27）：

> 一九五七年，伽斯蒂勒（Castillet）写了一本书，书名为《读者的时代》。他真是一位预言家。一九六二年，我写了《开放的作品》（Opera Aperta）一书。在书中，我肯定了诠释者在解读文学文本时所起的积极作用。我发现读者们在阅读这本书时，注意力主要集中在作品所具有的开放性这一方面，而忽视了下面这个事实：我所提倡的开放性阅读必须从作品文本出发（其目的是对作品进行诠释），因此它会受到文本的制约。换言之，我所研究的实际上是文本的权力与诠释者的权力之间的辩证关系。我有个印象，在最近几十年文学研究的发展进程中，诠释者的权力被强调得有点过了火。

我们发现，国内外很多学者在述及"读者中心论、读者至上论、读者反应论"时往往未能求其根源，艾柯这段话指出了伽斯蒂勒于1957年在这方面的贡献，值得关注。

艾柯认为，当今学界的很多学者沿着"无限衍义"（Unlimited Semiosis）和"过度解释"（Overinterpretation）的思路，将解构主义的观点发挥至极致，给予读者无拘无束、天马行空式的阅读体验，他称之为"拙劣而荒谬的行为"。还有些人为了满足"语不惊人死不休"的心理诉求，常常断章取义，摘录片言只语，以某一"耸人听闻"的方法来吸引学界眼球。可以说，艾柯在二十几年前所批评的这种现象至今仍在延续，且还在后现代学者的手中不断被翻新，这些"以偏概全"的言论又将学界的视线从一个极端导向了另一个极端，不足取。

有趣的是，这一后现代哲学思潮不仅存在于文学批评之中，也刮到了后现代翻译理论之中，一些激进翻译理论家过分强调了读者（即诠释者）的权力，而忽视了原作者的权力，"爱怎么理解就怎么理解，爱怎么翻译就怎么翻译，丢开原作闹翻译"，这种过激言论极为不妥，也是不负责任的行为，"过度解释"现象当予纠正。按照艾柯的上述思想，可取之道只能在于：既要认知到阅读的开放性，又要兼顾到原作的制约性，这两者之间具有辩证关系，它们不可偏废，"取乎于中，兼听则明"。这使我们想起利科（Ricoeur 1913—2005）所倡导的"辩证解释学"，他认为说出话语是一种说话的"事件"，作为事件的话语或句子与"意义"之间存在辩证关系，在"事件"与"意义"两者之间存在一种张力。因此话语(Discourse)研究就可从"事件"和"意义"这两个角度切入(参见 Ricoeur 1981,陶远华等译 1987:12,136,172;王寅 2001:56)。话语作为一种行为,可从"命题行为"(它意味着某一主体的某种特征)的"内容"(Contents)的观点看,或者可从奥斯汀的言语行为的"力"(Force)来看。利科还认为:意义包含客观方面或句子本身的含义,还包括主观方面或言谈者的用意。当今体认语言学所持的意义体认观与此相通,我们当持辩证立场来处理意义的这两个方面。

我国哲学和美学都曾强调"中庸之道、允执其中"的原则,这影响了一代又一代炎黄子孙,渗透进中华文明的血液之中。在汉语中还有"海纳百川、兼收并蓄、并行不悖、和合圆满、调和通融"等类似的箴言。就翻译理论而言,也曾经历过这样的路程,在早期佛经翻译中就有"直译 vs 意译"之争(参见附录2),这与当时学界流行的"名实之争""文质之争"相呼应,与"公婆之争、仁者智者"的道理相通。

"文"相当于文采修辞,"质"相当于语义内容,两者常被视为"二元对立"的关系,我国古人有的偏重"质",有的偏重"文"。潘文国(2012)曾指出,文质之争是从三国时支谦一直到隋初彦琮 400 年间讨论的一个核心问题,伴随着佛经翻译的高潮,可以说是非常"中国式"的一个译论议题,旨在强调译文本身的风格。

现将我国历代学者就此所做出的相关论述列表对比如下:

表 3-1　文质之争一览

重质	重文	两者对立	两兼
墨子:先质后文	六朝:达而雅	老子:美言不信,信言不美	孔子:文质彬彬
刘向:文不胜质	文胜质衰	以文灭质	董仲舒:质文两备
《高僧传》:义理明晰,文字允正,辨而不华,质而不野	辞旨文雅,清丽欣畅		扬雄:华实相副
	左传:言之无文,行之不远		刘勰:文质相称
	魏禧:辞之不文,不足达意		玄奘:圆满调和
			柳宗元:质乎中,文乎外
			严复:信、达、雅

双方经过约五百年的争论，各执一词，莫衷一是，此消彼长，各得千秋，但最终归结于初唐时玄奘（600—664）所倡导的"圆满调和"翻译原则（参见刘宓庆 2005b：77）。时至 7 世纪，中国的译论就有了与中华文明的"中庸之道"相吻合的理论，直译兼意译，互补执中，既不可"文胜质衰、以文灭质"，也不能"偏质废文、顾义忘形"，当以和合为上，两者兼而顾之，不可偏废。这就回到了孔子早先倡导的"文质彬彬"，刘勰所提出的"文质相称"；后来者柳宗元确立的"和合统一"，程颐称道的"和顺积于内，英华发于外"，也与之一脉相承，他们共同编织了汉民族的"中庸"哲学传统，这也真的应了司马迁《史记·太史公自序》所言：

阴阳之大顺，采儒墨之善，撮名法之要，与时迁移，应物变化，立俗施事，无所不宜。

概言之，"文 vs 质""名 vs 实""形 vs 义""直译 vs 意译"，这两者从来就不是"非此即彼、对立极端"的问题，也不是"二元择一、有我无他、持一灭一"的问题，而是辩证法所确立的"对立统一、互为依存"的问题，这种对立统一观完全可统一在我们的翻译实践之中。再者，什么是"直译"中的"直"，什么是"意译"中的"意"，它们能二元切分得开吗？这两者或许从来都是"质中有文，文中有质；直译中有意译，意译中有直译""形式中有意义，意义中有形式"的关系。

潘文国认为严复百年前提出的"信、达、雅"三原则，原初实为文章学之基础，它们分别出自《周易》中的"修辞立其诚"，《论语》中的"辞达而已矣"，《左传》中的"言而无文，行之不远"，强调了"立诚、辞达、文采"三个要素。据笔者看来，严复的三原则，若从语言学理论来看，其中的"信"涉及语义学；"达"涉及句法学；"雅"涉及语用学，竟然融合了语言学的三大理论支柱，正是"圆满调和"的现代版。

严复的这一原则还与 CL 所确立的基本研究思路完全相通，即用"形义一体"的"象征单位"（Symbolic Unit）为基础来研究语言，也完全体现了认知构式语法（Cognitive Construction Grammar）所推崇的从"句法、语义、语用"三个层次来分析语言现象合拍，似为不谋而合。这充分说明"圆满调和、兼听则明、和合之美"的中华传统文化的魅力所在，正切中了这一传统语言理论之要害（索绪尔和乔姆斯基都重形式，轻意义）。笔者所倡导的体认翻译学，正是基于汉民族这一特色鲜明的文化观而提出了兼顾"三个中心"的译论思想，顺应"取乎于中、兼而有之"的上佳策略。正如许钧（2003：76—88）所言，翻译的过程是"得 vs 失"的量度，是"过 vs 不足"的平衡，这种平衡主要靠译者的选择和决策来实现。这与我国历来奉行的"中庸之道"可谓不谋而合。

8. 平反偏见，正视误译

我们知道，人们深受传统观的影响，通常将"偏见"视为缺陷而加以预防、抵制，乃至批判；而后现代哲学家则顶礼膜拜"反传统"，提倡为"偏见"正名。激进后现代翻译家受其启发，也极力为"误解"平反，主张要重新审视"误译"，这正体现出一种"创造性叛逆"的精神。我们认为这一观点具有较高的理论价值和实践意义。正如谢天振（1999：151）所指出的：

> 误译当然不符合翻译原要求，任何一个严肃的翻译家总是尽量避免误译。但是误译又不可避免地存在，尤其是在诗歌翻译和较长篇幅的文学作品翻译之中。
>
> 对于比较文学来说，误译有时候有着非同一般的研究价值，因为误译反映了译者对另一种文化的误解和误释，是文化或文学交流中的阻滞点。误译特别鲜明、突出地反映了不同文化之间的碰撞、扭曲和变形。

有时，故意的"误译"反而会使原作更为精彩，更能适合译入语国度的读者，如周桂笙在翻译法国作家鲍福的小说《毒蛇圈》时，竟故意增加了一大段描写女主人公如何思念父亲的话，因为在他看来，小说在此前描写了父亲对女主人公的慈爱之情，此时就可按照中国人的观念增加一段反映女儿对父亲孝顺之情的话（参见谢天振 2000：78）。如此说来，误译不是什么缺陷，反而成为优点了，充分反映了译者的深刻理解，可使得原作更加出彩。

我们认为，"误译"对于体认翻译学具有较大的研究价值，通过误译和误释可发现译者与作者在心智中对现实世界和认知世界的理解差异，这对于挖掘作者和译者在认知方式上的差异很有意义（参见 Flotow 1997/2004）。在语言转换过程中所出现的错误，正反映了译者在翻译的体认过程所产生的误解，从中可通过鲜明对比，窥探出译者如何扭曲和变形了原作中的两个世界，这就涉及到"象""意象"的问题，详见第七、八章。

第五节 兼而有之，绝非对立

"三个中心"分别沿着交际的三个环节，步步前行，层层推进，交相辉映，各有一番见解，也自有道理，充分显示出西方学者的思辨精神，不甘陈词，敢于争鸣,标新立异,推陈出新,为世界学术的进步做出了重要贡献。

从上论述可见,基于这三个中心所建构起来的对应的译论,大致存在一个逐步发展,依次更替的渐进过程,这有助于我们较为清晰地梳理清楚译论简史,同时也便于理解和记忆。所谓"大致",即不是严格意义上的切分,很多学者兼有数种观点。

如在"作者中心论"阶段,很多学者也述及了"文本对等"的问题,如古罗马著名的演说家、政治家、哲学家和修辞学家西塞罗(Cicero,前106—前43)就曾说过(转引自谢天振 1999:27):在翻译中既要保持原作的内容,又要保持原作的形式。但这种"保持"不可能是字当句对的保持,而只能保留语言的总体风格和力量。这倒有几分像"文本中心论"的言辞。

西塞罗还是最早述及译者应兼顾读者感受的学者,持有这种观点的西方学者还有:伊拉斯谟、阿伯兰库、德莱顿、彼得大帝、泰特勒等,他们认为优秀的译作应能给读者以原作给予读者同样的感受,这似乎又有点类似于"读者反应论"。奈达也有类似的论述,参见上文。因此,给历史上翻译家分类,只能取其主要论点,且兼顾时代特征。

又如,德国的古典文学重要作家、狂飙突进运动主要代表歌德(Goethe 1749—1832)虽身处语文学时期,但也明显具有"文化翻译派"的思想,他认为译者既要了解译出语的文化,也要利用译入语文化,更要与译入语文化不同,从而形成一个"第三者"。洪堡特认为介于直译和意译的中间路是不存在的,进而指出所有翻译只不过是试图完成一项无法完成的任务。

奈达所述的"动态对等""读者反应对等""翻译即交际"等观点,也兼顾到读者对译文的反应,因此他也可被视为兼跨第二、三栏的学者;或曰:他主要属于第二栏,但也为第三栏理论的出场做了一定的理论铺垫工作。

在译学界,有学者主张将韦努蒂划归为"解构派",有学者主张视其为"文化派",但不管怎么说将韦努蒂都归属于"后现代哲学派"(即表1-1的第三栏),这是毫无疑问的,因为他明显持有"反主流、反传统、抵制英美文化霸权、保护文化生态"等立场。但后现代译论主要持"读者中心论",这又与韦努蒂视"原作文本、文化和风格"为中心的"异化翻译论"相左。我们认为,韦努蒂的这种双重观正显示出社会科学研究的多元化特征,很多理论和流派并不是能用一刀就切得下去的,不可能切得干净利索。

韦努蒂还基于翻译中应重视"原作异国情调"而建构了"异化翻译观",意在消除传统的"译者之隐形现象",当从译文中学到他国语言和文化的精彩之处,推动和发展本国语言和文化,以能有效消解英美文化中心论。因此,韦努蒂的"异化"与"直译"虽有部分共同认识，但论述的目的却与传统直译观有很大出入。他大力倡导世界文化多元论，且基于此来重新审视翻译问题，以批判译者隐形的不合理性，这确实给翻译界刮来了一股清新之风。

在译界某些著作中还有学者主张将霍尔姆斯、威尔斯也列在第三栏中，因为他们在译学论著中也涉及到"文化交际""跨文化""多文化"等方面的内容(谭载喜 2005：189，192)，但这不见得是他们译论中的主旨。

罗新璋(1984：19)曾将中国传统译论体系归结为：

案本——求信——神似——化境

前两者相当于表 1-1 中的第一、二栏；后两者暂可划归第三栏。所谓的"本"，是指"原典""本来面目""原经文句""源于文本本义""原作的内容和形式"(参见杨全红 2010：155)。在翻译中应当：

案本而译、存本求义、案本而传、
以求其本、务存其本、因循本旨、
因本顺旨、言传理旨、辞旨如本。

道安所谓的"五失本"，主要列述了五种失去原作本来面目、改变源文词句、流失源文内容或形式、译文与源文不一致的情况。这里的"本"兼有语文学和语言学的观点。

好一个"神"和"化"字，含义深刻，融合了多种翻译观：前者有"精神、精气神"之义；后者有"转化、深化、升华"之义，得其精而忘其粗，在其内而忘其外，可突破原作之羁绊，彰显译者之气息，顺应读者之心神，透出了创作之精神。有学者认为，"神"与"化"基本上还未能跳出"信达雅"的思维模式，还有学者认为这两个字兼有数种译论，不可一概而论。王秉钦(2004：233)认为"神似"有"化为我有"的含义，"译者中心"就差捅破一层窗户纸了。

"情人眼里出西施""萝卜白菜，各有所爱"这类熟语就充分表明了人们的看法不可能完全一致。如鲁迅曾就《红楼梦》一书就发表过感叹：

单是命意，就因读者眼光而有种种：经学家看见《易》，道学家看见淫，才子看见缠绵，革命家看见排满，流言家看见宫闱秘事……

因此，对于同一个翻译理论家，不同学者会对其进行不同分类，不足为怪。况且，这些理论家本来常有跨类兼述的现象，也属正常。因此，采用"二元论"的切分法本来就与后现代哲学所倡导的"多元论"不符合。因此，对译者的分类只能"依据其核心观点，兼顾时代背景"，做粗略划分，便于研究。

第六节　三中心论与译学相关研究

1. "三中心论"与"文艺派 vs 语言学派"

表1-1按照交际程序对翻译理论进行了分类,并据此来梳理其发展简史,因此这一研究方法也可视为翻译的交际学途径,主要基于奈达和塔布(Nida & Taber 1969/2003)、斯坦纳(Steiner 1975/2001)、哈特姆和梅森(Hatim & Mason 1990/2001)等学者的"翻译是交际"这一总括性概念根隐喻(详见第七、八章),将"作者"视为第一源点,他用语言(包括口语和文字)将自己的思想表达出来,通过中间的媒介"文本"传递给接收人"读者"。译者此时身兼二责,首先作为一个读者,要接受原作者和源文本传递给他的信息,然后再用自己的"心智劳动"(即认知)将所获得信息映射到译入语上。

表1-1中的第一栏以"作者为中心",形成这一观点的理论基础便是传统的客观主义形而上哲学,且借用语文学的研究传统,以解词释义为基础,求得作者的原意,获取词句的本真意义,在翻译时倡导"词对词的译法"(Word-for-word Translation)或"逐行对译法"(Intralinear Translation),这与译学界所说的"语文学派"和"文艺学派"观点大致相通。我国古代的支谦、道安、鸠摩罗什、玄奘等认为翻译的主要任务和原则便是:

> 释经诠典、改梵为秦、
> 案本而传,不令有损言游字。

这显然具有"语文学"和"解释学"的特征。即使到了现当代的严复(信、达、雅)、鲁迅(宁信而不顺)、傅雷(神似)、钱锺书(化境)等,他们主要也基于文艺学路线来从事文学翻译活动,建构译论的。

相比之下,西方译论则较为丰富,不断推陈出新,各种观点层出不穷,大有后浪推前浪之势头,令我辈目不暇接。学界有多种梳理西方译论的方法,国内也出版了好几本有关西方翻译史研究的专著,本书主要根据表1-1中"三栏"为序来简述译学发展简史,即从"作者中心"到"文本中心",再到"读者中心"等。

作者中心论时期主要遵循语文学和文艺学路线,与我国上述作者和观点近似。文本中心论时期主要持语言学观点。根据上述两种立场,两千多年的翻译研究中主要出现了两大主要派别：

(1) 将翻译视为"艺术"，出现了翻译中的文艺派，采用文本分析的途径；

(2) 将翻译视为"科学"，出现了翻译中的语言学派，用语言分析的途径。

在译界之所以要采用文艺学方法，这与翻译的对象为文学作品有关，且认为翻译为一种文学艺术，主要运用文艺学和语文学的相关观点来研究翻译，解释翻译活动，关注翻译的结果和使用对象，语言的表达方式（如：文白、文风、语体、修辞、创造力等），着重比较源文和译文的主题结构、风格特色和艺术效果。该学派一直围绕"直译 vs 意译"展开了长期的讨论，与其相关的术语和观点参见表 2-1。

该学派还吸收了部分后现代哲学的观点（参见表 1-1 第三栏），兼顾读者的感受，关注语言的创造力，允许译文可像文学作品创作一样，有一定甚至较大的创造性和想象性，以能使译文与源文在整体艺术效果上保持一致或基本一致。

所谓翻译的语言学派，有人常从"奥古斯汀、伊拉斯谟、施莱尔马赫、洪堡特、巴托"等说起，因为他们主张从语言分析的角度来谈翻译，侧重语言结构、语法分析、语义理论（中国的训诂学）与翻译之间的关系，关注语言层面上的技巧。但严格说来，他们还不能算是语言学理论家，将其划归入"语文学"较为妥当，这就是上文所说的"对翻译家归类还要兼顾到时代特征"。同时，这也较符合语言学界的通常表述，因为他们主要受到了历史比较语文学的影响，比较了不同语言在音、形、义、词汇范畴、语法范畴（词性、时体态式、语序）、语言类型（屈折、孤立、黏着、形合、意合）等方面的同和异。这些研究对于翻译来说当然十分重要，但学界常不将其视为"语言学理论"。真正将语言学视为一个独立的科学分支，当从现代语言学之父索绪尔（Saussure 1957—1913）算起。

20 世纪初索绪尔所创立的"结构主义语言学"，几乎渗透到全世界文科研究的各个领域，学术界刮起了一股"关门风"，尝试在一个学科系统的内部来寻求诸要素之间的关系，并以此为准来描写结构、解释意义、发现文风、建立系统，从而在学术界出现了一道"关门大吉"的亮丽风景线：

结构主义语言学关门打语言；
音位学实施了关起门打语音；

>　　结构主义语义学关门打语义；
>　　乔姆斯基的TG关门打句法；
>　　韩礼德系统功能关门打语篇；
>　　文学家关起门来打文学作品；
>　　哲学家关起门来打哲学文本；
>　　音乐家关起门来打音符音调

等等，不一而足。

　　翻译学也紧随其后，走上了"关门打文本（包括译文文本和原作文本）"的研究之路，结构主义语言学家雅克布逊（Jakobson 1959:233）就主张要在不同的语言表达之间寻求对等。其他诸多学者纷至沓来，提出了

>　　文本对等、形式对等、功能对等、动态对等

等理论，围绕"等"做足了文章，这都是结构主义语言学在译界结出的硕果。该思潮就相当于根茨勒（Gentzler 1993）所说的"翻译科学派译论"，即运用现代结构主义语言学理论和方法，将翻译研究推向科学研究的新时期，代表着翻译学发展的新方向，出现了诸多译论成果，主要代表人物有：马泰修斯、雅克布逊、穆南、奈达、纽马克、卡特福特、霍尔姆斯、费道罗夫、巴尔胡达罗夫、威尔斯、切斯特曼等。

　　威尔斯（Wilss 1982:52）曾将奈达视为现代译学的开山鼻祖，因他于1947年出版的有关《圣经》翻译的原则和程序的专著，尝试用现代语言学理论（包括结构主义、功能主义、转换生成等语言学理论）较为系统地论述与翻译相关的问题，提出了"翻译即科学"的著名论断，努力挖掘隐藏于语言之中的客观规律，认为译者应能翻译出与源文对等的文本。他还基于该书于20世纪60年代又出版了两本译学著作，进一步发展了翻译的语言学观点。

　　而读者中心论是最近半个世纪受后现代哲学影响的产物，包括：读者反应论、文化交际论等。同是一个"翻译活动"，在不同时代，基于不同理论，出现了多元认识，这也颇为有趣（参见萧立明 2001:14）：

>　　1）说其是科学，是因为它有客观规律可循；
>　　2）说其是艺术，是因为它富有创造性方式；
>　　3）说其是技巧，是因为它靠实践才能获得；
>　　4）说其是技术，是它可凭经验和知识操作。

这也完全切合后现代哲学所大力推崇的多元性。

2. 三中心论 vs 译史分期

谭载喜(2005:89,188)曾将西方翻译史分为六个时期(或六个高潮):

1) 肇始阶段:前4世纪末——罗马人译希腊古典作品;
2) 宗教时期:罗马帝国后期至中世纪初教会文化,译《圣经》;
3) 基—穆合作:11—12世纪中 民族语译论,云集西班牙托莱多,将阿语译为拉丁语;
4) 文艺复兴:14—16世纪德、法、英 (文学翻译);
5) 近代:17—20世纪上半叶 译文学名著(20世纪被誉为"翻译的时代");
6) 当代:第二次世界大战后至今 译学理论＋宗教、文学＋科技(1946开始机器翻译)、商贸、职业化。

刘宓庆(2005b:97—98)所论述的欧洲翻译史中的六次高潮,其分类与上述分类相似:

1) 前3000—前100年:罗马翻译古希腊文化;
2) 中世纪—11世纪:宗教(《圣经》)翻译;
3) 11世纪—14世纪文艺复兴:西班牙Toledo(拉丁语);
4) 14世纪—16世纪文艺复兴:译世界(古典)作品,多语;
5) 17世纪—1940年代(第二次世界大战):多学科大交流;
6) 第二次世界大战以后至今:多元融合＋后现代译论

他(2005b:234)后来还简单地将翻译史划分为如下三个时期:

(1) 古典主义的时期:从古希腊的西塞罗一直到1840年代;
(2) 现代主义的时期:从1840年代直到1940年代(第二次世界大战结束);
(3) 后现代主义时期:从1950年代—1960年代直到现在。

斯坦纳(Steiner 1975/2001)则主张将后现代主义时期(或当代译论时期)分为两个阶段:第二次世界大战后至1970年代;1970年代至今。这就有了四个时期的划分法。

廖七一(2010:3)则合并了谭载喜的前四个时期,将它们统称为"古典译论时期",随后两期与谭载喜相同,也与刘宓庆的分法相同,从而大大简化了翻译历史。而本书在表 1-1 基于交际三环节提出的"三个中心论"正好与这三个时期大致吻合：

1）作者中心论大致对应于古典主义时期；
2）文本中心论大致对应于现代主义时期；
3）译者中心论大致对应后现代主义时期。

谭载喜的前五个时期、刘宓庆的前四次高潮，以及廖七一的第一时期，可大致归属于表 1-1 的第一栏，即基于语文学的"作者中心论"。20 世纪初至 20 世纪 60 年代语言学界主要盛行结构主义语言学理论，这个时期的译界以基于现代语言学派的"文本中心论"为主流，即表 1-1 的第二栏，大致对应于谭载喜的第五阶段。

表 1-1 第三栏为"读者中心论"，它是后现代哲学理论的产物，包括译界所说的"跨文化交际译学""社会符号学""文化学和哲学研究范式"中主要内容，将注意焦点从作者和文本转到了接受者和文化身上，包括"译者中心论""文化派""解构派""后殖民派""女权派""目的派"等。

另外，吕俊、侯向群（2006）主张可将译学研究史划分为三个阶段：

（1）语文学研究阶段；
（2）现代语言学阶段；
（3）解构主义等阶段。

本书所论述的"三个中心"也正好与这三个阶段对应，即作者中心论大致对应于语文学时期；文本中心论基本对应于结构主义语言学时期；读者中心论则属于解构主义时期。

可见，用交际的三个环节（或三个中心）来论述译学简史基本合理，简明扼要，可较为清晰地解释人们对翻译理论与实践大致所走过的历程。

3. 三中心论与翻译批评

对文学作品的评头论足促成了"文学批评"这一学科的出场；基于对文学翻译作品的评论建构起"文学翻译批评"；若沿其思路拓展而言，评论一切翻译作品的学科就应称之为"翻译批评（学）"。国外很多学者（Wilss 1982；Newmark 1988/2001 等）就对该学科发表了很多见解，特别是莱斯（Reiss 1971）出版了德语版的《翻译批评》一书，2000 年的英语版书名为《翻译批评——潜力与限制》(*Translation Criticism：The Potentials and Limitations*)，正式确立了该学科的地位。

我国学者也敏锐地认识到这一译学动向,很快认识到这一新的学科方向。杨自俭(1994)在选编《翻译新论》时就对书中所收 54 篇翻译论文写过评述,可视为我国翻译批评之萌芽。此后姜治文、文军(1999)的《翻译批评论》、谢天振(1999)的《译介学》、许钧(2001,2003)的《文学翻译的理论与实践》和《翻译论》,杨晓蓉(2005)的《翻译批评导论》,王宏印(2006)的《文学翻译批评论稿》等,他们的研究基本确立了我国"翻译批评(学)"的学科地位。

王宏印(2006:33—36)主张将西方翻译批评简史分为三个阶段:

1) 语文学的批评传统(Philologist Criticism);
2) 结构主义批评传统(Structuralist Criticism);
3) 解构主义批评传统(Deconstructionist Criticism)

第一阶段的翻译批评研究缺乏系统的理论(包括现代文艺学和语言学)指导,忽视理论建构和规律概括,主要以原作者和源文本为基础,以译文正误的多寡来判断其质量,且依据原作者风格来考量译者风格,围绕"直译 vs 意译"展开了旷日持久的争论,忽视译者的主观能动性地位。

第二阶段主要基于结构主义语言学(且融合了那个时代其他显学,如信息论、文艺学、符号学、语言哲学理想学派)来建构译学理论,关注语言系统内部的科学性,分析源文本和译文本的客观特征,探索语言结构在各层次上(语音、词汇、句子、段落、语篇)的对应和等值规律,论述跨语系之间的可译性。

第三阶段主要基于后现代哲学中的解构主义,以"解构基础、批判传统、颠覆形上、抵制中心、破坏理性、反对二元"为基本原则,大力倡导多元混合,消解以"作者、文本、语言"为主旨的翻译观,力主以"译者、文化、多义"为基本出发点,提出了"归化 vs 异化"的翻译策略,倡导后殖民的、反男性的翻译批评,似乎使得不可译论获得了理论上的支撑。

这三个阶段基本对应于上述刘宓庆、廖七一、斯坦纳、吕俊等对翻译历史阶段的划分,因此,我们依据交际环节所论述的三中心论也顺理成章地对应于翻译批评的三个阶段。

第七节 结 语

翻译界之所以出现如此多的转向,正说明翻译学边缘于很多学科,融汇了多国学者的观点和理论,渗透了多元化的跨学科领域,杂合了语言内和语言外的众多要素。真可谓"横看成岭侧成峰,远近高低各不同"。在此百花园中,翻译理论家们就像蜜蜂一样,在不同的空间和时间,从不同的视角来采集不同的养分,建构各异的思辨取向,从而形成了译论家族中百家争鸣的大好局面。

此时,我们油然而生四大洋"后浪推前浪"之感,真可谓一个时代必有一个时代的英雄,也必有其辉煌的理论。唯理论和结构主义结束了"作者独白"的时代,摆脱了经验论和传统形而上哲学理论的窠臼,开启了强调作品本身的"文本独白"时代;后现代思潮又打破了文本中心论,开启了"读者独白"(或"读者对话")的新时代;21世纪出现的"认知转向",将唯物史观、认知科学、后现代哲学融入译论研究之中,又为我们打开了理论探索的一个全新视角。我们情不自禁地要为这些敢于创新的笔坛勇士们喝彩,他们不断翻新"中心",更替"独白",提出"转向",令我们大有眼花缭乱、学不胜学之感。

此时此刻,笔者禁不住发出"独者,毒也"之叹。为何非得坚守"一家独白"之传统思路,不妨来个"眼观东西南北,耳听四面八方",中国古人早有"兼听则明,偏听则暗"的箴言,也有"中庸之道"的处世哲学,正好可用以纠偏这三种独白的弊端。"独",不可取,是一种"毒"也,成了毒害全面理解和正确翻译的麻醉剂,是"一叶障目,不见泰山"的催化液,也是消解"圆满通融、全面兼顾"的避雷针。

我们知道,"二元论"(Dualism)一直是西方形而上哲学的基础,可谓源远流长。后现代哲学家对其作出了深刻的批判,第一章表1-1基于人类交际三环节"作者、文本、读者",按照历史发展顺序分析了西方学者常强调其中的某一环节,将它们视为不可通约地对立起来,从而形成了理论思辨中的硬伤,未能基于"对立统一"(the Unity of the Opposite)的辩证立场来通盘考虑,兼收并蓄,不免会给译界留下不少后遗症。其实,交际的三环节是一个"有机连续体"(Organic Continuum),作者依据自己的体认观写出各类文本,就是为了供读者去学习和享用,这三者相互依存,不可分离,绝不能将它们中的某一点过分放大而无视其他赖以存在的必要条件。

有道是,天下事,分久必合,合久必分。这似乎也适用于译论研究。分开太久的"读者中心、文本中心、读者中心"三个中心独立运作的翻译理论,该是对其进行深刻反思的时候了。这种研究思路虽为我们提供了很多养分,构成学界不可或缺的文化遗产,但这种重"分"轻"合",无视有机哲学的研究范式必然会留下诸多缺憾,也正是新世纪到来之际志士同仁们所面临的任务之一,也为我们未来的理论思辨提供了基本出发点。这也完全符合人类沿着

"否定之否定"历史轨迹前行的规律,当取"居间性、多元化"的立场,三者之中主要是一种亦此亦彼、你中有我、我中有你、同生共存的关系,呼唤用"合"的综观法来重新思量过往理论,永远行进在"继往开来,与时俱进"的旅途之中。

潘文国(2009)认为,一个学科的生命力在于它的"问题"意识,善于不断地发现问题、解决问题的过程,就是学科发展的实际过程。如果一个学科总在一些老问题上兜圈子,而老问题又永远得不到解决,这个学科的热闹只能是假象,而那些所谓"问题"也往往不是真问题,只是些伪问题。上述三个中心在译界延续了两千多年,虽各有所长,但其"独"难免片面。为能有效地解决这类"独"和"毒"留下的缺陷,我们基于体验哲学、CL 和体认语言学拟构了"体认翻译学",仅作一点小小的尝试而已。在译论的汪洋大海中,我仅取其一瓢,权作解渴之补,以飨后人。若能真的对后人有所启发,笔者亦感心满意足!

第四章　体认翻译学的理论基础与权宜定义

笔者拟将翻译视为一种体认活动,这便是体认翻译学的基本出发点。本章简述了该新兴学科的理论基础和研究简史,且基于后现代哲学、认知科学、CL和体认语言学,在反思过往译论之不足的基础上尝试为其下一权宜性定义。笔者将两套体认语言学的核心原则"现实—认知—语言"进行关联和对比,强调翻译不仅是语言层面的转换,更要揭示语言表达背后的认知方式和互动体验层面上的同异转化,以能解释翻译之本质。笔者还在体认翻译学的框架中论述了翻译的一般步骤"理解、映射、创仿、转述"。

第一节　体认翻译学的理论基础

谭载喜(1988)曾把翻译学界定为"多边缘交叉性学科"。刘宓庆(1990)强调指出"翻译并不是封闭型而是一门开放型的、综合性很强的学科"。萧立明(2001:i)则称呼其是"一门杂学",且认为这是对翻译性质言简意赅的概括。笔者认为,"杂学",它更为通俗,是"综合"的代名词,这意味着,翻译不论从理论研究上来说还是从实践操作上来讲,必然要旁涉很多其他学科。

希基(Hickey 1998/2001)在《语用学与翻译》(*The Pragmatics of Translation*)一书的"Introduction"中曾说,翻译研究与"符号学、语言学、篇章学、词汇学、社会学、文化学、心理学"等密切相关。刘宓庆(2005b:xxv)指出:

翻译学的特点是金字塔形,它本身的道理并没有多少,全靠外围学科(一个学科矩阵)为之提供:(1)理论思想;(2)机制分析;(3)结构配置;(4)对策设计;(5)方法描写;(6)效果测定和评估(预设)等等。没有外围学科的支持,它本身——不客气地说,成不了气候。所以,整合研究对于翻译学特别重要。

杨晓荣(2005:vii)也认为:

> 由于翻译活动的复杂性,许多学科的理论途径都可以应用于翻译研究。

这就是说,翻译研究常旁涉多种学科,或者说西方翻译理论有多种来源,它们包括"哲学、语言学、文学研究、历史、社会学、(文化)人类学、符号学、心理学、传播学、认知科学、经济学"等。体认翻译学也与这些学科密切相关,本书主要论述其三个主要理论来源。

1. 马列主义唯物论

马克思(K. Marx 1818—1883)和恩格斯(F. Engels 1820—1895)批判地吸取德国古典哲学,批判了黑格尔(Hegel 1770—1831)唯心论哲学体系,吸取了他的辩证法中有关"联系、发展、矛盾"的思想,批判地继承了费尔巴哈(Feuerbach 1804—1872)哲学中唯物主义的基本内核,在总结自然科学、社会科学和思维科学的基础上创立了一整套系统的科学理论体系,主要包括三部分:

1) 马克思主义政治经济学;
2) 辩证唯物主义和历史唯物主义;
3) 科学社会主义。

马克思于19世纪40年代初,反思了黑格尔的《法哲学原理》和《精神现象学》,1845年春在《关于费尔巴哈的提纲》中提出了辩证唯物观,1847年的《哲学的贫困》和1848年的《共产党宣言》则标志着马恩科学世界观的正式问世。列宁于19世纪末20世纪初在与机会主义和修正主义思潮的斗争中,继续批判了唯心主义和形而上学,进一步阐释了马克思在《资本论》中论述的观点,发展了辩证唯物论的许多原理,丰富和发展了马恩哲学。

我们知道,"存在 vs 思维"之间的关系是哲学的核心问题;凡是认为前者决定后者,即物质具有第一性、意识具有第二性,世界统一于物质的哲学派别属于唯物论阵营;凡是认为后者决定前者,即意识具有第一性、物质具有第二性,世界统一于意识的哲学派别属于唯心论阵营;辩证唯物论实现了唯物论和辩证法的有机结合,建立了科学的实践观,系统地论证了世界的物质统一性,较好地解决了哲学的这一核心问题。恩格斯说:

> 世界的真正的统一性是在于它的物质性。①

物质是基础,意识是派生;前者是后者的基础,后者是前者的高度发展,两者具有对立统一性。在统一的物质世界中原本没有意识,物质和意识的对立产生于人类的实践,它们的统一又在实践中得以升华。

我们知道,辩证法包含三条重要规律:

1) 对立统一的规律;
2) 质量互变的规律;
3) 否定之否定规律。

在统一的物质世界中万事万物都具有普遍联系,统一体内包含多对两个互相对立的要素,它们相互制约、相互作用,且处在永恒的运动、变化和发展之中,这成为事物发展的根本原因。人们在此基础上形成范畴,它是认识客观世界的基本环节,可帮助人们从事物的不同侧面来分析事物的矛盾,诸如:

物质 vs 意识、	运动 vs 静止、	时间 vs 空间、
斗争 vs 统一、	质量 vs 数量、	肯定 vs 否定、
原因 vs 结果、	内容 vs 形式、	本质 vs 现象、
必然性 vs 偶然性、	可能性 vs 现实性	

等范畴,都具有对立统一性。

"实践"是马列辩证唯物主义认识论之首要。人类的生存和发展不能完全直接从客观世界中获得,必须在改造客观世界的认识活动中才能满足生活的需要,因此必须进行社会实践。为了能成功地改造世界,就必须正确认识世界;反之,只有通过改造客观事物的社会活动,人们才能充分认识到被隐藏在事物表象之下的本质。认识产生于实践,而实践又是认识的最终目的。就这样,人们不断从感性认识能动地发展到理性认识,又以理性认识能动地指导革命实践,改造主观世界和客观世界。"实践、认识、再实践、再认识"这一过程循环往复,以至无穷,渐趋完善,这就是辩证唯物论的认识论,也是辩证唯物论的知行统一观(参见《毛泽东选集》第1卷,第296—297页)。

---

① 《马克思恩格斯选集》第三卷,北京:人民出版社,2012年,第83页。

马列还认为,意识和思维的存在形式是语言,而语言的外壳则是由物质——空气震动而产生的声音。意识不能离开物质而独立存在,也不能离开语言而存在,即斯大林所说的:

> 没有赤裸裸的思维。

语言也具有社会实践性,是人生斗争的武器。据此语言就不像索绪尔所说的那样具有"先验性",也不像乔姆斯基所说的那样具有"天赋性",这两者都是基于唯心论立场建构起来的语言理论。我们主张运用马列主义辩证唯物论,基于"人具有主观能动性"的立场,借鉴雷柯夫和约翰逊的体验哲学来揭示语言的成因:

> 人类是对现实世界进行"互动体验"和"认知加工"的基础上逐步形成了范畴和概念,再用语言文字将其固定下来。

这就是我们体认团队近年来所论述的语言体认性。对语言的这一全新认识也完全适用于翻译的理论建构和实践运作。

2. 体验哲学、认知语言学和体认语言学

乔姆斯基虽于20世纪中叶开辟了从"认知"角度研究语言的先河,但他坚守笛卡尔的天赋观,结合时下流行的形式主义研究方法,建构了具有"天赋观、普遍观、自治观、模块观、形式观"等客观主义特征的TG理论。20世纪80年代所形成的CL是对索氏和乔氏两场革命的又一场革命,针锋相对地提出了语言的"体验观、差异论、依存观、单层论、非形式化"的研究进路(王寅 2011:§3),沿着乔氏从认知角度研究语言的思路,但提出了与他完全相反的假设。

雷柯夫和约翰逊在对传统的经验论和唯理论批判的基础上,提出了著名的"体验哲学"(Embodied Philosophy),他们(1980:195)指出:我们能得到关于世界的绝对的、无条件的真理,这一观点是西方传统哲学的基石,这种观点在经验论和唯理论中十分盛行,其间的区别仅在于如何解释获得这种绝对真理的方法(这属于可知论,与不可知论相对)。对于经验论者来说,经验是人的一切知识或观念的唯一来源,也就是说我们关于世界的全部知识是来自我们的感知;对于唯理论者来说,只有先天具有的推理能力能给我们提供关于真实世界的知识,毛泽东于1937年在《实践论》中也批判过这两种理论。

体验哲学将经验论和唯理论统称为客观主义理论，并对其进行了严厉批判，形成了对西方传统思想的挑战，对哲学、认知科学以及 CL 产生了深远的影响，成为第一代和第二代认知科学的分水岭，同时也是 CL 的哲学基础。

我们体认团队曾基于雷柯夫和约翰逊的基本思想提出了具有本土化性质的"体认语言学"，认为语言是人们基于对现实世界进行"互动体验"和"认知加工"之上形成的。近来我们将括号中的八个字归结为"体认"，汉语中正好有这个词组，意为：体察和认识。这就是我们所大力倡导的"语言体认观"，其中既有客观因素（互动体验），又有主观因素（认知加工）。据此，人类的思想、知识、语言、意义等既有部分客观性，此时"互动体验"起到较多的作用；也有部分主观性，主要是由"认知加工"引起的。这也完全适用于解释翻译现象，建构翻译理论。

传统哲学理论和索绪尔结构主义认为语义具有确定性，这显然与事实不符；但后现代哲学家将意义说成是"完全不确定的"，本质上具有模糊性，符号本身没有意义，意义是由人赋予符号的，这也难以为学界所完全接受。持后现代译论的学者还将这一立场表述成"爱怎么理解就怎么理解，爱怎么翻译就怎么翻译"，这显然是言辞过激，表述有误，将问题导向了另一个极端。试问，哪一部作品的翻译照此行事了？倘若如此，他就不是在做翻译的营生，而是直接冠之以"原创作者"即可。倘若将这一口号搬进我们的外语课堂教学，付诸实践，这翻译课还怎么个上法？我们所倡导的"体认观"可有效解决上述两种观点之缺失。现将该观点归结为下一表达式：

　　　　　现实—认知—语言

它可分别从两个不同方向做出如下解读：

　　1）从左向右：现实决定认知，认知决定语言；
　　2）从右向左：语言影响认知，认知影响现实。

第一种解读充分体现马列主义"物质决定精神"的唯物论；第二种解读蕴含了"沃尔夫和萨丕尔假设"（Whorf-Sapir Hypothesis）的弱式观，语言影响人类的思想和对现实的认识。

语言和文本都是来自人们对现实世界的"体认"，这就是说，只有通过"身体经验"才能形成人类的基本概念，由"认知加工"（特别是隐喻和转喻）再逐步形成抽象概念，人类的知识主要就是由这两部分组成的，这就类似于传统上所说的"感性知识"和"理性知识"。

从表1-1可见,传统经验论和语言本体论分别从作者角度和文本角度来强调意义和理解的客观性,企图排除接受者的主观能动性,过于刻板,无视读者主体的作用。照此说来,所有读者对同一文本就该有一个相同的解读,可事实远非如此。因为只要涉及到人和语言交际,就必然会涉及到人的主观识解(Construe,Construal)(详见第十一和十二章),翻译过程中必须兼顾译者的主观性,无可非议!而解构论者又过于强调人的主观性,忽视作者和文本的根基性作用,这与事实不符。

正如本书前言所说,翻译理论主要可分为:语言学派和文艺学派,特别是前者,它自20世纪以来,一直在翻译研究中发挥着主导作用,正如方梦之(2010)所指出的:

> 语言学始终是翻译研究发展的一条主线,虽然翻译研究与众多学科都有联系。语言学是翻译研究的最重要、最紧密的交叉学科。它对意义的理解、翻译转换过程中译出语的把握,信息转换、译入语生成以至翻译技巧的养成均有理论意义和实践意义。

值得我们密切注意的是,20世纪末语言学界在全世界范围内刮起了一股"认知转向"的风潮,自乔姆斯基将语言引向认知方向之后,CL又紧随其后,如火如荼,蓬勃发展,成为语言学理论的最前沿阵地。我国各高校纷纷开设这门课程,各期刊大量刊登此类论文,各级科研项目给予优先考虑。四川外国语大学体认团队反应迅速,及时抓住机遇,奉行"传承和发展"的科研思路,为我国普及和提升该学科做出了一定的贡献。

我们所提出的"语言体认观"亦已得到大多学者的支持和响应,基于此观点所总结出的十数种基本体认方式——互动体验、意向图式、范畴化、概念化、认知模型(包括:认知模型、理想化认知模型、事件域认知模型,可分别简称为:CM、ICM、ECM)、概念整合、识解(包括五个要素:详略度、辖域、背景、视角、突显)、隐喻转喻、关联等——尝试运用它们来统一分析语言各层面(王寅2007:14)。

由于语言学对翻译学具有指导性意义,因此语言学界的这一最前沿理论必然要影响到翻译学界。若能有效地运用CL的核心原则来对比两语言之间的异同,发现其背后的认知机制,这将大大有利于我们从认知角度进行语言比较和对比研究,也能更加深刻地认识翻译过程。

将CL和体认语言学的基本原理引入译学,自然就有了"翻译是一种体认活动"的定义,因为翻译过程充分体现了译者兼作者和读者的体认方式,而CL和体认语言学意在揭示人类的基本体认能力和方式,这对于解读翻译过程无疑是一剂良药妙方,必将有助于深刻认识翻译的本质和技巧。因此,如下一说法不会为过:对体认能力和方式的研究将在体认翻译研究中最为重要。

图 1.1 和表 1-1 表明,处于下方的体验哲学、CL 和体认语言学不仅批判了哲学上的经验论和唯理论,同时也批判了后现代哲学中的极端观点。体认翻译学就是在这一理论基础之上形成的,它可视为 CL、体认语言学和翻译学的一个边缘学科,从大类上来说,也可直接划归于语言认知研究的一个分支学科。

3. 认知科学

蒙代(Munday 2001/2010:183)指出:

> In the study of the process of translating and interpreting, psychology and cognitive sciences also play a leaning role. (在研究口笔译的过程中,心理学和认知科学也发挥着核心作用。)

认知科学主要探讨大脑奥秘、思维规则、认知过程、人工智能等,其内部还可细分出"第一代认知科学"(First-generation Cognitive Science)和"第二代认知科学"(Second-generation Cognitive Science):前者属于客观主义哲学;后者属于非客观主义哲学(王寅 2002,2007:16)。学界将心理学视为认知科学的一个重要组成分支,国内外亦有很多学者尝试从心理学角度论述了翻译学(详见颜林海 2008;谭业升 2012:12),探索人类感觉、知觉、记忆等系统,以及表征、注意、推理、认知加工系统和模式、语言意识、心理词库、问题解决等在翻译过程中所起到的作用。

当前,国内外翻译界所热衷的"翻译过程"(Translation Process 或 translating)研究,就借用了认知科学中的若干方法和成果,如:

1) 记忆结构(Memory Structure);
2) 信息储存(Information Storage);
3) 概念表征(Conceptual Representation);
4) 检索与加工(Retrieval & Processing);
5) 认知参数与维度(Cognitive Parameter & Dimension);
6) 运作框架(Operational Frame);

7）心智模型（Mental Model）；

8）元认知（Metacognition）；

9）联通论（Connectionism）；

10）出声思维法（Think Aloud Protocol）；

11）表征层次（Representation Level）

等。翻译界还借用认知科学中若干实验方法来研究翻译过程，如：

1）眼动跟踪实验（Eye Tracking）；

2）事件相关定位（ERP）；

3）正电子断层扫描（PET）；

4）功能性磁共振成像（fMRI）；

5）神经成像技术（Neuroimaging）；

6）口头报告法（Verbal Reports）；

7）按键记录（Keystroke Logging）；

8）词句翻译反应时（Lexical-sentence）

等（Hansen 1999，Tirkkonen-Condit & Jääskeläinen 2000；Alevs 2003）。

汉森（Hansen 2010）还认为，在翻译过程的研究中还应当倡导"整体描写法"（Integrative/Holistic Description），将"经验科学"（数据调查）与"文科研究"紧密结合起来，这与马丁（Martin）的观点和祝朝伟（2018）的观点（科技与人文的融合始终是时代发展的方向）相吻合。"整体、综观、多元"应是当今学术研究的一个主要潮流，大多学者已不再坚守一家之言，而更倾向于综合各家之长，以补各派之不足。体认翻译学也是循此思路建构而成。从第一章表1-1最下一行可见，体认翻译学主张兼顾三个中心，而否定偏守一方的立场，"兼听则明"完全适用于此。

第二节 认知翻译研究简史

1. 认知关联论

学界一般将斯珀波和威尔逊（Sperber & Wilson 1986）所倡导的"关联论"（Relevance Theory）视为 CL 的一个分支，因此威尔逊的学生格尤特（Gutt 1991/2004）所出版的《翻译和关联——认知和语境》（*Translation and Relevence*: *Cognition and Context*),率先将关联理论引入到译学研究,也可视为体认翻译学的先声。他(1991, cf Hatim & Munday 2004/2010:57)指出:

> ... a cognitive activity taken to be central to any act of communication and thus crucial in any act of reading or translation. (认知活动处于任何交际行为的中心,因此对于阅读和翻译行为至关紧要。)

格尤特于 1998 年在希基主编的论文集中以 "Pragmatic Aspects of Translation:Some Relevance-Theory Observations" 为题再次撰文,以关联理论为基础论述了何为翻译,以及翻译中语篇意义的调变问题。

奈达和塔布(Nida & Taber 1969/2003)、斯坦纳(1975/2001)、威尔斯(Wilss 1977/2001)、哈特姆和梅森(Hatim & Mason 1990/2001)、贝尔(Bell 2001)等都认为"翻译是交际"(Translation is communication),格尤特进而认为翻译是一种言语交际行为,可从语境和推理的视角来研究翻译。因此,翻译过程可视为一种与人脑认知机制紧密相连的"推理过程"(Inferential Process),翻译不仅是个语码转换问题,更重要的是"根据动态的语境进行动态的推理"的认知过程,而推理所依据的便是"关联性"。作为言语交际的翻译,译者在翻译过程中不断择用词语与句型所依据的认知方式便是"认知语境、关联性、推理",这对于翻译同样具有较大的解释力。格尤特基于斯珀波和威尔逊的"认知关联论"提出了翻译的最佳关联原则和解释相似原则,强调认知语境和主体的交互推理在翻译活动中的作用。这样,翻译完全可被视为关联论所自然衍生的产物,他倡导从认知(推理)的角度解释翻译过程。因此,体认翻译学可追根求源到 20 世纪 90 年代。

2. 认知取向与翻译研究

在马丁(R. M. Martin)于 2010 年正式提出"Cognitive Translatology"之前,就有不少学者述及了认知转向与翻译研究的这一议题,1986 年在意大利的里雅斯特(Trieste)的口译大会上就开始从认知角度进行跨学科的研究(参见仲伟合 2009),斯奈尔—霍恩比(Snell-Hornby 1988)和波斯贝尔(J. Boase-Beier 2006)就曾运用了 CL 中的观点来阐述翻译问题。

贝尔(Bell 1991)于 1991 年出版了《翻译与翻译过程——理论与实践》(*Translation and Translating*:*Theory and Practice*),他尝试运用心理语言学和人工智能的成果,从语言学视角探索翻译过程,为翻译研究提供了崭新视角,预示了未来翻译过程研究的认知趋势和广泛前景,为建立新兴的翻译认知心理学迈出了可喜的一步(刘绍龙 2007a)。贝尔的"翻译过程论"研究信息处理,包括知觉、记忆、信息编码和解码,其研究途径为认知心理学和 CL(颜林海 2008:5)。

罗宾逊(Robinson 1991:xi)也述及了一批翻译理论家的观点:

> ... translation is fundamentally a cognitive process governed systematically by abstract structures or normative rules. (翻译,从根本上来说就是一个认知过程,它系统地由抽象结构和标准规则所控制。)

曼代尔布里特(Mandelblit 1995)早在 1995 年就尝试运用 CL 的隐转喻理论来重新解释传统的翻译技巧,尤其对修辞翻译现象。他于 1997 年基于 CL 中"心智空间"(Mental Space)和"概念整合"(Conceptual Blending)批判了客观主义翻译观,进一步从认知角度反思了对等翻译论之缺陷,提出了全新的翻译整合模式。他还探索了 CL 理论应用于机器翻译的可能性。

1995 年美国俄亥俄州肯特州立大学的应用心理学研究中心在 Millersburg 召开了第七届肯特心理学论坛,专题研讨了"口笔译中的认知过程",后由丹恩克斯(J. H. Danks)、斯利夫(G. M. Shreve)、房廷(S. B. Fountain)、麦克庇斯(M. K. Mcbeath)于 1997 年正式出版题为 *Cognitive Process in Translation and Interpreting* 的论文集,书中收集了 16 位学者的成果,他们尝试将认知科学(包括认知心理学)与翻译学结合起来,建构翻译过程的经验模型,聚焦分析译者在理解和翻译时的心智运作机制,从认知角度对翻译过程作出全新识解。

纽布特(Neubert 2000/2012:12)在谈到翻译的转换能力(Transfer Competence)时曾用"心智配备"(Mental Equipment)、"独特的认知集合"(Unique Cognitive Set)来解释,以此严厉批判了翻译研究中关于"语言表面上的等值性"(Surface Linguistic Equivalence)的传统观。他在这一节的末尾指出:

> There is an intricate network between all cognitive components, which it is the task of translation studies to unravel. [(转换策略)包含了全部认知要素的复杂网络,这才是翻译研究所要解释的任务。]

这一对翻译的转换能力的论述有力地推动着翻译的认知转向。

芬兰学者迦克莱任(R. Jääskeläinen 2000)是研究翻译过程的主要成员,他认为,翻译研究传统上聚焦于文本、语言和文化,并不关注人类的心智运作,这导致对翻译过程的研究缺乏解释力。因此他认为,翻译过程的认知研究必将有助于建构切实可行的理论,提出可供测试的假设。

波斯贝尔(J. Boase-Beier 2006:71)于 2003 年就信心百倍地声称:

> There is a cognitive turn in translation studies.(翻译研究中出现了认知转向。)

且列述了三类例证:

1) 克林斯(Krings 1986)提出的出声思维研究,乔纳森(Jonasson 1998)以及收录于特肯纳—孔迪特和迦克莱任(Tirkkonen-Condit & Jääskeläinen 2000)论文集中的文章。

2) 聚焦于研究译者兼读者的认知过程,如威尔斯(Wilss 1996)、波斯贝尔(Boase-Beier 2004)等。

3) 研究翻译中的一般认知观点,如格尤特(Gutt 1991)、塔巴库斯卡(Tabakowska 1993)、塞顿(Setton 1999)等。

英国学者波斯贝尔(J. Boase-Beier 2006:71—110)在《翻译文体学研究》(*Stylistic Approaches to Translation*)第四章以"文体学的认知转向和翻译学"为题,较为详细地从六个方面论述了认知文体学对翻译的影响(详见该书第 74—75 页)。她还运用了诸如"突显、隐喻、像似性、心智转换"等认知机制来阐释翻译现象,而这些都是 CL 中的基本内容。该书第 73 页引用了费什(Fish 1980:66)的一句话:

> Reading was seen as a process which "transforms mind".(阅读被视为"转换心智"的过程。)

这便是翻译认知转向的重要证据。

英国学者斯奈尔—霍恩比(Snell-Hornby 1990)不仅率先提出"文化转向"这一概念,还在 1988 年出版的《翻译研究——综合法》(*Translation Studies: An Integrated Approach*)中尝试运用"范畴化、原型、视角、隐喻、框架"等来论述翻译与文化的关系。

阿根廷学者拜厄通(Bertone 2006)于 2006 年出版了《巴别塔隐蔽的一面——通过同声传译揭开认知、智力和感知的面纱》(*The Hidden Side of Babel: Unveiling Cognition, Intelligence and Sense Through Simultaneous Interpretation*)一书,通过分析同声传译来揭示人类语言的认知运作机制,以期能为口译研究指出一个全新的认知取向。作者从国际会议实时传译中收集了若干具体例子,尝试揭示潜存于口译活动背后的感知、智力以及认知的机制,因为它们常常被隐藏在巴别塔的另一面。

时至 2010 年,斯列夫和安捷隆(G. M. Shreve & E. Angelone)出版了论文集《翻译与认知》(*Translation and Cognition*),书中收集了 15 位学者的论文,可以分成三个类型:

  1) 研究方法的创新;
  2) 研究设计和议题;
  3) 翻译过程研究和认知科学的结合。

这使得学界从 CL 的角度建构翻译理论有了一个更新的认识,树立了更大的信心。特别是在本书中马丁(R. M. Martin 2010:169—188)正式提出了"Cognitive Translatology"这一术语,从而使得"翻译的认知转向"正式成为一门"认知翻译学"的新学科,也为体认翻译学的出场奠定了理论基础。

2009 年在澳大利亚墨尔本的 Monash 大学召开了口笔译国际联合会(the International Association for Translation and Interpreting Studies,简称 IATIS)第三次大会,后于 2011 年由奥—布利安(O'Brien 2011)主编出版了题为《翻译的认知探索》(*Cognitive Explorations of Translation*)的论文集,书中收集了十位学者的论文,堪称《认知与翻译》的姊妹篇,将认知科学所倡导的新技术工具应用于传统翻译问题的大成之作,用具体数据来解读翻译过程,详见王艳滨于 2013 年发表在《外语教学与研究》第 3 期上的介绍和评述。

国内也有很多学者从 CL 角度论述了翻译的理论与实践议题[详见谭业升(2012:14—15)]。笔者曾分别于 2000、2005、2006、2008、2012、2013、2014 在《中国翻译》《外语教学与研究》《外语与外语教学》等期刊上发表了近十篇这方面的文章,其中有好几篇还被中国人民大学书报资料中心、高等学校文科学术文摘以及其他论文集所转载和收录,算是在国内尝试进行这种跨学科研究的探索者。我们也十分高兴地读到谭业升于 2012 年所出版的题为《认知翻译探索:创造性翻译对认知路径与认知制约》专著,他依据 CL 的基本原理专题论述了"创造性翻译"的理论基础,分析了此类活动的多元化认知路径、认知策略和制约,以及统辖性的认知原则,有力地推动了国内认知翻译学的发展和壮大。

第三节 体认翻译学的权宜定义

1. 概述

只要学过一段时间外语,谁都能"翻译",只是水平高低不等而已,但要说到为其下一个令大家都能接受的定义,那就要另当别论了;一旦深入下来静心思考,会有"越想越难"的感觉,不禁为为自己昔日的误解而惴惴不安,翻译的定义颇费周折。

奈达和塔布(Nida & Taber 1969/2003:12)认为翻译就是从语义到文体在译入语中用最近似的自然对等值再现译出语的信息。卡特福特(Catford 1965:1,20)也有类似的说法,认为翻译是对语言的运作,用一种等值的语言文本材料去替换另一种言(译出语)文本材料。威尔斯(Wilss 1977/2001)与他们的观点相当,从一篇书面的原话语译成一个在最大程度上与之相对等的译入语话语。苏联翻译理论家,翻译的语言学流派(与之相对的是文艺学流派)代表人物巴尔胡达罗夫(Barkhudarov 1894—1983)则指出,翻译就是把一个语言的话语在保持其内容意义不变的情况下(即等值)改变成另外一种语言的话语的过程。

法国著名的口译专家,"释义理论"(Interpretative Thoery)的创始人塞莱斯科维奇(Seleskovitch 1921—2001)认为翻译就是释意。口译人员在听到每分钟180个词的语句时,他不可能同时记住它们,而只能记住相对独立于语言形式之外的交际意义和思想。语义形式在记忆中保存时间较短,而其所表达的意义却能在记忆中保存较长的时间。

马丁(Martin 2010:169)虽提出了"认知翻译学"这门学科,但认为当前该学科尚处于前范式阶段,尚未建成可被普遍接受的理论框架,且也没有为该学科下过一个适宜的定义,以供学界参考。他在文中仅呼吁同仁们需要继续朝此方向努力,为该学科的成功建立添砖加瓦。

笔者受其启发,尝试在以往论述的基础上,运用体认原则来论述体认翻译学的权宜性定义和一些具体实践方法。

2. 权宜定义

体认语言学认为,我们的思想、认知、理解、语言等既不是纯粹来自客观经验,也不是纯粹来自理性思辨,而是以我们对客观世界的"互动体验"和"认知加工"为基础的。因此,上文提出的"体认观"也可有效弥补学界"三种独白(即作者独白、文本独白、读者独白)"之偏向,认为孤立地从交际三环节摘其一来分析理解和意义,妄谈翻译,是不完整的,犯了"一叶障目,不见泰山"之误。因此,在翻译过程中既要考虑作者,也要读好作品,又需兼顾读者,只有将交际过程的三环节有机地整合为一体,才能做出统一分析和综合处理,建立起"解释的合理性"模式。

翻译活动也应如此,不必聚焦于交际的某一环节,应兼顾三环节,当倡导多重互动,整合从作者到文本再到读者的"三位一体"式的翻译模式,努力处理好几者之间的互动关系,这样才能更好地认识作者、理解作品、译好文本。这便是"兼听则明"的真谛!当然,更准确地表述应是"兼思则明"。这样,就能有效地约束后现代译论的"放纵理解"和"任意发挥",也可弥补三种独白留下的难题。另外,对待不同性质的文本也不必一视同仁,可有各种不同的侧重,这也是体认翻译学所倡导的一种取向。

一言以蔽之,"三个中心"或"三个独白"各有偏差,走了极端,不足取。我们基于体认原则于 2005 年提出了认知翻译观,后经过 2008 年的后续思考,于 2012 年正式接受了国外学者所用术语,将其直接冠以"认知翻译学"。近来,我们(2014)拟将 CL 本土化为"体认语言学",据此就可将"认知翻译学"修补为"体认翻译学",且尝试为其做出了如下权宜性定义:

<u>翻译</u>是一种特殊的、<u>多重互动</u>的体认活动,译者在透彻理解源<u>文语篇</u>所表达的有关<u>现实世界</u>和<u>认知世界</u>中<u>各类意义</u>的基础上,运用多种<u>体认方式</u>(如感知觉、意象图式、范畴化与概念化、认知模型、隐转喻、概念整合、识解等)将其<u>映射</u>进译入语,再用<u>创造性模仿</u>机制将其建构和转述出来。

在这一定义中含有 8 个关键词(下画线的词语):多重互动、体认方式、现实世界、认知世界、各类意义、语篇、映射、创造性模仿等,笔者在本书中将分别论述这几个关键词语,且用前 7 个来解释翻译研究中的"创造性模仿"。"模仿"可通过"体","创造性"可通过"认"来作出合理解释。从而可有机地将体认语言学的基本观点与翻译理论和实践、语言中的主客观性等论题有机地

结合起来,以形成一门较为统一的翻译理论分支学科。

下文主要论述"映射"及其与"创造性模仿"的关系。

(1) 解读"映射"

上述定义中最后提及到 CL 和体认语言学中的一个常用关键词"映射"(Project, Map),且用下画线以示重要。该词原本含"照射"之义,最初是数学中的一个术语,作动词时指两个元素之间形成了相互"对应"的关联;汉语中该词也可用作名词,指"因此动作而出现的对应关系",突显结果。该术语后来出现在很多人文学科中,如"认知心理学、逻辑学、转换生成语言学、CL、网络通讯学"等领域。本书中主要用其来指:基于一种语言所形成的概念或思想,被映射到另一语言使用者的心智之中的过程和结果。在译界首用此术语的可能是图里(Toury 1995:77),他说:

> ...a mapping of the TT onto the ST which yields a series of coupled pairs. (从目标文本映射入源文本,产生一系列的配偶对。)

我们拟将 CL 中的"映射"引入体认翻译学,用以论述翻译过程中主要涉及以下两种核心策略:

1) 两套核心原则
2) 创造性的模仿

现分述如下。

(2) 两套核心原则

体认语言学的"核心原则"就是上文所述的"现实—认知—语言",可进一步概括为"体认性"。"体"是指对"现实"的互动体验,具有较多的客观性;"认"对应于核心原则中的"认知",则具有较多的主观性。"体认"具有一定的普遍意义,强调语言来源于"现实"和"认知"这两个关键要素,它适用于解释世界上所有不同自然语言的成因(详见王寅 2007,2011,2014)。我们认为,在语言对比和翻译时也涉及两套核心原则的对应交互关系,即:

图 4.1

若以汉英互译为例,在中国和讲英语国家的自然环境、物理规律、社会结构等若干现实层面上存在基本相同或相似的现象,因为我们同住在一个地球村中。但是不同民族,风俗习惯有所不同,所面对的生存环境也有一定、甚至较大的差异,特别是社会制度和人文环境,因此在图4.1中的两"现实"之间用黑色的实线来表示(我国与英语国家在现实世界中还是有所不同的,也可用黑色的虚线表示,但为了与其后语言层次上的虚线形成对比,此处用实线表示)。

正如上文所述,人类的认知层面有较大的主观性,当这类现实环境映射入汉英两民族的认知(即思维)时,就必然会造成一定的,甚至是较大的差异,但也不至于差异到完全无法沟通(因为学者都接受一切语言之间都可互译),这在图4.1中两民族在认知层面上的相同关系用较浅黑色的实线表示,它与现实层面的较黑实线相比,相同的程度较弱。

而到了语言表达层面,两民族的差异则更大,此时用虚线表示。这就是我们(1998)所论述的"滤减像似性"。

说到翻译,传统学者往往多从表面上看问题,认为它就是基于语言符号层面的转换,把一种语言文字的意义用另一种语言文字表达出来(《现代汉语词典》,北京:商务印书馆,2012第6版:357)。在《辞海》(上海:上海辞书出版社,2010第6版:962)也有同样的解释:把一种语言文字的意义用另一种语言文字表达出来。上述的观点可图示如下:

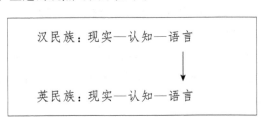

图4.2

显而易见,该观点过分强调语言的表达层面,未能从深层次来认识语言之本质,以及语言之外的众多决定性因素,武断地将翻译工作局限于语言疆界之内,且还基于"译出语中心论"简单地认为信息是单向地从译出语流向译入语,该观点一直盘旋在翻译学界达数百年甚至上千年之久。

而体认语言学认为,语言是体认的产物,只研究语言,而不探索其深层的"体认机制",充其量仅是在做表面文章。语言仅是露出水面的冰山之一角,"体认"便是那沉在水面之下的庞大主体,说出的语言就像那硕大的体认冰山之顶端。当我们进行任何语言活动时,都会无意识地倚仗于那潜在的体认资源,它就像一只看不见的手在掌控着我们的语言表达。正如仲伟合(2009)所言,语言不仅仅是交际的"桥梁",而且还构成了人类对现实世界的认知本身;翻译所转换的不仅仅是不同的表达形式,更是不同的认知世界的视角。

基于体认语言学建立起来的体认翻译学也认为翻译不仅是语言层面的简单转换,更重要的它是一种体认活动,语言转换仅是外在的、表面的,体认运作才是内在的、深层的,因此翻译活动更重要、更基础的是体认层面上的心理运作。这也与杨自俭等(1994)早就述及的观点完全相符:

> 翻译不但是语言活动,而且是心理活动。联系翻译转换过程研究心理机制是翻译学的一项重要任务。

国内外许多学者对于翻译的心理学或翻译的认知心理学研究都以此为基本取向的。国外学者如贝尔(Bell 1991)、丹恩克斯(Danks et al. 1997)等,参见第四章第二节第2点;国内学者如董史良(1988)、刘绍龙(2007a,b)、颜林海(2008)等。

体认语言学认为,语言源自我们与世界的互动体验和认知加工,据此可知,在翻译中必然要触及到语言之后的"认知"和"现实"这两个看不见的,但更为基础的要素,这就是上文所说"语言体认性",即汉民族和英民族基于对自己所在的现实世界进行"互动体验"和"认知加工"之后才分别形成了汉语和英语。在汉英互译时,一方面要考虑到各自民族背后的体认机制,同时还要牵涉到形成体认机制的现实环境,这就是我们在权宜性定义中所说的两个世界——"认知世界"和"现实世界"。要理解语言,必须依赖双方具有相同的对世界的看法(钱冠连 2003);要进行正确的翻译,同样要依赖我们所生活于其中的现实世界。现将这一体认翻译学的新观图示如下:

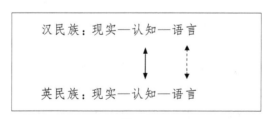

图 4.3

该图较好地体现了"翻译是体认活动"的基本原理。翻译表面上是在处理文字(以虚线示之),实质上是认知层面的运作,这一活动必定要涉及大量的、看不见的心智活动,图中在"认知"之间划成实线,以表示其更为重要。正如王宏(2012:xiv)所指出的,翻译貌似语言转换,其实是两种语言和两种思维方式的碰撞,涉及不同民族历史文化最深层的差异,精神活动的不同感受和表达。本书不妨将这些内容视为"体认"。

从上图可见，这条认知层面的实线不是单向的联系，而是双向的，因为在语言翻译时不仅是从译出语流入译入语，而且后者也会对前者产生一定、甚至是较大的影响。也就是说，"归化"和"异化"这两个过程伴随着整个翻译活动。

所谓翻译，就该考虑"基本出发点"的问题，将其定位于"原作"还是能接受的，这在学界似乎并无多大分歧。高方在访问当代著名作家余华(2014)后在《中国翻译》上所写访谈录的标题为《尊重原著应该是翻译的底线》，可谓道出了大家的心声。当然了，虽说原作是"基本出发点"或"底线"，但也不必视其为唯一的出发点，在底线之内还可有一定的，甚至较大的调整余地。也就是说，译者在尊重原作的基础上还应考虑到译入语的民族精神、意识形态、表达习惯和行文方式。译出语与译入语之间也存在一个互动关系。从上图可见，语言之间也存在双向的影响关系，如我们在用英语和汉语同时写作一篇作品时，常采用两边"迁就"的手法。这种迁就实际上就是"认知"之间的双向映射。如潘文国(2012)曾列述印欧屈折语中的名词常内嵌"性、数、格"等语法意义，动词要体现"人称、数、时、体、态、式"等语法意义；而以孤立语为特征的汉语，其名词和动词不带此类意义，因此在将这类词译为汉语时，常要做"减法"，即把源文中那些对于汉语来说累赘的义素——去掉。反之，则要做"加法"，如汉语中的一个"人"字，是单数还是复数，是阳性还是阴性，颇费斟酌。根据上图我们认为，诸如此类的英汉语言现象，若仅从语言表层来论述其间的转换似乎过于浅显，必须触及这两个民族心智中的体认方式，探索文化背景之差异，从认知角度加以深究才能较好地做出合理解读。同时，通过英汉两语言之间的对比和翻译，深入探索两民族之间的思维规律有何不同，方能实现我国时下大力倡导的"素质教育"之目的。

许渊冲(2012)曾依据四个维度对"直译、意译、新译"三种翻译方法做出较为详细的解读，现笔者以表列出如下：

表 4-1

忠实译法\重	形	意	顺	现实
	忠实源文形式	忠实源文内容	通顺的译文形式	忠实源文所写现实
直译	2	1	3	X
意译	?	1	2	X
新译	3		2	1

注：图中数字表示所给予重要性的次序，"?"表示"不拘泥于源文形式"，"X"表示"不予考虑"。

这一分析方法颇为新颖。

可见,争论了两千多年的"直译 vs 意译"可归结为:语言内部"形式、意义、通顺"的重要性次序上,它们在对待源文意义的立场上是一致的,主要分歧在于如何处理译出语的形式①,但都不考虑其所反映的现实世界。"新译"则别开生面,强调将译文忠实于源文所描述的现实置于首位,这与图 4.1 中所论述的"现实相对应"的原理相通(王寅 2005),而将语言层面的处理置于次要地位,但缺陷在于:根本未提不同语言背后体认方式的同与异。我们认为,两种语言之间的同和异,主要在于两民族在体认方式上的同和异,在跨语言互译时语言表达差异之根本原因在于认知层面,翻译研究若能将焦点聚焦于此,则可从人类的心智角度更好地解释翻译现象。

当语言表达和体认方式存在较大差异时,特别是在实践跨语系(如汉英两语言)互译时,还可依据"现实(即'体')"为基准,译文应尊重现实世界的规律和事实,以此为依据来择词组句,既明了又通顺,不致引起误解。例如:

[1] He can now fish solo when the mackerel are running.
[2] 他现在能在鲭鱼洄游的时节独自垂钓了。

英语的 running 原义是"跑、奔、走、滑动、滚动、行驶"等义,此处译为"洄游"就是依据现实生活经验而译出的,只有当鲭鱼从海洋中洄游到淡水河里产卵或觅食时,垂钓者才能在河边钓到这种鱼。又例:

[3] 枫桥夜泊

中的"泊"究竟是译为 anchor、stop、moor 等,也要依据唐朝时内陆小船停靠的具体方式来择词,否则会引起外国读者的误解,详见第十四章第三节。下文例[10]中将《共产党宣言》最后一句中的 workingmen 译为"无产者"就是充分考虑到中国的现实国情作出的抉择。

再例汉语多按照事件的时间顺序组句,而英语却不一定,因此将英语中

---

① 我们不完全同意许渊冲的观点:直译主要关注"形式",除此之外,还应包括直接运用词典上的释义,这也常视为直译。因此较为合理的说法应为:直译法更关注"形式和词义",在句章义层面上与意译法并无二致。意译则既突破了形式的束缚,也不局限于词典所标注的词义,而是基于隐转喻体认机制可有较大的调变,以求在句章义层面上获得通顺和可接受的效果。

再说,学界认为"译诗"不仅在意义上,更应在形式(押韵、音步等)上与源文尽量接近,即应译出源文的诗性特点和独特风格。所谓"诗不可译""译诗难",主要难在形式上(要兼顾形式和意义都接近),若按照许渊冲的观点,追求形式上的对应算"直译",而事实上并非如此。大家认为,译诗多用意译法。

含有多个动作、未按时序排列的长句和复合句译为汉语时,常会调整源文顺序,按照实际动作的时序来安排汉语表达,详见第十五章。

传统翻译观常以作者为中心,以源文为基础,译者只须将源文语言符号所表达的意义单向转换成译入语即可。而体认翻译学认为,翻译不强调将作者和源文置于中心位置,也不认为仅是语言符号层面的单向转换,将其上升到体认层面,意在揭示双语背后的体认机制,强调其间的互动性,兼顾产生各种体认方式的现实之源,参见图4.1。

这一基本立场也完全符合洪堡特的"语言世界观"(Linguistic Worldview),他(参见 Wilss 1997,2001:34—35)指出:the difference between languages is

not one ... of sounds and signs but rather a difference in the view of the world itself.[(语言之间的差异)不是声音和符号之间的差异,而是世界本身的差异。]

A language is the outward manifestation of the spirit of peoples so to speak, Their language is their spirit, and their spirit is their language, you cannot go too far in thinking of the two as identical.(如此说来,语言是民族精神的外显,他们的语言就是他们的精神,他们的精神就是他们的语言,将这两个视为等同不为过。)

洪堡特这里所说的"精神",大致相当于图4.1—4.3中的"认知"。严格说来,"精神"属于"思维"和"心智"层面,而"语言"属于表达层面,两者还不能完全等同。我们拟将这两者区分开来,并认为"认知"是"语言"成形的一个必由之路,而"认知"又主要产生自体验,这就是体认语言学所坚持的基本观点:"语言来自于对现实世界的互动体验和认知加工"。

翻译也是如此,既具有现实层面的体验性,又具有认知层面的创造性,它们正好是一对矛盾的两个不可分割的对立。一方面体验性决定了不同民族的思维具有共通性,使得不同语言之间具有可译性(或一定的可译性),约束了翻译创造度的范围,为跨语言之间能形成共同理解和相互交流提供了理论基础。另一方面人类认知具有一定的主观性,这也为同一文本会有多种理解和多种译法提供了理论依据,这对矛盾既对立又统一,更相互依存。

这或许可用以更简洁地回答谭业升(2012:18)提出的认知翻译学需回答的首要问题——说明翻译是如何在语言之间实现互通。依据这一翻译观便可证明下一说法的可接受性:完全对等的翻译并不存在,完全不能翻译的东西在理论上也是没有的,但过往译学并没有为其提供一种理论模型解释这种现象。体认翻译学正可弥补这一不足,因为某一特定的语言都是由"现实世界"和"认知世界"这两个基础所共同决定的,它们既有相同之处,也有一定甚至较大的差异。当然了,作品中的客观世界也是作者主观认识中的客观世界,有时两者很难作出明确的二元切分,它们互有交叉,各有交织。为便于表述,我们权且用"客观世界"来表示主要由"互动体验"形成的认识,用"认知世界"来表示主要由"认知加工"所形成的主观领域。

说其"同",是因为我们同住一个地球村,且人的感知器官完全相同,这就决定了我们的思维方式必有若干共通之处,否则我们就不能相互交际,达至一定的共识,翻译也就成为一座空中楼阁,为虚无缥缈的玄幻之物。据此,我们(2005)提出了"体验普遍性",它是人类能够互相理解和语言翻译的大前提。

说其"异",是因为各民族的现实世界和社会世界本身有一定的差异,且各民族自有一套体认世界的习惯方式和思维模式(特别是分属不同语系的民族),从而有了不同的风俗习惯和文化特质,于是,不同民族就有了各自不同的词汇和语法结构。这就决定了跨文化和跨语言之间不可能有完全对等的翻译。在翻译中,总归要丢失掉某些东西(因为在翻译过程中常找不到对等词语),当然也会创生出译出语言没有的某些成分(可用概念整合论中的新创空间做出合理解释)。

为便于运用"体认原则"更清楚地解释翻译现象,笔者拟将图4.1和图4.3调整为下图(依旧以"认知"作为中心,下图将其调整为"体认主体"):

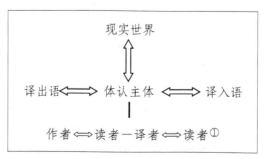

图 4.4

图中间的"体认主体"是"读者兼译者",他面对中国和英国的现实世界(包括社会和文化世界),基于自己通过"体认"获得的知识,将作者的译出语映射转换为译入语,供读者学习。

本图的第一层面为"现实世界",即我们赖以生存的自然、社会、人文环

---

① 参见祝朝伟(2018)所论述的"翻译涉及行为、结果、产物、行为主体等的多重因素"。

境,它是人类一切知识之发祥地。语言理论研究、翻译实践活动等都离不开这一始源场所,这也充分突显了唯物观。

最下一层次为翻译活动的诸多参与角色,与第一章表 1-1 所揭示的语言交际过程相似,只是将表 1-1 中间的"文本环节"换为"读者兼译者",这更加切合翻译实情。

本图的中间一层,表明在语言的翻译转换中,体认主体所起到的中心作用。本模型吸收了后现代哲学中所论述的"读者兼译者"的重要地位,选择翻译哪一部作品,如何翻译等都由他来决定。通过上图的解释,便可进一步加深理解体认翻译学权宜性定义中的有关论述。以上论述的第一个核心策略,即两套核心原则。接下来论述第二个核心策略。

3. 创造性模仿

正如上文所述,我们生活于两个世界之中,即定义中述及的"现实世界"和"认知世界",据此我们主要也有两种对应的类型知识:"感性知识"和"理性知识",前者主要基于"身体经验",其对象为"现实世界";后者主要基于"认知加工",来自于人类的"认知世界"。现根据上文所述核心原则列出它们之间的对应关系:

```
现实 —————— 认知 —————— 语言
互动体验      认知加工
现实世界      认知世界
感性          理性
反射          折射
体            认
```

图 4.5

我们的体认一方面是基于身体经验的,另一方面又要通过创造性的认知加工,此时就会产生一定的差异性。如此论述我们的知识,可以说既有唯物论的观点,又有辩证法的思想。由于翻译是基于对源文语篇的"体认"(体验和认知)之上来理解其中所蕴含的各类意义,然后将其映射和建构在译入语之中,其间译者的主体性作用也是不言而喻的。

认知语义学有两个口号(Gärdenfors:1999):

1) Meanings are in the head.

　　2) Meanings are on the bodily experience.

笔者还要加上第三句口号：

　　3) Meanings are the sum of propositional meaning and construal.

命题意义主要是基于世界中的事实形成的，而"识解"（动词为 Construe，名词为 Construal）则可用以解释人类如何产生主观意义的，详见第五、六章。将命题义和识解义紧密地结合起来，就能较好地解释语义的本质和来源，以及为什么同样的客观世界会产生出不同的意义系统和表达方式。

据此可见，翻译既然是人类的一种体认活动，就不可避免地会打上"主观性"的烙印，因为它是与主观性密不可分的。在翻译界，"意译"是"直译"的对立面，前者与"变通性"基本同义。钱锺书(1979)在《林纾的翻译》一文中鲜明地表明了他的意译立场：

> 从一种文字出发，积寸累尺地度越那许多距离，安稳到达另一种文字里，这是很艰辛的历程。一路上颠顿风尘，遭遇风险，不免有所遗失或受些损伤。因此，译文总有失真和走样的地方，在意义或口吻上违背或不尽贴合源文。

俄国文豪托尔斯泰(1817—1875)也有类似的观点，他说：

> 我以为不应该翻译词，有时候甚至还不应该翻译意思，主要的应该是传达印象。必须把译著的读者带入与原著读者同样的气氛中去，使译著产生与原著同样的作用。（转引自 谢天振 1999:49）

今天我们所说的"创造性"，则比"意译"更进一步，允许意译时可有较大，甚至全新的变动（如林纾的文学翻译活动），有些译文经过译者的处理后，很可能或常常会丢失掉源文某部分的信息，也可能会徒生出一些源文所没有的意义，将这一现象归结为"创造性"，也是属于情理之中的事情，并不为过。特别是文学作品的翻译[在所有类型的翻译中仅占5％。祝朝伟(2018)]，其中的创造性较之其他类型文本来说程度较高。正如茅盾(1954)指出（转引自许渊冲 2012）：

> 必须把文学翻译工作提高到艺术创作的水平。……文学的翻译是用另一种语言，把原作的艺术意境传达出来，使读者在读译文的时候能够像读原作时一样得到启发、感动和美的感受。……翻译的过程，是把译者和作者合而为一，好像原作者用另外一国文字写自己的作品。这样

的翻译既需要译者发挥工作上的创造性,而又要完全忠实于原作的意图。

体认翻译学所倡导的基本思路与茅盾所强调的"译者、作者、读者"三合一的翻译策略不谋而合,我们主张用"识解"为其提供一个便于操作的理论框架。

因此,承认理解中存在"识解",也就承认了翻译中也有"识解","变通性"在所难免,"创造性"也就顺理成章。但,凡事不可走极端!问题在于"创造"到何种程度,它不能等同于"篡改",这两者之间还是有一个界限!至于这个界限在哪里,或许又是一个仁者智者的问题。

体认语言学在强调"认知、概念、意义、推理、理解、语言"等具有体验性的同时,也强调了人在这些过程中的主观能动性。不同的人和民族会有不同的体认方式(这就是上文第三句口号中 Construal 的意思),这在人类的思维形成和语言表达中都有充分表现,从而也可解释各种语言之间为何会具有不同程度的差异性。有些表达差异可通过各种处理方法在翻译过程中被映射和建构出来,这是语言具有可译性的一面,但也存在不可译性的一面,特别是诗歌,这是因为人类的认知具有(截然)不同的创造性和想象力,使得有些特定的语言形式和内容会具有一定或较大的不可译性,颇让译者头痛。

再说,将译者视为如图 4.4 所示的"体认主体",就必须给这个翻译主体以一定的创造性,不同译者对同一语篇必然会有不同理解。从根源上来说,翻译主要是对在不同文化背景和社会环境中所形成文本语码进行映射性和模仿性的转述和建构,这其中必然要涉及到不同的认知世界,再加上个人语言水平的差异,这就决定了不同译者对同一文本必定不会产出相同的译文,这也可从"回译"(Back-translation)调查中得到证明。

再从译者体认主体所涉及的多重互动来说,由于参加互动的角色不同了,所产出的互动效果也就会不尽相同。体认主体所具有的双重角色——读者兼译者以及与其他涉及者——源文作者和译文读者,他们在互动中会产生不同的主体间性,也就促使文本意义具有一定的开放性,译文本身也会有较大的开放性!如"关关雎鸠"中"关关"是什么声音?"雎鸠"是什么鸟(汪榕培:2001)?黄国文(2002)分析唐代杜牧《清明》诗四句都有不同理解;同是一首张继的《枫桥夜泊》,到目前为止竟会有 40 种不同的译法。

翻译中的"创造性"是不可避免的,而且"模仿"也是必然的,前者强调译者的主观能动性,后者突出译文还得以源文为蓝本,译文为源文的影子。倘若一味地苛求"模仿",沿着"直译、硬译、死译"的胡同一路走到底,此时的译文难为读者所接受,谈何普及,更不用说会产生多大的社会影响;倘若一味地强调"创造",更有甚者还提出"踢开源文闹翻译"的口号,弄得不好就会导致"错译、误译、伪译、歪译、乱译、胡译、死译",这似乎又将焦点转向另一个极端,好像在搞原创作品。译界所说"创造性叛逆"中的"创 vs 叛"两层意思是相通的,更具"递进"的含义,不仅"创",且要"逆",似有过分强调与源文背道而驰之嫌,倘若如此,说什么"翻",搞什么"译"啊!

而在"创仿"中,意在强调"创"而有度,"仿"而有限,能仿则仿,不能仿再考虑创。说到"创",我们认为主要不在意义层面,而主要在表达的形式层面。翻译时最好能扣住作者的原义和主旨,不要出格(或不要过度出格),至于如何将其表述顺妥,这就要看译者的本事了。因此,"创"和"仿"两者互为补充,相互监督,长期共存,这便是翻译的主旨,"创仿"翻译原则与季国清(1998)提出的"既超越又不超越"的哲学研究进路相似。例如(孙致礼 2001):

[4] Even a ten-year-old could see this wasn't just the moon. This was The Moon.
[5] 就连十岁的孩子也能看出来,这不仅仅是个月亮,而是一个大写的月亮。
[6] 这不是一般的月亮,而是令人如痴如醉的月亮。
[7] 这不仅仅是个月亮,这是月神。

"大写的月亮"究竟是何义,中国读者难解其意,若译成"如痴如醉的月亮""月神",就采用了"难以模仿就创"的策略。

又例莎士比亚的两行诗句:

[8] For never was a story of more woe
Than this of Juliet and her Romeo.

朱生豪将其译为:

[9] 古今往来多少悲欢离合,
谁曾见这样的哀怨心酸!

足以可见朱先生的才华和智慧,他在吃透源文的基础上,意义上"仿",形式上"创",可为中国读者所喜闻乐见,堪称"创仿"之佳译。

4. 映射性创译二例

提到翻译与创作相关的最好例子,在国内恐怕要算林纾了。据说他本人不懂西语,竟然可与王寿昌、魏易、王庆骥、王庆通等合作译出外国小说一百七八十部,涉及英国、法国、美国、比利时、俄国、挪威、瑞士、希腊、日本和西班牙等十几个国家几十位作家的作品(杨全红 2010:42),实为全球译界之一大奇事①。例如他请懂法语的王寿昌口授《茶花女》,一句一句讲给他听,然后他据其所述,边听边用中文写,再改写出来,居然也能成书,从而开创了中国翻译史上一种"新式译法",该书一问世,就大受欢迎,一时间洛阳纸贵。是因为原书情节好,内容吸引人,还是林纾翻译得好,创译有功,似乎一时难以判定。精通英语的钱锺书(1979)对他的译作曾有过如下评价:

> 宁可读林纾的译文,也不乐意读哈葛德的源文,理由很简单,林纾的中文文笔比哈葛德的英文文笔高明得多。

这足以可见,母语为汉语的读者对汉译本的喜好和青睐,另一方面也足以可见林纾汉语的功底。我们完全可以想象,一个不懂外语的人来做翻译(准确说应叫"编译"或"创译"),这种译作肯定与源文会有较大的差异,离字斟句酌甚远,创作的成分较高。但不管怎么说,林纾身边还是离不开一个"明白人",这就使得他不可能完全摆脱作者和源文的基本内容,这便是"创而有度"的最好例证。至于"度"的大小如何把控,又另当别论。

另外还有一个佳译例证,可以说明"创而有度"的必要性。我国著名修辞学家陈望道将马克思(1848)《共产党宣言》中的最后一句(1888 年的第一次英文版译本):

[10] Workingmen of all countries unite!

译为:

[11] 万国劳动者团结起来呵!

在莫斯科百周年纪念版和最新中译本中译为:

[12] 全世界无产者,联合起来!

也常作为我国部分后现代译者的例证。译出语文本中的 workingmen 相当于 workers,其原义为:

[13] wage-earners, esp. those without capital and depend on daily

---

① 这使我们想到了美国著名诗人庞得(Pound 1885—1972),他在不懂中文的情况下翻译出版了中国古典诗歌集《华夏集》(*Cathay*),发动了英美诗歌史上一场声势浩大的意象派诗歌运动(祝朝伟 2005:3;2014)。

labour for subsistence

该词在汉语中都译为"工人",仅限于在城市里挣工资的工人无产者,其对立面为"资产阶级"。在这里却被译者处理为"劳动者、无产者",若将其回译为英语则为"labouring people, propertyless class"。英语中还有一个单词proletariat,是指"没有资本的"一群人,是社会中没有资产的阶层,他们相对于有资本的人来说只能凭工资生存,它更接近于汉语的"无产者"。

在马克思所处的欧洲19世纪早期,亦已进入到"资本主义"时期,"workingmen"是指工业化过程中仅凭出卖劳动力挣工资,过着悲惨生活的工厂工人。倘若他们联合了起来,便可推翻资本主义。而20世纪20年代的中国尚处于半殖民半封建社会,工人的规模还不很大,大多"劳动者、无产者"是在农村耕作的农民。正如林克难(2011)所指出的:

> 中国的资本主义发展很不充分,工人无产阶级数量不多,绝大部分"无产阶级"在农村。此处将workers译为"无产阶级"之后,可将中国亿万农民划归到无产阶级的麾下,有利于将农民的革命积极性调动起来。

美国著名的汉学家费正清(John King Fairbank)曾认为这是一个"误译",可正是这个"误译",虽已违反了传统的翻译标准,但在中国革命中却发挥了重要的意义。毛泽东同志当年正是在这种"误译(或可称作:创造性叛逆)"的基础上,根据中国的具体国情,创造性地发展了马克思主义,并由此制定出引导中国革命走向胜利的策略,发动并组织"农村的无产者",策划秋收起义,建立基于农村的革命根据地,星星之火,渐成燎原之势,最后由农村包围城市,推翻了三座大山,取得了中国革命的最后胜利。我们完全可以认为,译者将workingmen一词译为"劳动者、无产者"确实功不可没!

这一翻译充分考虑到了中国的国情,为共产党人制定"农村包围城市"的战略提供了指导性理论基础。但是,这也不是"误译"(难怪林克难要将这个词置于引号之中),也不是"叛逆",因为在"无产者"与"工人"之间还是存在诸多联系的。况且,译者在翻译这句话中其他词语时也还是依据源文的意义,而无任何"颠覆"之痕迹。此例不能作为后现代译者所说的"翻译就是创作"或"创造性叛逆"的证明,而正可视为"创而有度"的极佳译作。

按照此思路,我们亦可见体认翻译学中所倡导的"隐喻、转喻"翻译方法所具有的普遍性和实用性了。"无产者"是一个较大的概念,其中包括工人、农民、市民等,现在译者用"无产者"这个较大概念来翻译"工人",正体现了"部分代整体"的转喻方式。因此,我们完全可以说,正是翻译中的转喻方式,产生了翻译中的文化效应,发挥了"将马克思主义与中国革命具体实践相结合"的作用。

5. 小　结

通过上述分析,我们可暂且获得如下共识:完全客观地翻译原作者的意图是不可能的,完全忠实于原作者的源文本也是高不可及的,但这并不等于说"作者死了",就可以踢开源文"闹创译"。作者写完作品后就真的死了吗?全然不是!看爱尔兰著名作家乔伊斯(J. Joyce 1882—1941)对这个问题是如何说的?他曾对法国译者(法译本 *Ulysses* 于 1929 年出版)说:如果想要翻译他的作品最好快一点动手,因为眼下至少有一个人懂得它的意义,那就是他自己。

即使作者本人死了,还有作品源文本在世,还有社会的公认理解在,也不至于听任个别读者自说自话。

看来,可行之道只能是:尽量深探原义,依据原作的文体特色(参见冯庆华 2002),较好理解原作意图,努力映射出它所要反映的现实世界和认知世界,遵循"精心模仿,创而有度"的原则。既要认真有见于 said,也要深入有感于 unsaid;译源文之语,显作者之神;通源文之塞,补源文之短,从而便可纾读者之困,解译事之难。

马丁(Martin 2010:177)曾将翻译视为一种"创造性模仿",还是很有道理的。据说,他受到了 Langacker(1987)"理解具有创造性"这一观点的影响。所谓"模仿性",是因为翻译毕竟是翻译,它还不同于原创作品,要尽量"模仿"原作者和源文本的原信息,将译出语的各种意义用译入语转述和建构出来,即译界所说的"再现性"。

他(2010:177)还指出,模仿原作的翻译常常行不通。这里不仅有语言差异的问题,从图 4.1 可见,也有语言背后所隐藏的体认方式问题,即对异国风情的理解问题,更有照样"直译"(Literal Translation)在译入语环境中能否为受众所接受的问题。此时译者不得不采用"意译"(Paraphrase Translation)或其他办法(包括编译、创译)来做变通处理了。因此,学习翻译,就是学习如何通过"模仿",且在常规限制下开发"创造力"(Toury 1988),因为翻译中不可能做到完全模仿。

法国著名的比较文学家布吕奈尔(P. Brunel,葛雷 1989:60)就曾指出:

　　翻译者在跨越鸿沟的时候,无形中又在挖掘鸿沟,他既清醒,又糊涂;既是在做自己的本分,又在做任务之外的事情。

他这里所说的"跨越鸿沟"和"自己的本分"是指跨文化和跨语言的翻译;"挖掘鸿沟"和"任务之外的事情"是指译者在翻译过程中不可避免地会在译出语文本和译入语文本中产生隔阂。这一比喻倒也恰如其分,基本反映出翻译过程中的实际情况。

一般说来,在地缘上靠得近的民族,他们之间的语言差异可能会小一点;在地缘上离得远的民族,语言差异可能就会较大。因为在图4.1左端的"现实"中还蕴含"社会文化因素",若其差异较大,必然会导致图4.1后两个要素"认知"和"语言"产生较大的差异。如汉民族与英民族分属东西方文化,两语言分属汉藏语系和印欧语系,它们之间的翻译就比在英语和法语之间的互译要难。

第四节 翻译步骤的体认解读

当代翻译学的一个重大进展,就是由把翻译作为产品来研究转向把翻译作为过程来研究(朱纯生 2008:152),霍尔姆斯(Holmes 1972;Hatim & Munday 2004/2010:7)用 translation 指前者,用 translating 指后者,这一转变是随着后现代译论的登场而实现的。

翻译的文化派更关注翻译的过程,而并非其产品,从而将人们的视线从"翻译结果"引向到"翻译过程"这一环节,这就自然要忽略传统理论聚焦于"翻译标准"的讨论,将注意力转向心智运作的过程和翻译的程序,这与该学派倡导文化转向是一脉相承的,在过程中突显文化因素的分析。翻译的认知派也接受这一观点,注重翻译认知加工的过程。

根据上文对体认翻译学所下的权宜性定义可知,翻译的基本步骤不妨可大致描写为:

理解—映射—创仿—转述

现分述如下。

1. 理解

不言而喻,翻译首先是个"意义理解"问题(详见第四章),而根据后现代哲学的观点,理解并不是完全按照符号进行复原性解码所获得的信息,而是读者兼译者不断重新建构的过程,其中必然要烙上人主体的主观因素。更有甚者,部分后现代学者还认为符号本身无甚意义,是读者赋予符号以意义的。正如蓝纳克(Langacker 1987)所说的"理解具有创造性",因此不同人对待同一语句就会有不同的理解,即使同一个人身处不同时间、不同地点、不同场景,对同一句话也会有不同的解读,此乃正常现象。

2. 映射

上文亦以解释了"映射"的含义,此处重点论述映射的基础和过程:"意象""反射"和"折射"。

"意象"(Image, Imagery)为客观物象,经过人与世界的互动体验(反射)和认知加工(折射)后留在心智中的印象,又叫"心象",它具有"下线性、抽象性、框架性、模糊性、情感性"等特征(详见第八章)。

我国东汉杰出的思想家王充(27—约97)根据《周易·系辞上》中"圣人立象以尽意"的原则发展出"立意于象"的取象原则,且第一次将"意"和"象"结合起来构成"意象"一词,用以指表意的象征物象。南朝梁代的刘勰(约465—520)在《文心雕龙·神思》中有"独造之匠,窥意象而运斤"之名句,将主观之"意"与客观之"象"有机地结合起来,在物象中融入了作者的思想感情。此后王昌龄、叶燮之等也有提及(参见袁周敏、金梅2008)。

根据体认语言学的核心原则可知,客观外界一旦进入人的视野中,经过认知加工后必然要打上主观性烙印,特别是进入到文学家眼中的世间万物,它们会浸染上作者的情感而发生变形,从而产生出别样的含意,这就是刘勰所说的"登山则情满于山,观海则意溢于海"。因此,文学创作必用"意象",常借物抒情,以物象来寄托作者的主观情思,使其带上了丰富的内涵,具有特殊的文化蕴意。星转斗移、四季变化、物是人非皆会触发文人骚客们感慨一番;中国的菊花和兰草,外国的云雀和夜莺,成为万古常新的诗题。

可见,"意象"中融合了客主二性,"客"主要通过"反射"而成,是我们获得"感性知识"的必由路径,对应于体认原则中的"体",它是我们理解原作者和源文本意义的主要方法;而"主"主要通过"折射"而成,它是一种不完全真实的反射,对客观物象有所"歪曲"。

就翻译而论,源文本(Source Text)映射入读者兼译者心智之中的时候,不可避免地要出现局部折射的现象,这包含于图4.4中间"体认主体"的内部阶段,在图4.1和表4-1中都可看出。这也进一步印证了上文所述的"翻译的创造性",在为其提供了有效的理论依据。特别是在诗歌翻译中,更离不开"意象映射"这一加工过程,因为一切诗歌的主要创作手段或特点为"以外物生意象,借意象表征和抒情,用声律出韵和壮美",以能传达诗人生命的勃动和性情的激荡。

3. 创仿

可以说,"创仿",即"模仿"是人或动物的一种本能,这从幼儿开始认识世界,咿呀学语,蹒跚学步时就初露端倪。因此,在理解和映射的过程中就已经涉及"模仿"问题了。笔者之所以将它置于转述之前,意在强调在将思想转变为语言时所发挥出的主要作用。

通过文本的映射性处理后获得的结果,读者兼译者这一体认主体要在较大程度上模仿原作者和源文本的论述方式和表达风格,这其中就必定要体认主体进行深刻理解和反复体会,方能获得原作之真谛(参见上文)。

4. 转述

此时再将经过深刻理解和模仿体会后的成果用另一语言建构和转述而出,如在英译汉时,将经过"理解、映射、模仿"后的成果见诸汉语文字,翻译活动的主体部分也就宣告初步完成。

在"转述"这最后一个环节上,需要较高的汉语水平。我们都有这样的经验,理解是一回事,而将其用较为流畅和通顺的汉语建构并转述出来,这又是另外一回事。心里能明白,不一定就能恰如其分地将其表达出来,这就是我们常说的"茶壶里煮饺子,有货倒不出"。能将所理解的作者思想和作品风格用通顺流畅的汉语表达出来,绝非易事。不下十年八年寒窗苦,不要轻言"翻译"二字。

在体认翻译学的理论框架中,我们不主张用"意义传递"这一类的表达,因为源文本不是直接被读者所阅读的,而是经过译者的"体认加工"和"语言转述",在"认"和"转"中,就蕴含着"变化"和"重构"之义。所谓的"传递"就将译者降到"二传手"的地位,忽视了他在翻译过程中主体建构的能动性。

本节主要就体认翻译学定义中的几个关键词来论述翻译过程的体认解读,本书有很多章节都涉及到该论题,详见下一章的第一节、第八章的第四节

第五节 结　语

当翻译过程经历这四个阶段之后,其中的"感性认识 vs 理性认识""客观因素 vs 主观因素""互动体验 vs 认知加工""模仿 vs 创作",亦已尽在其中。人们既要受制于感性、客观、体验与模仿,又要经历"理性、主观、认知、创作"的洗礼,不断穿梭于"直译 vs 意译"的选择,游荡于"同化与异化"的纠结,这就是"翻译"。从实践上来说翻译倒也简单,用门外汉的话来讲,你把人家的话用自己的语言说出来就是了;却不知,在理论研究上却也曲径通幽,涉及方方面面的知识领域和理论修养。

经过此番分析可见,在"体、认"的基础上经过"理解、映射、模仿、转述"的翻译过程,它始终缠绵于"体"与"认"所形成的张力之中,这也进一步论证了上述体认翻译学权宜定义中的主要内容:翻译一方面要转述原作者的信息,另一方面也不可避免地烙上了译者的立场和观点,这就是王宁(2011)所说的"再现性改写""创造性再现""相对创造性""超越字面的'信'""创造性忠实",追求"人本主义"与"文本主义"之间的平衡,当取"解构兼建构"的思路。王东风(2010)所说的"反常的忠实"与其相通。

因此,图 4.4 较好地展现了翻译的全过程以及相关要素。在这个过程中,体认主体始终发挥着核心作用,他一方面要面对译入语和译出语的现实国情,还要较好地掌握两种语言的理解和表达,这就是图 4.4 在第二层次上所表达的含义。体认主体在整个翻译过程中还要时刻牢记三方涉及者:作者、读者兼译者、读者。

我们可以说:翻译不仅仅是一种体认活动,而是一种特殊的体认活动,这就是体认翻译学权宜性定义中开头一句所用"特殊"二字的含义。说其"特殊",是因为翻译活动所关涉的互动因素较多,需要调动的能力资源具有多重性,图 4.4 基本展现了这个活动的概貌,但远非尽囊其中了!

第五章　详解体认翻译学权宜定义

本章将详解上一章体认翻译学权宜性定义中的几个关键词语：体认性、多重互动性、双重世界、语篇性等，认为读者兼译者具有双向责任：既要对作者负责，也要对读者负责，倡导"翻译的和谐性"。在上述关键词中，体认性居于首要位置，这正说明了体认语言学的基本观点（可归结为核心原则：现实—认知—语言）不仅可解释语言各个层面的成因，而且对于翻译理论的建构和实践应用都具有较大的解释力。笔者还尝试将体认翻译学所倡导的基本原则运用到典籍翻译实践之中，且结合一个实例进行了较为详细的分析。

第一节　细化权宜性定义

笔者在第一章从哲学角度梳理了翻译研究的简史，第二章在此基础上分析了几种主要翻译理论之不足，且基于马列辩证唯物论以及体认原则，接受了马丁（Martin）的术语"认知翻译学"但反思了他的不足，拟将其修补为"体认翻译学"，且根据我们的理解提出了一个权宜性定义。该定义中包含了较多内容，第四章最后主要论述了"映射"所基于的两个机制"两套核心原则"和"创造性模仿"，以及为何要将翻译视为一种"特殊"的认知活动，本章继续细化该定义中的其他具体含义。

1. 翻译的体认性

正如上文所述，根据体认原则可知，人类的认知、概念、意义、推理、理解和语言等都是来源于对客观外界的互动体验和认知加工，翻译活动也不例外，同样具有体认性。由于我们享有基本相同的现实世界和身体结构，因此才有了大致相通的思维，正是这种"体验—认知"（Embodied-Cognition）性质，才是决定跨文化和跨语言之间具有互译性的基础。

这里的"体认性"具有多重含义。首先，作者的认知和理解是来自体验性活动，其创作灵感和要素主要来自生活，当然也会高于生活。其次，作品本身就是作者进行体认加工的结果；译者和读者的认知和理解也是来自体认，而且也只有对文本做较为深入的体认性分析才能获得其作者的创作意图和文本的主要取向。因此，翻译主要是基于体认的。

我们提出的体认观与成中英提出的"观象论"可谓不谋而合。他（2011:2）在《本体与诠释——美学、文学与艺术》一书中指出，主观的"观"与客观的"象"可融合为一体而呈现为"主客一体"的观象之态。

> 主观的、原初的美只是感觉（Aesthesis），它必须透过感情与想象作用并运用理性认知概念中所含的意义以及经验（记忆）所沉淀的形象来进行一个吸取、一个延伸，使它像胚胎或种子一样能够扩充与机体化，成为一个有生命的整体形象，充满在人心中，也可以透过视觉洋溢在人的环境空间与时间之中，表现为无尽的视野。

有了这一"体认观"或"观象论"，将其运用于翻译研究，就可较好地解释翻译的过程和作品。为何译文与源文在思想内容必有"同"之处，皆因"体"或"象"所为；为何译文与源文在若干细微（或较大）之处必有"异"之处，皆由"认"或"观"之故。本章现以词语层面的模糊性为例解释如下。

我们知道，单独词语的意义具有一定的模糊性，就同一语言内部而言，一个词会有多种意义，歧义句是常有的事；从跨文化和跨语言的角度来看，不同语言的词与词也不是一一对应的，特别是汉英两种类型不同的语言，几乎找不到完全对应的词语（除个别专业术语外），即使被教科书视作对应的"等同词"（Equivalent），如教材后的词汇表，一个英语单词后面总要注上汉语意义，好像对等了，其实它们之间是不等值的，如：

[1] wine 并不对等于"酒"；

[2] pen 不等同于"笔";

[3] "羊"不是英语中的 sheep;

[4] "星"也不是英语中的 star。

汉英两语言中的词语所表意义,常常是互有交错和叠加的,如:

[5] wine 指的是"葡萄酒",为"酒"之一种,不对等于汉语中范畴总括词"酒","酒"这个字大致相当于英语中的 alcoholic drink。汉语可用属加种差构词法借助"酒"字来构成很多种类具体的酒。

[6] pen 主要指"蘸水笔"(最初指用鹅毛做成的笔),它绝不是汉语中的范畴总括词"笔",因为汉语中可用此字构成很多不同类别的笔和其他词语,如:钢笔、铅笔、毛笔等,还有:笔调、笔锋等,所有这些词语绝不是一个 pen 所能打发得了的。

[7] 汉语的"羊"是表示该类动物的一个总括词,由其可构成很多下义词,如:绵羊、山羊、羚羊、公羊、母羊、阉羊、羊羔等,而英语的 sheep 仅指羊之一种"绵羊",两者又怎能等同呢?倘若等同,就犯了混淆范畴层次的错误。另外,外国人在"羊年"时会问我们,"你们过的是哪一种'羊'年?"我们只好无奈地回答说"the Year of Sheep"(绵羊年),其实这与汉民族的生肖文化观相差甚远。

[8] 同样,汉语的"星"也是一个范畴总括词,它包括:恒星、行星等天上林林总总的星;而英语却要分别用"star、planet",以及各种不同星的名称来表示。如果按图索骥,将"星"都说成"star",教科书的标注岂不有误导之嫌!

如此看来,在我国英语教科书词汇表中所标注的汉语对等词,充其量只能起个"索引"作用,让学生对这些词语有个"大概"的了解,千万别"当真",只能"将就"用一下而已。从长远来看,这样的词汇表往往会给学习者以后的学习带来不少误解,给译者带来了不少麻烦,也令教材编写者颇感头痛。

再进一步说,若将这样的词语组合成句子,再集句成章,可想而知,跨文化和跨语言的翻译确实不好做!

难,但不至于难似上青天。我们权且认为"体认观"可为之提供一个可资选用的解决方案。根据这一观点,汉英两民族同住一个地球村,享有相同或相似的生活环境和自然规律;而且作为地球人,全人类都有相同的身体器官、感知能力和认识能力,这就决定了使用不同语言的人会具有大致相同的思维,这是人类得以相互交流、理解和翻译的体认基础,若没有这个基础,全人类的交际便是一句空话。尽管汉英两民族天各一方,相距甚远,社会风俗、文化制度有较大的差异,但若将汉英词语和文本置于"体认系统"中加以对比,它就会有大致确定的一面,通过深入的体认活动,也很容易寻得这些词语在深层意义上的对应含义。虽说是英汉两语言中的词语意义中大多不能完全确定,但一些具体词语(它们应是一个语言中的基本词汇)在"体"的基础上倒也八九不离十。

处理上述例子的具体方案是:初学英语时可借助汉语做权宜性解释,等到一定阶段之后,一定要学会用"英英词典"来替代"英汉词典"。根据图4.1,可将教学重点置于透过英语表达层面来理解其背后的"认知世界"和"现实世界",经由"互动体验"和"认知加工"两核心机制,便可获得词语的确切内涵和合适外延,不至于在跨语言理解和翻译过程中出现太大的错位现象。

在这一阶段,我们还可实践葛传椝先生于20世纪六七十年代提出的"Unlearn"方法,即在英语系统中"重新学习"和"深入体认"这些单词,消解以往英汉对译造成的误解,此时就会发现,原来wine不全等于"酒",sheep不全等于"羊",cup不全等于"杯",进而会发现英语中存在很多这样"犬牙交错"和"词汇空缺"(Lexical Gap)的现象。

有了"翻译的体认观"之后,也可纠正后现代译论所一味强调的摆脱作者原义,不以现有文本为基础的偏见,只注重接受者的单边理解和独家解释,势必要将人类的语言交际置于巴别塔式的窘境,这显然有悖于常理。

2. 翻译的多重互动性

"互动"(Interaction)是认知心理学和CL中的一个十分关键的观点。我们在体认翻译学的权宜定义中开头一句就提到了"多重互动",这与胡庚申在生态翻译学中所强调论述的观点"翻译活动不能仅考虑译者,而应从参加翻译活动的一切生命体(译者、源文作者、翻译发起人、翻译研究者等)角度来研究翻译"相一致。我们认为翻译中的"互动"不仅是生命体之间的互动,还应包括"现实世界、文本世界、认知世界"等之间的多重互动。如图4.4所示,"多重互动"应包括:

(1) 现实世界 vs 认知世界;
(2) 两个世界 vs 译者主体;

(3) 体认主体 vs 译出语言；
(4) 体认主体 vs 译入语言；
(5) 读者、译者 vs 原作者

等之间的互动。

在翻译过程中应当尽量兼顾这几种互动关系，就能基本保证译者较为正确地熟知作者和理解作品，恰到好处地处理译出语与译入语之间的关系，有效地建立源文作者与译文读者之间的沟通，较好地通过多重互动来调解和变通语言间的差异，以达到"和谐翻译"的目的，不至于译文与源文龃龉、背离或矛盾。这就可用以解释"生态平衡"对于翻译研究和实践所具有的意义。

巴赫金(Bakhtin 1895—1975)的"对话理论"认为，文本的意义来自于作者与读者之间的对话。作者写出一个作品，意在将其思想通过语言文字传递给读者，他在创作时心中常要拟想出一个说话的对象，通过与这个假想者(也可能是他生活中的某成员)的对话进行写作；同时他心中还会想到潜在的读者，会照顾到他们的感受，这样就将作者的现实世界(物、人、事)、认知世界(对外界的认识、分析)等融入自己的作品中。当读者兼译者作为体认主体接触到原作品时，他会充分调动体、认这两者来解读作者在创作时的两个世界，这其间就包含着读者与作者的对话，两者若能做到心心相印，沟通就可进入最佳状态，凭借自己的理解用译出语转述出来。在翻译过程中还要兼顾到自己译作的潜在读者，以尽量使得他们可以读懂、理解和接受自己的译作，取得他们的认可。

可见，翻译的过程必然会涉及"多重互动对话"的体认机制，它将融合"作者的心声、原作读者的理解、译者的语码转换、译作读者的反应、文化语境互动"等一系列复杂的心智活动于一体，作品的意义就产生自这一系列互动对话的关系之中，被不断的"理解、商讨、升华"。一个译作只有经历了这个复杂的过程之后，其潜能才能从作者的真实意图背后穿越而出。不可否认的是，一部作品在经历了这个过程之后，必然会出现一些让原作者所始料不及的信息，即通过多重互动之后，常会生成一些超越原作的意义。若从这个角度来说，翻译就不可能为"作者、文本、读者"三中心中任何一个所决定的，译者既要理解原作者，又要看懂源文本，更要兼顾译作读者。因此，将翻译描写为"创造性模仿""基于原作的再创造"，也属实情所致，无可非议。但不管怎么说，所谓的"独白"不足取，"多重互动对话"更具解释力。

我们都会接受下一观点："比较"(Comparison)和"对比"(Contrast)始终贯穿着翻译的整个过程。有比较就有互动，有对比就有选择，译者若能经过多重互动之后做出一个较为适合各方的选择,包括适合"作者、作品、读者",以及"译出语"和"译入语",就能有效实现和谐翻译,以满足文化语境的需要。

所谓"和谐翻译",意在建构和谐的文化语境。语言当因地而异,因时而变,这也完全符合辩证法的原理,人们的行为当随不同环境而有所调整,例如:

1) 在婚礼和生日聚会上,当兴高采烈,喜气洋洋;
2) 在葬礼上,理当庄严肃穆,表情悲伤,充满同情;
3) 在课堂上,应聚精会神、目不转睛、洗耳恭听;
4) 在教堂里,当举止庄重,少言寡语,充满敬仰;
5) 在竞赛场上,要拼打厮杀,针锋相对,争夺冠军

等等。

语言使用亦是如此,在不同场合和时间,面对不同对象,就当采用不同的变体,这就是本书所述的"文化语境论"的主题,当兼顾人际关系、方言变体、教育程度、语体变化等要素。想当初林语堂将《茶花女》中的"Oh, my God"译为"阿弥陀佛",无可非议。而时至今日,西方有关 God 的文化早已传入我国,此时再译为"阿弥陀佛"就不妥当了,这就是时过境迁,人随时变。

明代《笑赞》中有一个不顾语言变体而影响交际的笑话例子:一个秀才冷得挺不住了,便出门买柴火,遇见一樵夫,仍不分场合使用"之乎者也"一类的书面语,打着书生腔问道:

[9] 荷薪者过来!

樵夫未完全听懂,但也明白"过来"之义,就将木柴担挑了过去,秀才又道:

[10] 其价几何?

做买卖就要谈论价格,樵夫对其当然也很敏感,便报了价。秀才也不笨,问价后自然要砍价,便道:

[11] 此薪外实内虚,烟多焰少,请损之。

樵夫有点丈二和尚摸不着头脑了,实在听不懂这番言语,挑着担子就走了。这可能是杜撰的一个笑话,但其中的道理亦跃然纸上:装腔作势,卖弄言辞,话说错了地方和对象,当然无济于事。

萧立明(2001:166)曾举一例来说明对话互动的重要性。妻子托丈夫办事,丈夫在外周旋一日于天黑之后回家,妻子开腔问道:

[12] How does it go, darling?

若将此问话移至不同的地方,会有不同的译法。如在京剧中可译为:

[13] 郎君,事情怎样了?

若移至山东地方剧,这句台词可能会译为:

[14] 孩子他爹,怎样啦?

如是长沙的花鼓戏,以下译法则较为通顺:

[15] 死鬼吔,你搞成气冒咯?

如若用普通话演话剧,这句台词可能该译为:

[16] 老头子,事情办好啦?

我们知道,语言交际的一个重要目的就在于取得人际间的和谐和协作,《圣经》的"巴别塔故事"早就揭示了语言交际的这一关键性特性,人类通过语言交流,共同协作劳动,才能形成生产力,创造出一个和谐的文化语境。换句话说,也正是在人们需要协同劳动的过程中才诞生了语言,这是恩格斯的观点。翻译也是如此,应当顺应语言交际的这一总目标,倡导"和谐翻译"的原则。这样才能有助于实现和谐社会,翻译就应当服务于这一总体目标。

3. 翻译的"世界观"

我们所谈论的一切无非都是关于"现实世界"和"认知世界"中的信息,它们是在"体认性"基础上形成的,"体"主要对应于"现实世界","认"主要对应于"认知世界",而语言中的所有词句都反映着这两个世界中的知识。读者也须依靠自己的理解,将原作者和源文本中所蕴含的有关这两个世界的知识,尽量地模仿和创造出来。译者在翻译过程中也应当充分考虑译出原作所欲表达的这两个世界,这便是我们此处所言的翻译世界观。正如苏联文艺学派翻译理论家所指出的(转引自谢天振 1999:112):

译者的任务是深入研究作者的世界观、手法和修辞特征,尽可能地用本族语言的手段传达作者的世界观、手法和风格,同时,保留自己的个性。没有个体又怎么能谈得上创作呢?

从图 4.1 可见,认知世界是人们在体验的基础上经过认知加工形成的,它储存于体认主体的头脑之中,源文作者与译者和读者的认知世界必定是既有同也有异，这就决定了不同语言的文本之间具有互译性，也决定了有些信息是不可译的，同时还决定了不同译者对同一文本有不同的处理方法。

体认语言学在分析认知世界时重点论述了其中的十数种体认方式，其中就包括"基于身体经验的概念化"（Embodiment-based Conceptualization），可简称为"体验性概念化"（Embodied Conceptualization），这比起将语义仅视为"观念"（Concept）来说，虽仅增加了一个"-ize"，却使其彻底摆脱了客观主义语义理论的窠臼，突显了人们在认识世界并用语言加以表达的过程中所具有的创造性和想象力，强调了意义的动态观、人本性、主观性、识解性。

(1) 动态性

传统的客观主义形而上哲学主要从"静态"和"镜像"这两个角度来观察外部世界，过分强调人们以镜像方式客观反映外部世界，观念具有静态性，据此就得出了意义具有确定性的结论。而蓝纳克（Langacker 1987，1991，2000）严厉批判了这种静态观，明确指出：

Meaning is conceptualization.

这"-ize"三字母，可谓神来之笔，足以彰显意义是一个体认加工的动态过程，与客观主义语义学以及客观主义哲学理论分道扬镳了。

(2) 人本性

有了"-ize"，就该有"-izer"，这个概念化的主体就是"人"，从而将语义学研究导向了"人本"。人们在用语言表达世界和思想时，也就赋予客观外界以人的理解，思维、理性、意义、语言等都具有人本性。

该术语中所蕴含的人本性与辩证唯物论的观点"人具有主观能动性，不仅能够认识客观世界，而且还能改造客观世界"相一致。也充分彰显了体认语言学所大力倡导的"惟人参之"[①]的人本特点。

(3) 主观性

摆脱客观主义哲学理论的束缚，将人因素引入哲学、语言学、语义学等研究领域之中，它们必然就要打上"主观性"的烙印，这从同一事物有不同名称就能体会得到。人们常对同一事物会从不同角度去感知体验，而且各人还会有独特的突显方式，同一事物就会有不同的名称（例子参见王寅 2014：571—575）。

同样，对同一事件若从不同视角、以不同态度来识解，也会突显出事件中

---

① 为刘勰的名言。

的不同成分和顺序,从而形成了不同的句式,乃至语篇(王寅:2007)。汉语中

> 情人眼里出西施。
> 横看成岭侧成峰。

等名句反映的都是这种主观现象。

(4) 识解性

蓝纳克(Langacker 1987,1991)不仅提出了"意义是概念化"的论断,且还尝试用"识解"(Construe,Construal)来解释概念化的具体含义,实属高明!他(1987:487—488)认为"识解关系"(Construal Relationship)可解释为:

> The relationship between a speaker (or hearer) and a situation that he conceptualizes and portrays, involving focal adjustments and imagery. (他所概念化或描述的讲话人[或听话人]与一个场景的关系,包括焦点调整和意象。)

后来"识解"常被定义为:

> the ability to portray the same situation in many different ways(用多种不同的方法描写同一场景的能力)

一言以蔽之,人们之所以对相同情形会做出不同的解释,语言表达为何会产生差异,皆因人之"识解"所为,这是概念化的主要途径。人们可从不同视角、选择不同辖域、突显不同焦点、运用不同方法来观察同一场景或事件,这就决定了语义结构的形成和语言表达的具体形式,详见第十一和十二章。

有了"识解"和"概念化",就可合理地解释为何相同或相似的现实世界会产生不同的认知世界,这一理论不仅适用于解释哲学中的主体性,适用于语言学中的对比研究,也适用于翻译的理论建构和实践应用,即在译出语和译入语的语句中总会不同程度地渗透出不同的体认方式,这不仅是再也正常不过的现象,而且也是允许的。

译者首先是读者,他要从读者的角度按照自己的认知世界(相当于我们昔日所说的背景知识)对其作出理解和判断,总会把自己所熟悉的知识和信仰带进源文的文本世界。谢天振(2000:77)曾举例说,英国菲茨杰拉德所翻译的《鲁拜集》在文学上享有盛誉,但学界不认为这是在翻译,而认为其是通过模仿原诗格律创造了一种英语的新诗体。

我们知道,汉语在句法上较为灵活,更多地具有"意合法"的特征,如句子经常省略主语,即"无主句"(Subjectless Sentence)现象较为普遍,而英语在句

法上显得较为严谨,更多地具有"形合法"特征,只要是句子(祈使句除外)就应当有主语,且还要兼顾主谓一致的问题。在汉英互译时就涉及不断添加和删除主语的问题。

如在汉译英时,汉语无主句的主语有时能在上下文中明显推导出来,此时添加起来也就比较容易;但在更多的场合颇费周折,可有多种理解,特别是在古代汉语典籍中,此类情况尤为突出,行为主体在语篇空间中具有一定的模糊性,经常是略去不说,这就给理解和翻译带来了一定的困难,如唐朝张继在《枫桥夜泊》中的著名诗句:

[17] 江枫渔火对愁眠。

究竟是谁在"愁",谁在"眠",似有多种理解,而这些解释都是人们在各自的"认知世界"中寻得的,有人认为"愁"和"眠"主语是作者,有人认为是游子,还有人认为是渔民等,这就出现了多种不同的译本。这只能从"不同的人有不同的认知世界"中获得解释。

4. 翻译的语篇性与构式性

体认翻译学的权宜性定义中还提到了"语篇"二字,表明了翻译具有语篇性这一特征,意在参与讨论翻译单位①的问题。

体认翻译学基本接受了鲍格兰德(Beaugrande 1978:13)的观点:

翻译的基本单位不是单词,也不是单个句子,而是语篇。

翻译的功能观认为,译者应着重译出源语篇的交际功能和语用效果,这里的交际功能,离不开认知意义。正如韩礼德(Halliday 1985)所说,选择就是意义。据此,形式的选择也就是意义的选择,选择不同的形式也就表达了不同的意义。功能也好,语用也罢,都是通过语篇层面上的认知意义来实现的。正如奈达和塔布(Nida & Taber 1969/2003:15)在《翻译的理论和实践》(*The Theory and Practice of Translation*)一书中,在述及译者优先考虑的四个原则中第一条就是"语篇连贯性"(Contextual Consistency),不言而喻,这是以"翻译的语篇性"为基础而提出的首要必备条件。

---

① "单位"一词十分模糊(朱深纯 2008:78—107),是最小的,还是其他的? 是语言的形式层面,还是文本的意义层面? 是实际操作中的,还是认知加工中的? 是初涉者的,还是专家的? 是科技文本的,还是文学作品的,岂能一概而论。

我们知道,语篇有长有短,长语篇(如长篇小说、三部曲之类的作品)的翻译也不是一蹴而就的,而是"一句一句、一段一段、一章一章"地翻译出来的,此时将"语篇"视为一个翻译单位(参见 Wilss 1977/2001)似有疑问。一个人在翻译一件鸿篇巨著时,不可能是一朝一夕之事,甚至会经过多个寒来暑往、春夏秋冬,难免会前后想得不一样。更不用说多人合作翻译一件长篇作品了,人名与术语的统一就常是一个大问题,表达风格、行文方式也会有较大差异,虽说最后要由一人来通审全稿,但时而感到无能为力,难以下笔统稿。

按照苏联语言学派翻译理论家巴达胡克罗夫的观点,音素、词素、词、短语、句子和整个语篇都可能成为翻译单位,我们在第九章提出的"翻译单位构式观"与其十分相似。还有学者认为过大的单位导致意译,过小的单位导致直译(参见颜林海 2008:12),这也表明"翻译单位"对于译员所具有的基础性功能。

贝尔(Bell 1991:29)曾将翻译单位定义为源文本中"可翻译的、最小的、可分割的"语言成分,这明显带有"组合论"(Compositionality)、"还原论"(Reductionism)的传统哲学观,难免会使翻译研究陷入形而上学的泥潭。若摆脱这种分析性的组合观,采用综合性的"整体观(Holism)"则会另有新解。我们认为,翻译主要是以语篇为基本层面的(参见 Hatim 1997/2001),这是就其"整体性"而言的,一个完整的语篇才能反映出的作品的整体意义、主旨和风格,读完整个作品后才有可能获得较好的理解,较深刻地知晓其所反映出的客观世界和主观世界。理解整体是理解局部的前提。正因为汉英两语言在翻译时的结构单位常处于不对应状态:如英语的词可能译为汉语的词组、小句;英语的词组可能译为汉语小句、句子,等等。不同语言的结构经常呈现"一对多、多对一、多对多"的格局,"一对一"仅为特例,在更为广泛的跨语言对比中这种情况少之又少。面对跨语言和跨文化对比和翻译中的这一复杂局面,很难确立汉英两语言的"对应单位"或"翻译对",若要摆脱这类困扰,说不定从"语篇"角度考虑翻译单位是较好的解决方案,从整体上把握好一个作品,才能谈得上所谓的"翻译对等"或"基本对等"。

我们知道,语句中的各类意义常受约于语篇的整体意义,而且对译出语篇的理解和翻译离不开语篇的文本类型、交际功能和认知分析,若要考虑到译文功能和读者需求,更应在语篇层面上才能较好地得到满足,译者只有深入分析语篇中语句、段落、章节所反映出的各类意义,才能作出较为综观的考虑,获得整体把握的宏观感觉。

笔者在第九章第五节中摆脱了语言形式单位的束缚,将"构式"这一语言知识的表征单位视为翻译单位的观点,从而将翻译单位的讨论上升到认知层面。该观点与"语篇为单位"互相依存,相得益彰。首先,正如上文所述语篇可大可小:大至长篇小说甚至是系列巨著,小至一句广告词语;构式也具有高度的灵活性:可长可短,可以复杂可以简单(参见王寅 2011)。据此,我们认为翻译单位可因文有变,因人而异,不必强求千篇一律。翻译的语篇性与构式性相辅相成,互为观照,前者提供更为宏观的理解框架,后者是具有可操作性的具体方法,它们可互为比对,参照行事。而且在对待"语篇性"和"构式性"时都强调了灵活性,融入了"具体情况具体分析"的基本思路。亦可见,后现代哲学和体认语言学所倡导的"多元化、动态性"完全适用于翻译的理论研究和应用实践。

第二节 体认翻译学与典籍翻译

近年来,我国翻译界逐步出现了外译古代汉语典籍作品的浪潮,这是一件大好事,既利于外语界学者进一步了解古汉语经典作品,也利于向世界其他国家介绍我们祖先留下的丰富而又深邃的非物质文化遗产。翻译典籍作品与现当代作品,虽都在做汉译英,但也存在一定的或较大的差异,依据上文所述的"体认核心原则"主要有三,现分述如下:

1) 现实层面:时代发生了巨变,现实社会亦已不同,科学技术突飞猛进,人们的生活出现了翻天覆地的进步。一言以蔽之,今非昔比!这是人们造成理解和翻译的一大障碍!

2) 认知层面:现代化、后现代化(或可称为大数据时代)的社会环境和生活方式形成了现代人的思维方式和知识体系,当今的认识或许都是古人们所难以企及和理解的,而今人也不一定都能知晓他们的想法。

3) 语言层面:古今语言差异甚大!古英语与今日英语早已很难沟通,因为英民族的语言属于拼音系统,而语音层面在语言诸要素中变化最快,经过上千年的演变,到如今的英语发音与千年前相比,亦已面目全非了。古汉语与当今汉语也有诸多不同,发音也有很大变化,但因其属于象形和会意文字,古今汉语的书面文字与古今英语相比,在字形上尚有不少相通之处,因此理解上较为容易。汉语圈今人在阅读古文时虽费时费神,但稍加训练仍可直接阅读。当然了,古今汉语也存在不少差异,如古人所擅长的"春秋笔法",用高度浓缩的文字来反映精炼的思想,遣词造句常常到了多一字不可、少一字不行的炉火纯青的地步,常令今人惊叹不已。而当今的白话文摆脱了古代"之乎者也"的羁绊,通俗流畅的直白论述,已与古代文献不可同日而语了。

典籍翻译时所涉及到的"作者"与"读者兼译者",分属于不同的空间和时间〔即德里达所说的"延异"(Différance)〕,根据图4.1可知,现实世界变化巨大,其认知世界的差异相应也大,到了语言层面更会出现不同,呈现出"剪刀差"之趋势。今人与古人生活在不同的年代,他们对古代作品的理解与古人原来的思想之间必将出现一定的,甚至是较大的差距。关于这一点可从伽达默尔(Gadamer 1981)的解释学得到印证,他认为理解具有普遍性、历史性、语言性、经验性和创造性(参见王寅 2001:55)。理解的历史性主要指理解者所处的不同于理解对象的特定历史环境、历史条件和历史地位,它们必然影响和制约了该理解者对典籍文本的理解。因此,今人对古人作品的理解和解释必定会存在诸多不同,这也为典籍翻译的本质在理论上作出了适切的解释。

翻译的互动性在典籍翻译中也具有多重互动性。正如洪汉鼎(2002)在章启群一书的序中指出:

> 作品的意义在于过去与现在的沟通。

我们还要在这句话后面做个注解:

> 时间差距越大,沟通的程度越难;时间间隔越短,沟通的程度越易。
> 地缘差距越远,语言差异就越大;地缘距离越近,沟通的困难越小。

这里的"沟通"就包括上文所论述的多重互动。在将汉语古代典籍作品译为英语时,除上文所论述的五种互动关系之外,还要有所增加。我们知道,典籍翻译的一般程序是先将古代汉语译成现代汉语,然后基于现代语篇,再将其译为现代英语。多了这样的互动关系之后,又会引出若干新变量,如:

1) 生活在古代的人与生活在当下的人的互动;
2) 古代汉语与现代汉语两种表达之间的互动;

此时,典籍翻译的程序即为:

> 古人——古代作品——今人——现代文本——译文

这就是我们今天经常看到的典籍翻译会出现三种不同的语篇:古文、今文、英语译文,参见湖南人民出版社于20世纪90年代出版的一套《汉英对照中国古典名著丛书》。此时,翻译的难度必有增加。

在体认翻译学的权宜性定义中我们专门标注出"古代语言",意在强调该定义也适用于将古代汉语译为现代汉语。如此说来,典籍英译就涉及"两次翻译"的问题。增加了环节即增加了难度,也增加了文本的开放性(多种解释和多种译文)。现实世界中的时空差异引起了较大的认知世界差异,再隔着一层古代语言与现代语言的差异,此时汉译英的难度可想而知,难怪国家社会科学基金在设立典籍翻译项目时所拨的经费要比其他社科项目要高。

环节越多,变化越大,理解差异越大,这就可用以解释为何同一本汉语古籍,不管是中国译者,还是外国译者,在文化意象上会有若干不同的理解,外语译作也会出现多种分歧。如老子的《道德经》中的"道",众多学者所理解的意思大致相通,但竟有出现了33种之多的不同译法,其后所映射出的文化意象自然是不尽相同的,参见第十六章图16.3。

在我国古典作品中有很多隐喻和换喻,它们的翻译也涉及到意象问题,特别是若干"死隐喻"(Dead Metaphor),其间的意象对于我国读者来说已经习以为常,而对于国外读者兼译者来说尚为新鲜表达,此时的翻译便能折射出其心智深处的认知世界,值得深入探讨。如《红楼梦》中的"命根、琴书、仙逝、蜂拥、鸳鸯女、太虚情、黄泉路、梅花络、中山狼、风月案、掌上明珠、蛇影杯弓、萍踪浪迹"等的翻译,若采用异化的方法能否为老外接受;若采取同化的方法是否有失异国情调,这就是一个"仁者智者"的问题,令人纠结。

第三节 实例分析

上文细化分析了体认翻译学的权宜性定义中所关涉的部分关键词,且基于语言的体认观阐释了涉及翻译理论和实践的主要议题。现就一首汉语著名的元代散曲典籍《天净沙·秋思》的两篇英语译文做一实例论证。

笔者在第四章详解体认翻译学权宜定义时,解读了其中所包含的"意象映射",认为由客主结合而形成的"意象"是诗歌创作的基本方法和重要特点。元代的元曲四大家之一的马致远(约1250—1321)基于自己的生活体验,在此曲中截取了在客观世界中抬眼易见的11种物象,将它们简单并置,组合成一幅秋郊夕照图:

藤、树、鸦、桥、水、家、道、风、马、阳、人

等。我们知道,诗人总是戴着有色眼镜来观察世界的,使其染上了不同的感

情色彩,马致远在这些物象前用上了一系列修饰语来摹状这些景象和人物,借以抒发自己凄凉悲怆的心境,如:

枯、老、昏、小、流、古、西、瘦

等。在后两行中又提到了:

夕阳、西下、断肠人、天涯

等词语,从而组成了一幅烙上主观情感的物象图,这些意象在汉文化中都不同程度地带有:

凄凉、悲观、清冷、凋敝、思念

等含义。同时整个语篇的意思又落脚于"秋思"这一标题之上,而"秋天"在汉文化中又有特殊的寓意。寥寥五句,共28个字,就将一位天涯游子骑着一匹瘦马,经由凄凉背景的烘托,活灵活现地呈现在观众面前,其中透出的是令人哀愁的情调,抒发了一个飘零游子在秋天思念故乡、倦于漂泊的凄楚愁苦之情,通过在家守候的妻子之眼尽现而出。该曲语言极为凝练,意境深远,容量巨大,结构精巧,顿挫有致,被后人誉为"秋思之祖",难怪要流传百世。

上述意象的特殊文化含义还可从宋代诗人秦观(1049—1100)《满庭芳》的词句得到进一步佐证:

斜阳外,寒鸦万点,流水绕孤村。

其中的词语"斜阳""寒鸦""孤村",同样是在三种物象之前分别加上了修饰语,勾画出一幅客主交融的"意象图景",使其巧妙而又隐含地浸染上作者的哀伤和忧郁。

可见,不同作者结合了不同的意象,采用了各异的"意象群"来以物状情,达到了殊途同归的目的。再看唐朝诗人温庭筠(约801—866)的五律《商山早行》中的两句诗:

鸡声茅店月,人迹板桥霜。

述及了四个偏正结构"鸡声、茅店、人迹、板桥",但其中的"偏"即修饰语,用的也是名词,这十个名词同时使用,实际上列举了自然界中的十种物象,它们构成了一幅"行者匆匆"的秋景意象群,特别是诗句中的"霜",映衬着上文中的"悲",投射出温庭筠思乡心切却不能归乡的内心痛楚,从而使得这十种自然之物"鸡声莺莺、月斜苍穹、草堂余温、板桥留冰、春霜含白"等烙上了"人迹如霜、旅途凄凉"的情思。

又例唐朝诗人杜牧(约 803—852)在《遣怀》的著名诗句:

十年一觉扬州梦

句中的"扬州"再也不是一个简单的地名,而是深深烙上了汉民族的文化意象,用其来喻指"文人骚客的憧憬之地"或"书生借酒浇愁,放浪形骸的处所"。再例唐朝诗人金昌绪(生卒年不详)的诗句:

打起黄莺儿,莫教枝上啼。啼时惊妾梦,不得到辽西。

这"辽西"也不仅是一个地名,那时的那地,是硝烟弥漫、金戈铁马、刀光剑影的边关战场,梦中见到自己的丈夫,也感心满意足,唯恐黄莺的叫声惊扰了自己的美梦。若不知晓"辽西"这一核心文化意象,就不能掌握全诗的诗眼,也就谈不上理解该诗的意旨。

这就是我们上文所说的两个世界"现实世界"和"认知世界",让客观物象烙上了感情色彩,才使得诗句更为感人。也就是说,诗歌中的"意象"正是诗歌感人的基本因素,它是"现实世界"与"认知世界","体"与"认"有机结合的产物。所以,意象的感人之处就在于"客观"与"主观"的结合和碰撞。译者在翻译时如何能将源文中所反映的"两个世界"或客主兼而有之的"意象"反映在译文之中,确实颇令人惆怅,阅读欣赏是一回事,动笔翻译则是另一回事了,真的体会到"一名之立,旬月踌躇"之感。

现笔者基于上述观点对两种不同的英语译文与源文作一对比分析:

[(A) 为斯利普(Schlepp)的译文 [选自文殊(1989:331)的《诗词英译选》];(B) 为翁显良的译文(见顾延龄 1993)。]

(A) Tune to "Sand and Sky"
——Autumn Thoughts

Dry vine, old tree, crows at dusk,

Low bridge, stream running, cottages,

Ancient road, west wind, lean nag,

The sun westering

And one with breaking heart at the sky's edge.

(B) Autumn

Crows hovering over rugged trees wreathed with rotten vine—the day is about done. Yonder is a tiny bridge over a sparkling stream, and on the far bank, a pretty little village. But the traveler has to go on down this ancient road, the west wind moaning, his bony horse groaning, trudging towards the sinking sun, farther and farther away from home.

两个译文,虽说一个注重"直译法",另一个注重"意译法",由于他们与马致远虽时空相隔较远,但(通过想象)也共享类似的体验和认知,将源文所欲描写的现实世界中的事物和场景基本上都反映出来了,但在反映其认知世界方面却存在较大的差异。

汉语源文前三行主要通过"修饰语+中心语"结构中的修饰语来反映两个世界中的意象及其感受,这些修饰语在不同的译文中有不同的处理方法,因而就反映出了译者对源文所含意象有了不同的理解,这也说明了这两位读者兼译者都有各自的互动方式。

(1) 汉语中的"枯"除了有"失去水分"之意象外,还有:干瘪、枯燥、憔悴、断绝、萎缩等意象,另外该字还或多或少与"古"有关,而译文(B)中用 rotten(腐烂的、发臭的),其反映的意象就显得与源文不那么切切,似乎言过其词了。译文(A)用 dry vine,似乎也难以反映出源文意象的全部意义。

(2) "老"在译文(A)和译文(B)中分别被译为 old 和 rugged,后者意为"不平的、崎岖的、有皱纹的、粗壮的"等。当然了,树老了就会有裂纹,如此翻译似乎比"老"的含义要多;前者用词虽然简单,但较为符合源文。

(3) 汉语中的"昏"除了"黄昏"之外,还有"昏暗、模糊、神志不清、失去知觉、乱、迷"等隐含义,在译文(A)中被处理为 at dusk,仅取其字面意义,只译出了一日中的时间段,未能很好地反映出其他含义。在译文(B)中被处理为 the day is about done,既越出了源文的"修饰语+中心词"的结构,将一个词译为一个分句,而且修饰关系也有变动,看上去不是在修饰"crow",似与整个句子有关,因此这一译法不管是从形式上还是从意义上都与源文出入较大。可见翁显良对源文中的认知世界有较为丰富的理解。

(4) "小桥"中的"小"不仅有"矮"义,还有"短"义,且常含有几分"赞赏",带有"小巧玲珑"之义。此处译文(A)处理为 low bridge 似乎仅取其中的"低矮"一义;译文(B)处理为 a tiny bridge,这个桥似乎也就"太小"了,岂不成了一个盆景?

(5) 不管是流淌的水还是不流淌的水,在阳光的照耀下都可能"闪烁"(sparkling),因此译文(B)用 sparkling 似有不妥。译文(A)用 stream

running 则改变了源文的"修饰语＋中心词"的结构,有点像分词独立结构,不如直译为 running stream。

(6)"人家"可视为一个词,但似乎也可按照上下文理解为"人"和"家"(如 Wai-lim Yip 就将其译为 men's homes,参见顾延龄:1993)。在译文(A)中被处理为 cottages,在译文(B)中被处理为 a pretty village,似乎都没有将汉语源文的意蕴翻译出来,"人家"不仅包含"房子",还有"住户、家庭、人"之义,它不全等于"村舍、别墅、小村庄"。

(7)"古道"在译文(A)和(B)中都被译为 ancient road,基本译出了原曲中的意义,至于汉语的"古"有多"古",英语的 ancient 离今多久,就让各位读者自己去体会吧!

(8)将"西风"译为 west wind,仅反映了客观世界的内容,但这往往会引起西方读者误解其认知世界的含义。我们知道,英民族所说的 west wind,常给大不列颠岛带来大西洋的暖湿空气,令人很有好感,它在文化意象上不等于我国冬天常刮的"西风",两者可谓相差十万八千里,这已有很多学者作过论述。此处两位译者都如此翻译,似乎有几分无奈!

(9)"瘦马"中的"瘦"之意象,在两个译文中分别被处理为 lean 和 bony,都可接受。而"马"分别被译为 nag 和 horse,使其具有了不同的主观色彩意义,nag 是口语用词,可指"老马、矮小的马、次等赛马",还可意为"唠叨、抱怨、引起苦恼、找叉子"等义,它与汉语的"瘦马"似乎不完全等同;而 horse 为中性用词。

源文的后两行在这两个译文中的翻译方法也完全不同:

(10)"夕阳"在两个译文中分别被译为 the sun westering 和 the sinking sun,都算可以接受。这两个译文形式上的差别在于:前者像分词独立结构,后者是"修饰语＋中心词"结构。但是我们知道,在汉文化中,"夕阳"有一层约定俗成的文化意象,可用以描写人到晚年,人老珠黄,这在英译中还确实有点"难以名状"。

(11)"断肠人"是指"逆旅在外漂泊的游子","在天涯"是指在"十分遥远"的地方,含有"不知归期"之义。这句话似乎有多种理解,实际上也是反映着认知世界中的不同意象。在译文(A)中"天涯"被处理成了 at sky's edge,尚可接受,道出了"遥远"之义,但也太不着边际了。one with breaking heart 似乎不如 one with broken heart 更通俗,但这或许正可反映出译者的意图,是自己折磨自己,还是别人使自己心碎?颇耐人寻味。译文(B)是从"旅游人"角度来说的,他骑着瘦马,踏着古道,顶着西风,朝着落日,离家越来越远,让人想起了远在天涯的断肠人。若用"旅游人"(the traveler)来说"断肠人",似乎在意象上差距较远,似有缺憾。译者似乎是在描写另外一个客观世界和认知世界,与源文的意境相差甚远。

总的来说,译文(B)用词较"大",以求诗文之"雅"效;描写较为详尽细致,增加了很多源文中所未述及的意象内容(参见黄国文 2003),旨在将源文中所欲反映的"认知世界"说得更清楚;而且采用了散文释义的方式来翻译原曲。这足见翁氏是以"意译法"(为神似派的翻译方法)为主的。而译文(A)显得较为简练,刻意在形式上尽量对等,可见斯利普(Schlepp)是以"直译法"(为形似派的翻译方法)为主的。

两种译法都涉及如何解读源文的"文化意象"和"认知世界",特别是意译法更是如此(参见第七、八两章)。在意译法中若能解读得比较准确、妥帖,这也是可以的,所谓的"传神"或许就意在如此,而不必在形式上恪守汉语元曲的行文格式。但若解读得与源文相去甚远,过于牵强,甚至出现误解,难免会使人有"不忠实"之感,译者的主权倒是得到了充分的体现和发挥,迎合了"解构派哲学"的翻译观,但不可忘却"模仿"二字,我们认为那种"踢开源文闹翻译"的方法是不可取的。"牵强"要少取,"误解"不可多犯,创造勿忘模仿。正如上文所言,"创而有度"是一条要遵循的基本原则,这就是体认翻译学中所说的"体"原则。

译文(A)主要采用了直译法,显得较为简练,未见多增加什么词语,比较注重"形似",留下了一点未作深入解释的"意象世界"之余味,让读者自己去体会和想象,也不失为一种翻译风格。但译文(A)中有些地方处理得较为粗糙,如上文分析的

  low, stream running, cottages, west wind, nag, the sun westering

等,由于这些"创造",与源文所欲表述的认知世界似有出入。

第四节 结 语

本章和上一章第四节解释了体认翻译学权宜性定义中的几个关键词语,现按它们在定义中出现的顺序列举如下:

体认性、特殊性、多重互动性、意象性、双重世界观、模仿性、映射性(体认语言学两套核心原则对应中的意象、反射和折射)、创造性

它们基本上反映出该学科对翻译的主要认识。在翻译过程中,参与互动的多重认知主体应基于体认原则,努力将作者与文本在两个世界(现实世界和认知世界)中所含意象信息映射入译者的两个世界之中,借助创造性模仿机制将其用另一种语言转述出来。译者既要对作者和文本负责,也要对读者负责,强调翻译的体认性,兼顾翻译的"语篇性和构式性",建立"解释的合理性",倡导"翻译的和谐性"。这对译者可谓是一场严峻考验。当然,若能获得一次成功的经历,便是一次理论修养的升华,实践能力的提升。

据此,翻译活动既不像传统派译论那样一味追求原作者在源文本所想要表达的原初义,置读者兼译者的主观性于不顾,有违常情。文本派译论沉湎于语言层面,过分强调翻译中两种语言的对等、对应、等值,将"人本精神"赶出了翻译活动,忽视作者和读者之间的互动,以偏概全。后现代译论又将问题导向"读者"一端,无视作者,丢弃文本,过分偏重读者兼译者的理解来主观建构译文,这也与事实不符。"林纾式的翻译"有一个重要的前提"请人讲给他听",还须有人先来体认原作嘛!这是不可或缺的一步,因而不可称之为创作,不妨暂且冠之以"创译",在基本了解作者的意图之后作一番本土化的创作。

翻译活动中既有客观因素,也有主观因素;确定中有不确定,不确定中有确定;忠实中有不忠实,不忠实中有忠实;可译中有不可译,不可译中有可译,这便是翻译所遵循的辩证规律,皆可用"体"和"认"作出统一解释。

第六章 翻译的"意义中心论"

我们认为,上文所提到的三个中心可归结到一点:"意义中心",这也完全符合语言的体认观。笔者一直强调应大力开展中西语义理论的对比研究,并指出外语界同行在进行语义研究时必须避免只谈西方语义理论,而忘却宝贵的训诂学。本章则在上述观点的基础上,以各种不同的语义观为出发点来阐述翻译观,并依据翻译的功能观和三位一体观以及当今CL和体认语言学理论,重申翻译研究的体认模式。坚守"意义中心"的原则,但不局限于意义转换,更强调在新的语境中重新建构意义的过程。本章还将基于此来阐述典籍翻译中的一些关键问题。

第一节 概 述

翻译,究其根源来说,与"语言对比"唇齿相依,但不能局限于语言层面,还要上升到认知和文化层面进行对比。要进行翻译,就要进行跨语言、跨认知、跨文化的对比。可喜的是,这几十年来经过我国各界学者的共同努力,"对比语言学"在我国发展迅猛,取得了令人可喜的成就,但仍有一些不足或空白之处。

"对比语言学"(Contrastive Linguistics)这一术语,至少可有以下几种理解:

(1) 运用比较和对比的方法研究语言,即在第二字后做一切分,两

者为偏正结构,理解为"对比的语言学";

(2) 运用跨语言语料来对比具体的语言现象,即在第四个字后做一切分,理解为"对比语言的学问";

(3) 将中西方的语言学理论分别进行系统的对比研究,如:对比语音学、对比词汇学、对比句法学、对比修辞学、认知对比语言学等。也在第二个字后做一切分,但为动宾结构,理解为对比"语言学理论"的研究。

前两者更具实践性,侧重运用比较和对比的方法来研究语言现象。而第三者更具理论性,依据普通语言学所分析出的各个层面对不同语言进行条分缕析的比较和对比,且将对比研究拓展到认知层面。

到目前为止,尚没有学者就我国和西方的语义理论进行过认真而又系统的比较和对比。这主要是因为汉语界与外语界在这方面的交流太少所致,彼此了解不多,"老死不相往来"的情况依旧较为严重,这恐怕是吕叔湘先生所说"两张皮"的重灾区。汉语界的训诂学者不太了解西方语义理论,外语界的语义学者关注训诂学的极少,这就造成了语义对比研究的盲区。

为此,我们亦已呼吁多年,外语界的同行不仅要读西方学者的书,也应当了解中国学者的理论,他山之石可以攻玉,但我山之石也可攻玉。在对比语言学研究中,汉语界需要注重"他山",外语界需要强调"我山"。因此,二石并用,方可更好地"攻玉"。时至今日我们应当义不容辞,共同努力,为减轻这一灾情而努力奋斗,为学界后来者打下基础,创造氛围,开拓更为广阔的研究空间。

近年来,我们体认团队加强了汉外两界在语义对比研究方面的交流和合作,主要包括以下几个方面:

1) 组织学习汉语语言学论著,特别是语义理论方面的专著,密切关注他们的研究成果和动向。不仅老师要学,而且还要求研究生们学;

2) 尝试进行中西语义理论方面的对比研究,撰写和发表有关论文,以期能获得"抛砖引玉"之效,努力拓宽汉英对比的研究范围;

3) 争取参加汉语界举办的语言学、词源学、训诂学等会议,进行实质性沟通和交流,取长补短,各有所得;

4) 在外语界主办的各类学术会议上,尽量邀请汉语界(包括哲学界、逻辑学界等)的知名学者参会,并做主题发言;

5) 支持和关注我国的典籍翻译这一新生事物,这也是一个将中国古典文化融入外语学界研究视野的极好形式。

一切翻译活动都落脚于对"意义"的理解、建构和转述,体认语言学在批判索氏和乔氏"形式中心论"的基础上针锋相对地提出了"意义中心论",据此,翻译就是一项围绕意义所展开的工作。正如刘宓庆(1997:7;2005b:63)所说:

> 翻译的实质是双语间意义的对应转换,徒具形式没有意义的语言,只可以说是一串没有语义或语意不明的文化符号,翻译者无以为本。
> 舍弃了意义,也就舍弃了语际交流,翻译也就不复存在了。这正是当代西方某些翻译理论的盲点。

不仅是意义的对应转换,体认翻译学更强调在新语境中意义的重构。

据此,我们就应加强学习和对比中西方的语义理论,且基于此来建构体认翻译学。本章则是在这些研究活动和认识的基础上,进一步运用语义对比研究的成果和最新的体认翻译学理论,阐述"基于语义理论的译学"思想。

第二节 中西语义理论对比简述

中国传统的国学与西方诸路学者对"意义本体"的认识,既有不少共识,也有许多差异。通过阅读西方语义学的论著和教材,可以获知西方各路学者对意义本体提出的若干很有见地的重要观点,这主要反映在他们对"意义的定义"的论述之中。

围绕意义的定义,西方出现了如下诸多观点,如:指称论、观念论、命题论、实证论、真值对应论、真值条件论、功用论、行为论、语境论、意向论、成分论、替代论、关系论等。除此之外,近当代出现的诸如"现象学""存在主义""解释学""解构主义""认知理论"等都提出了相应的语义观。从这些术语可见,这些成果大部分都是哲学家的研究成果,参见王寅(2001:31—58)。

笔者(2000)在《中国翻译》上曾发表一篇题为《中西语义理论的对比与翻译理论的建设》的文章,提出要加强中西语义理论对比的构想,并强调外语界同行在进行语义研究时必须避免只谈西方语义理论,而忘却我们祖先留给我们的宝贵、丰富的训诂学,这一观点受到很多同志的支持。笔者(2002)接着又于《外语与外语教学》上发表了《中西语义理论对比的再思考》一文,再度强调语义理论研究决不是西方人的专利,主要围绕"指称论、观念论、实证论、功用论、语境论、行为论、认识论"等观点列述了我国古代学者对意义研究方面的著名论述。

训诂学是我国古代学者通过长期的思考和实践所建立的一门关于语义研究的传统学科，它比起西方学界来说，历史要悠久得多、内容要广泛得多、史料要详实得多、著作要丰富得多，更具有综合性和实用性，这是不可否认的事实(王寅 2000)。但这些论述大多散落在各类论著和文章之中，未能形成一个较为完整的理论体系，于是就出现了如下这一尴尬局面：本应成为我国语义理论的训诂学，却未能成为一门研究语义的专门学科，令人大有"语义系统理论"与我擦肩而过的感觉，从而出现了中国古代学术史上一个十分令人惋惜的断层。从这一角度来说，西方的语义学比起中国的传统训诂学，具有明显的理论性，这就形成了笔者所说"两股道上跑的车"之现象，尽管都是在朝向语义研究的方向，但却出现了两种截然不同的研究思路和方法，主要原因有：

1) 纵观我们古人的研究，总的说来，有"注重实用性而忽略理论建设"的倾向，训诂学也有这一特点。

2) 重视经学(如儒学等经典作品)研究，而将语言研究作为"小学"附着在经学上加以研究。

3) 封建社会的历朝历代，统治阶级为巩固国家政权，一直沿袭"重文轻理、文理脱节"的思路。

4) 中西文字有差异，语言结构也不同，研究语言的方法和思路必然会有差异，再加上受到社会、历史、文化、心理等因素的影响，两者必然就带有不同的目的，运用了不同的方法，产生了不同的体例，包含了不同的内容，各自有不同的侧重点，使得语义研究走上了不同的方向。

我国从汉代开始，读书人就以读经为博取功名富贵的唯一途径，后来历代王朝多以治经之术来考录政府官员，这就促使古代学者为求功名，只得围绕"经学"转圈，而忽视对自然科学的研究，更谈不上会有人考虑将语义研究与自然科学结合起来的问题，因此用逻辑公式表达语义、创建人工语言、构想语义的数学模型，只能是西方学者的发明。

第三节 语义理论与翻译研究

正如上文所述，不管"翻译"是什么？如何定义它？有一点确是大家都能接受的，翻译活动的核心问题是"意义"问题。法国著名的口译专家，释意理论的创始人塞莱斯科维奇认为翻译所处理的对象不是语言，而是交际意义。

翻译不是解释,也不是诠注,而是"释意篇章"。

语言学界的诸多流派,有的侧重语言的形式层面,如结构主义、转换生成学派;有的侧重语言的功能层面,如功能语言学,它们对翻译研究的影响都很大。若说到 CL 和体认语言学,它们是一种"以语义为取向"(Meaning-oriented)的语言理论,根据上文所述"翻译的核心问题是语义",那么认知语言学和体认语言学必然能为译学提供更为适切的理论支撑。这也是我们(2002,2005)为何早就主张将该学科的具体理论和分析方法运用于译论建构的原因。

索绪尔的结构主义语言学认为,语言符号是"能指 vs 所指"的结合体,这两者就像一张纸的正反面,怎么撕也不能将这两面分离开来。乔姆斯基则将这两者分离开来,在 TG 问世之初,他专事于句法形式,而置意义于不顾。在这一点上,认知语言学家接受了索绪尔的符号观,而反对乔姆斯基的形式主义立场。蓝纳克(Langacker 1987,1991)在《认知语法基础》中提出了"象征单位"(Symbolic Unit),且将其定义为"形式与意义的配对体",这是对索绪尔符号观的一种回归,但又超越了他的任意观。

但是实践证明,意义还是可能与形式分离的,例如,我们在重述阅读过的文章时,不可能记住文中全部的能指,被储存于头脑中的是所指。有人说,背诵是否算个例外,但若深究,我们怎么记住语句表达形式的,不主要还是靠意义为记忆线索的嘛!试想,若要记住一串毫无意义的符号,会是一个什么样的结果?

再如,当口译人员在听到每分钟 180 个词的语句时,他不能同时记住这么多的具体字词,只能记住相对独立于语言形式之外的交际意义和主要思想,也就是说,意义可能会脱离语言外壳。谭载喜(2005:55)也认为,

> 翻译学的重要任务之一,就是对语义进行具体的科学分析,为翻译操作提供一个可靠的理论基础。

雅克布逊(Jakobson 1959:232—233)就曾直接用"翻译"来界定意义,他说:

> 任何语言符号的意思,就是把该符号翻译成另外一个符号,特别是翻译成另外一个"更加发展成熟了的符号"。

一个字词的意义可通过"语内翻译"的方法(即单语字典或单语词典),也可采用"语际翻译"的方法(即双语词典)来解释。

法国的两位翻译家塞莱斯科维奇(D. Seleskovitch)和勒代雷(M.

Lederer)于1984年在其所创立的"释意理论"(Interpretive Theory)中,提出了"脱离译出语外壳"(Deverbalization)这一术语,认为意义可以脱离语言的具体表达形式而独立存在,它可被进一步描写为:在口译过程中译者将意义从译出语形式中剥离出来,且将其与其他信息进行整合,在心智内形成了高层次性、网络性、语义性的基本存在状态(参见许明 2010)。此理论不仅适用于口头翻译,而且也可用于解释笔头翻译过程中的形式与意义相分离的现象,这与传统理论中常说的"解码"(Decode)和"编码"(Encode)的原理相通。

从总体上来说,索绪尔的符号观是正确的,能指和所指具有捆绑性,也就是说没有不具有意义的形式,也没有不通过某种形式而能表达的意义(巴尔胡达罗夫 1985:37)。认知语言学家所提出的"象征单位",在这个意义上是成立的。没有意义的语符就不是我们所说的语符,只有意义而没用符号表述出来的,或许仅以一团乱云的方式漂移于人们的心智之中,也不是我们所说的语符。正如索绪尔(Saussure 1916,高明凯 1996:157)所说:

> 从心理方面看,我们的思想离开了词的表达,只是一团没有定形的、模糊不清的浑然之物。哲学家和语言学家常一致承认①,没有符号的帮助,我们就没法清楚地、坚实地区分两个观念。思想本身好像一团星云,其中没有必然划定的界限。不存在预先确定的观念。在语言出现之前,一切都是模糊不清的。

概念需要符号出场,思想要靠形式呈现,这便是语言哲学的一个重要原则。

但是在交谈、阅读和翻译中,语言符号主要是用以传播意义或信息的,"得意而忘言"也是常见现象,因此说"翻译的中心是意义"还是能为学界所接受的。我们认为,要能翻译好源文,就必须对源文进行"去词语化"(Deverbalization)或"解码"(Decode),在正确理解各类意义(如理性意义、感情意义、背景意义、文体意义等)的基础之上,再将其"词语化"(Verbalization)或"编码"(Encode)。若从这一观点出发,译界所长期讨论的"信、达、雅"三原则,实际上就是从三个不同角度来论述"意义转译"的问题。据此,过往译界所论述的三个中心,完全可归结为一个"意义中心",翻译就是在透彻理解译出语言(含古代语言)语篇所表达出的各类意义的基础上,将其映射并重建在译入语中。

如我们能在中西语义理论方面从思路上、内容上、方法上进行全面对比,

---

① 注意此处的"一致认为",源文为"always agreed",就已在彰显语言学家与(语言)哲学家的亲密关系。

必将会大大促动我国翻译理论的发展和建设,进而会大大提高中外翻译实践能力。笔者现依照语义学界惯常论述的几种主要语义观,论述其对翻译研究的启示。

1. 指称论

"指称论"(Referentialism)是一种最为古老,也最为简单而又直观的语义观:要想知道一个语言符号为何义,可通过"直指法"(Ostensive Method)将它所表对象直接"指"出来。

这种理解语义的方法,具有朴素唯物论的思想,它从幼儿认识世界开始,就一直伴随于我们的生活之中。我们认为,这也与我们上文所述的语言体认观有相通之处,两者都是基于如下的思路:语言不是先天就有的,而是来源于我们所生活的现实世界。例如,当我们遇到一个新造词语,不知道它指称什么新事物的时候,别人用了很多摹状语来解释它,我们仍不能明白其义,此时最好的办法就是,把这个新词语所指称的对象"拿出来秀一下",这比用什么词语解释都管用,我们常说的"百闻不如一见"就是这个道理。在跨语言理解和翻译时,最原初的翻译也得以此行事,用英语解释了好大一阵子,不如看看事物本身。

指称论还具有重要的语言哲学意义,人们正是凭借语言的"指称性"将人与世界关联起来,若无语言作为中介,我们何以认识世界。英美分析哲学中理想语言学派(Idealist Language School)的理论基础为"语言与世界同构",世界只能是语言中的世界,外部世界只有进入语言后才呈现出规则性。

但是,指称论也有明显的不足,例如那些"想象之物、抽象概念、语言中的虚词",它们在现实世界中没有具体指称,此时又该如何解释词语的意义呢?还有学者认为,指称论带有机械唯物论的胎里疾,是客观主义和经验论的产物,过分强调了语言符号与客观世界中事体的指称性联系,而忽视了人类思维的创造性和想象力。

指称论尽管有缺陷,是当今 CL 批判的靶子,但这一方法对于人类的认识和语言的翻译所带来的启示还是十分明显的。它虽很原始,也很朴素,但却是我们进行翻译活动之最初出发点。奎因(Quine 1960)在《词语与事物》(Word and Object)一书中所述及的"初始翻译"(Radical Translation),就是建立在指称论之上的。编写图画词典(Duden 词典)的意义正在于此,可消解很多定义性解释说不清楚而引起的麻烦。

索绪尔和乔姆斯基过分强调语言的先验性和天赋性,忽视了语言最基本的实践要素,使得他们的理论失去了唯物论基础。基于体验哲学和体认语言学提出的"体认原则",这有效地弥补了索氏和乔氏的理论缺陷,也为体认翻译学提供了基础思想。我们正是通过"指称论"实践"互动体验"的,而且它也是人类形成共同思维的基础。指称论认为,语言可用来描写世界、指称事物,正是有了这一认识,才决定了不同语言之间具有可译性。

这种语义观反映在翻译中的主要问题是:解释不了不同民族为何会有不同的范畴化世界的方式,不同语言中为什么会有很多不可译的现象,忽视了作为创造语言和运用语言的人这个主体具有想象力,也就无视不同民族具有不同体认方式和结果这一差异性。

2. 观念论和涵义论

西方哲学的语言论转向,改变了人们的若干传统观念(参见王寅 2014)。很多学者认为意义主要体现在人们心智中的观念。弗莱格(Frege 1892)据此提出了著名的"涵义论",即意义符号通过"涵义"(Sense)指向"客观外物"(Referent),而不像传统指称论者所认为的那样,语符直接与对象相连。奥格登和理查兹(C. K. Ogden & I. A. Richards 1923)后来用"语义三角"(Semantic Triangle)来表示这一思想,

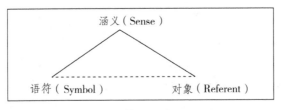

图 6.1

注意,指称论中所倚重的"语符"与"对象"之间的关系,在涵义论中被修补成虚线,说明这两者之间不像指称论所说的那样存在"直接关系",而仅有"间接关系"。

从语言符号形成角度来说,是从 Referent 到 Sense 再到 Symbol 的,这对体认语言学建立体认性核心原则(现实—认知—语言)是一个重要的启发;但是从语言理解和翻译角度来说,则运思方向与其相反,是从 Symbol 到 Sense 再到 Referent。

这种语义观虽涉及"抽象概念"这一中间环节,但其所反映的哲学观主要

还是以"客观主义、经验主义"为归宿的,因为弗莱格强调此处的 Sense 或 Concept 是现实世界中所指物的"镜像"(Mirror)反映,忽视了人们在认识世界中的创造性、想象力和差异性。他(Frege 1892)将具有主观性的思想称为"Idea"。

这种观点对翻译的启示在于:应把握好语言中"涵义"系统的理解,也就是说,在跨文化和跨语言翻译的过程中,需将语符意义分别置于各自的涵义系统中加以参照和对比,以能较好地反映出它们的"价值"(Value),尽量准确地映射出各自所要表达的意义。体认语言学提出的"现实—认知—语言"在某种程度上也是受到弗莱格语义三角的影响,将三角形的顶点向下拉,一直拉到底边,使其位于"现实"和"语言"之间,彻底阻断这两者的联系,这就形成了体认语言学的核心原则,以进一步通过"认知"环节彰显语言成因和研究中的人本精神。

3. 功用论、行为论、语境论

维特根斯坦(Wittgenstein 1953)指出:

The meaning of a word is in its use. (词语的意义在于其用法。)

他意在强调词语的意义不在于外界的指称物,也不在于心智中的观念或涵义,而在于词语的用法之中。要知道一个词语的意义,就要看它是如何被使用的;一个人会用一个词语了,就说明他已知晓这个词语的意义了。

奥斯汀(Austin 1955,1962)受其启发,于 1955 年在美国哈佛大学做讲座时提出了"言语行为"(Speech Act)理论,即一个语句的意义在于它所能引起听话者产生的行为,说话本身就是在实施某种行为。我们据此就可得出下一公式"说话=做事",即言教与身教具有同等功效。奥斯汀早期致力于区分"表述句 vs 施为句",后来认为任何语句都可施为,且将其三分为:

言内行为(Locutionary Act):指事,说出的实际字词;
言外行为(Illocutionary Act):行事,词句的言外之义;
言后行为(Perlocutionary Act):成事,话语取得的效果。

这就是人类言语交际的功态过程,由"言内(指事)"经"言外(行事)"到"言后(成事)"的三环节路径,翻译也应经过这一行为过程,需要在"言内意义、言外意义、言后意义"的立体观照中来把握译事,在"表层结构、深层结构、外层结构"的三维审视下实现语言使用之"得法、得体、得宜"的总体格局(阎佩衡 2015）。

意义的语境论与其相通，考察一个语句的意义就必须根据它所出现的言语环境，是否适合于某特定场合，发挥了特定的语法功能。因此，学界常将用法论、行为论、语境论、功能观归为一个大类别。

很多学者尝试将这种语义观运用于翻译之中，如卡特福特（Catford 1965）就曾尝试以系统功能语言学为基础来建立翻译理论模式，他率先将韩礼德（Halliday 1985）的语境观引入翻译理论之中。纽马克（Newmark 1982）在《翻译入门》一书中也指出：语境在所有翻译中都是最重要的因素，其重要性大于任何法规、任何理论、任何基本词义。

后来，哈蒂姆和梅森（Hatim & Mason 1990，1997）出版了《语篇与译者》《译者是交际者》，贝尔（Bell 1991）出版了《翻译的理论与实践》，贝克（Baker 1992）出版了《换言之：翻译研究课程》，都试图从功能语言学角度来论述翻译理论。我国也有不少学者尝试将该理论运用来探讨翻译问题，如黄国文（2002）、张美芳（1999，2000，2001）等。中山大学于 2002 年还专门举办了题为"语篇与翻译"的国际会议，将我国这方面的研究提高到一个新层次。他们认为，应将语言运用时的情景、其所体现的功能等作为翻译的基础，翻译主要应译出语句所发挥的功能意义和语用意义，且强调指出：

（1）应将"语篇"视为翻译的最基本单位；
（2）语境对于理解和翻译具有重要的作用；
（3）当形式与意义和功能发生冲突时，形式让位于意义，意义让位于功能。

张美芳和黄国文（2002）说：翻译研究的语篇语言学方法是对传统语言学方法的发展，重视语篇分析和语用意义，其研究对象不仅是源文和译文两种语言体系，而且还涉及语言体系以外的各种制约因素，包括情景语境和文化语境。该模式认为：意义并非由语言结构本身决定的，而是由整个语篇（包括它的语言体现形式和它的交际功能）来决定的，翻译应主要能反映出语言的交际功能。

4. 关系论和替代论

索绪尔所创立的结构主义语言学理论，引无数学者竟折腰，一时间，"结构、系统、形式、价值"等成了学界的关键词，被运用于各自的学科研究之中，从而在 20 世纪 50—60 年代形成了一个波澜壮阔的结构主义社科研究大潮。

在索氏"关门打语言"策略统摄下,学界还据此提出了"文本是一个独立的自足体"的观点,使得人们将焦点置于语言系统本身,认为语符的意义不在于外部世界的所指对象,也不在于心智中的观念或涵义,无须依赖什么功用和语境,只需在语言系统内部通过横组合和纵聚合,以及各种"涵义关系"(Sense Relations)便可获得,因而提出了语义的关系论和涵义论。

这两种语义观武断地切断了文本与作者、读者之间的联系,强调语言的"封闭性"和"静止性",认为只要游荡于语言本体的系统之中,细读文本,寻找各种语义关系,就能发现语符的潜在意义。在保持语句原义的情况下,若能用一个语言单位 A 来代替 B,则 A 就是 B 的意义。

这种观点反映在翻译中就认为:只要研读作品本身就可做好翻译,而不必考虑作者、读者、以及其他有关要素。正如卡特福德(Catford 1965:1)的名句所言:

> Translation is an operation performed on language: a process of substituting a text in one language for a text in another. Clearly, then, any theory of translation must draw upon a theory of language—a general linguistic theory. (翻译是对语言的运作,是用一种语言文本代替另一种语言文本的过程。因此显而易见,任何翻译理论必须依靠一种语言理论,一种普通的语言理论。)

语码转换论也反映出与卡特福德相同的观点,将翻译视为"语码转换"(Translation is transcoding),认为意义是客观的,确定的,翻译就是用一种代码转换代替另一种代码。

5. 欧陆人本哲学意义观

(1) 现象学

德国哲学家胡塞尔(Husserl 1859—1938)为"现象学"(Phenomenology)主要代表,力主基于人主体的"纯粹意识"(Pure Consciousness)建立哲学理论。他认为依靠唯物论或唯理论都不能获得世界的真理或本质,唯物论将哲学研究设定于人的感觉经验,但其必定受制于人的个别性和相对性,难以获得理论上的普遍性和必然性;唯理论依据先验自明的观念或公理,但又无法证明其存在。因此,胡氏认为揭示世界的本质需用现象学,既不研究物质,也不关注观念,而当聚焦于"现象",即"纯粹意识"。因此这里的"现象"是指被知觉的对象在人脑心智中呈现出的"纯粹意识",它是对一般意识、感知经验的再抽象,而不是具体的经验事实或一般认识,它才能代表着经验的本质。

现象学的核心内容为"现象学还原"和"意向性",通过"现象学还原"(Phenomenological Reduction)就可去掉经验中变动不居的成分,此后便可获得纯粹意识,它才代表了世界的真理。"意向性"是指"意识具有指向某物的性质",此为人类意识的本质特征,是介于主客体之间的桥梁,即主体意识通过"意向性"与外界对象或观念相联。据此,一切意义都可归结为意识的意向性,它与真值无关,靠传统的经验和观念都无法解释。语符的意义不由指称物决定,语符本身是无意义的,而是取决于纯粹意识,只有通过意向性活动才可获得,即意义是在意向性活动中显现自身的。这就可解决指称论的难题,有些空语符(没有指称物的语符)有意义,是因为纯粹意识的意向性可指向一般认识中的抽象对象,它虽可不实存于现实世界中。该理论也能解释一物多名现象,如"英国第49任首相""撒切尔夫人""铁娘子"同指一人,是因为不同语符被赋予了不同的意义,也就包含了不同的意向性。

从现象学可见胡塞尔的人本主义立场,它是反思逻实论(无视人本精神)的产物,因为意义不可能客观存在,它产生于人之意向。特别是他提出了"语符本身无意义"的思想,为后现代哲学家的意义观产生了重要影响。

(2) 存在主义

胡塞尔的弟子海德格尔(Heidegger 1889—1976)沿着他老师的人本立场,超越了先验性的纯粹意识和意向论,强调基于"人之当下存在"来建构哲学理论,颠覆了笛卡尔的"我思,故我在",将其修补为"我在,故我思",可以其为出发点来分析语言,研究意义,揭示人和物存在的意义,聚焦被胡氏悬置的现存时空和一般经验。其核心术语"Dasein"(亲在、此在)就充分彰显了海氏的现实版的人本立场,将哲学定位于"追问存在""揭示其意义,使其敞开和澄明"。

海氏常被视为该时期最重要的欧陆人本主义者之一,严厉批判了逻实论和客观主义哲学,提出了"思和诗等同"口号,它成为后现代哲学中一个重要观点。既然"思"是人之所为,就不可能完全客观,其中充满了"诗"的性质,离不开想象力和创造力,也是人的内心世界和外部世界融通的反映。思寓于诗中,诗使思得以开显,据此得出

思 = 诗

的设想。故而主张取消哲学和文学(诗)之间的界线,这也是后现代主义哲学的一个重要特征。

海氏的"亲在"(Dasein,又译"此在")还可视作主体的意义源。一切存在（包括人本身）只有通过诗性语言才能得以显现,若不用语言将思想表述出来,这些思想就不能为人所知,也就不存在。进而言之,存在于语言中,我才会有思想和意义,我和我的思想都存在于语言之中,或曰:

　　一切存在都是语言中的存在。

这就得到了海氏的名言：

　　语言是一切存在的家园。

从另一角度来看,意义也是一种存在方式,词语的意义是从存在的意义中派生而来的。一个事物在语言中有了词语的表达,它才能存在;若无对应的词语,也就丧失了该物存在的依据。词语的意义使得事物或世界可能被我们认识和理解。

(3) 现代解释学

德国哲学家施莱尔马赫(Schleiermacher 1768—1843)和狄尔泰(Dilthey 1833—1911)基于西方的传统解释理论创立了"哲学解释学"(Philosophical Hermeneutics),倡导客观主义精神,强调要客观地把握作者和作品的本意。海德格尔对其提出质疑,运用解释循环观详述了"解释学循环论"(Hermeneutic Cycle Theory),为研究理解和意义开启了一条新思路。海氏的学生伽达默尔(Gadamer 1900—2002)基于此创建了"现代解释学",进一步反思了施、狄基于客观主义立场建立的哲学解释学,且将其定位于关于"理解"和"解释"意义的理论,认为理解和解释不是一种简单的认识方式,而是一种人类存在的方式,包括了人类全部的世界经验。他指出,理解具有"普遍性、历史性、语言性、经验性、人本性、创造性"等特征。一切理解和解释都是人之所为,具有动态性,同一文本在不同的时期有不同的理解和解释,伽氏的解释学进一步彰显了欧陆哲学中的人本精神。

意义取决于"理解"和"解释",它们又受制于人们预先存在的前结构。语言不是什么外在于主体的一般存在物(或工具),它离不开"人主体"的存在而存在,文本本身没有什么意义,只有人的存在和解释才能赋予文本存在的意义。一个文本只要从书架上进入到读者手中时,书就将自身敞开给读者,在与人的对话中产生了意义,换言之,人赋予文本以意义。此时,双方或多方的视界就能融合,人便能理解文本。如此说来,若不存在作者和文本的原意,一味追寻本意的活动都是徒劳的,传统翻译观几千年来所强调的"忠实于源文"标准也就失去了存在的理论根据。

伽达默尔(Gadamer 1960,洪汉鼎译 2010:540—542)从解释学角度对翻译做出了全新的解读,认为一切翻译都是解释,都是再创造。他说:

> 我们甚至可以说,翻译始终是解释的过程,是翻译者对先给予他的词语所进行的解释过程。
>
> 凡需要翻译的地方,就必须要考虑讲话者原本语词的精神和对其复述的精神之间的距离,这种距离是永远不可能完全克服掉的。
>
> 在对某一文本进行翻译的时候,不管翻译者如何力图进入原作者的思想感情或是设身处地把自己想象为原作者,翻译都不可能纯粹是作者原始心理过程的重新唤起,而是对文本的再创造,而这种创造乃受到对文本内容的理解所指导,这一点是完全清楚的。同样不可怀疑的是,翻译所涉及的是解释,而不是重现。

谢天振(2000:75)也指出:

> 在翻译中,译者追寻作者的本意并把作者的本意视做译作根本,这个在传统翻译观念中原本无可置疑的事实却由于现代解释学理论的某些观念而受到冲击,甚至产生动摇。

从上文伽达默尔所用的"再创造、距离"等字眼可见,他对传统译论所强调的"信、等值、再现"观点进行了有力地批判,为后现代译论开了先河。

(4) 解构主义

法国著名的哲学家德里达(Derrida 1930—2003)所创立的"解构主义"(Deconstructionism),常被学界视为后现代哲学中的标志,他以"怀疑、否定、消解、破坏"为己任,扛起了"造反有理"的大旗,肩负着"反基础""反理性"的重任,怀疑传统,否认本质,消解规律,破坏哲学,不仅解构了曾占据学术主体的形而上学,且还批判了时下处于前沿的"索氏结构主义",须将理解和意义从由结构组成的要素系统这一牢笼中解放出来,一幅"潘朵拉"魔盒被打开的景象涌现于世人的眼前。

语言本无结构,为何因此而烦恼。消解了"结构",也就否定了"结构决定意义"的论断。那么意义来自哪里?德氏的回答是:读者在阅读和理解文本的过程中不断打散结构,意义通过重组碎片而被读者建构而出。文本的意义犹如一道痕迹,在时空中不断延异,随历史的发展和场所的迁移而变化,意义必然具有多变性,语言也就成了一个地道的"迷宫",再也不像索氏所说的那样,具有"系统性"和"稳定性",而是"模糊的"。德氏还严厉批判了索氏的"语音中心论",且针锋相对地提出了

> 书写规定语音，书写可为语音的样板

的新观点，一反常规，强调了书写的重要性，意在颠覆语音中心主义所赋予言说的特权地位。

德氏在上述基础上建立解构论语义观，强调意义的不确定性和建构性，主要包括"痕迹论、延异论、隐喻论"（本文略）。

(5) 欧陆人本哲学的语义观

欧陆人本哲学家严厉批评了英美理想语言学派的客观主义哲学观，强调从"人主体"的角度解释意义，认为理解具有主客性，意义理解离不开"人主体"，离不开主体间的对话，文本理解具有创造性，这为我们的研究打开了另一扇窗，为我们深刻理解意义和翻译具有重要的价值。

他们否定了意义的客观性，强调其意向性和人本性，将被传统语义观和翻译理论排斥在外的"人"请了回来。体认翻译学将翻译视为一种以意义建构为中心的体认活动，与始于胡塞尔等的欧陆人本观完全一致，在翻译中必须关注"人本"要素，若没有它，一切都是空谈。因此，基于体认翻译学建立的理论模型，如图4.4所示，坚持将"体认主体"置于中心位置加以论述，在一定程度上体现了这种欧陆人本观。

海德格尔认为，人们通过"诗思"可获得对生活世界及其意义的理解，从而进一步领悟到人本身的存在，这也为体认翻译学所倡导的"体认观"和"创造性模仿"进一步提供了理论依据。"人之思"既有反映客观的一面，这由我们的"亲在"所决定，主要经过"体验"和"模仿"这两种方式；它又有主观的诗性特征一面，可通过"认知"和"创造"这两种方式做出合理解释。因此，基于体认原则建构的体认翻译学认为，语义、理解、翻译之中既有客观也有主观，必须兼顾到它们的两面性，不可偏废。

德里达的解构主义过分强调"主体间性"，且将其提炼成一句通俗名言：

> 有一百个人读哈姆雷特，就有一百个哈姆雷特。

这促使基于后现代哲学的译论走上了"过分强调读者自由解读"的方向，将"人本精神"突显得过了头。而在伽达默尔的解释学中既述及了"主客互动"，也谈到了"主主互动"（即主体间性 Intersubjectivity），我们认为这是对德里达的一种很好的修补，在某种程度上消解了德氏的过激思想。但对于意义、理解和翻译来说，仅这两种互动还不够，还要考虑到主体与文本、主体与翻译时所涉及的两种语言之间的互动，这就是我们提出"主客主多重互动理解模型"的初衷（参见第三章第一节第2点）。

6. 体认语义观

体验哲学和体认语言学认为,语言是人们在对现实世界进行"体认"的基础上建构形成的,它是"现实世界"和"认知世界"互动的结果。正如第二章所指出的,体认原则在"现实"与"语言"之间增加了"认知"这一中介,这并非一件小事,而是涉及整个理论体系的更改,从客观主义哲学理论迈入到非客观主义(即后现代)哲学理论,具有划时代的意义。

在传统客观主义形而上学理论流行的时代,包括毕因论转向、认识论转向、早期语言论转向,哲学家多以追求世界的客观本质和绝对真理为目标,而人的主观性和想象性被视为"价值污染、文化偏见",影响到哲学家实现上述宏伟目标,必须被彻底地排除在外,这就是著名的"笛卡尔范式"(Cartesian Paradigm),参见王寅(2007:38—39)。大有谈"主观性"而色变的情形。但胡塞尔、伽达默尔、德里达等又过分强调了"主体性",将理解视为主体间的相互对话和相互理解,忽略了理解的体验基础。

上文述及了蓝纳克(Langacker 1987,1991)所倡导的"意义是概念化",我们认为,他同样接受了后现代哲学观,过分强调了意义的主观性,忽视了意义的体验性和互动性,我们基于体验哲学将其修补为"体验性概念化"(Embodied Conceptualization),并据此提出"主客主多重互动理解模式"(SOS),其中既包括"体"要素,也含有"认"成分,算是对后现代哲学过分关注"主体间性"的一种有效限制。

这里的"互动",不是一个简单的交互过程,而是人类理解的必由之路,可有效地用来确定"理解"和"意义"。而且,正是有了这个"多重互动",才使得我们能够较为准确地获得语句的意义,保障语言交流得以顺利进行。

体认原则,既关注客观世界,也兼顾主观世界,走上了"兼收并蓄"的理论架构,一方面克服了激进后现代哲学家无视客观性的倾向,另一方面也弥补了传统形而上哲学排斥人本性的趋势,使得人本精神重新返回学界视野,让刻在古希腊太阳神庙柱子上的箴言:

  Know thyself. (认知人自己。)

重放光芒。

"体认原则"中的"认"字便可充分体现后现代哲学中这种人本精神,认为语言是人之所为,意义具有中心性、人本性、建构性,且还具有经验性、概念化、百科性、原型性、意象图式性、隐喻性等特征。

我们基于体认观的上述含义,拟将第一章所论述的"三个中心"合并为一个"意义中心",提出了翻译的体认观,它体现在体认翻译学的权宜性定义之中,此处不妨再抄录一遍,读者此时读来定会有更为深刻的认识:

> 翻译是一种特殊的、多重互动的体认活动,译者在透彻理解译出语(包括古汉语)语篇所表达的有关现实世界和认知世界中各类意义的基础上,将其映射进译入语,再用创造性模仿机制将其建构和转述出来。

语言哲学家认为"形式也是意义",而且他们还指出,表示思想的方法比思想本身更重要,据此就可消解"形式"与"意义"之间的对立。因此,译界常说的"当形式与意义发生冲突时,可译出后者而舍弃前者"。当形式和意义不能两全时,当以后者为重,这本身没有错,因为在正常的语言交际过程中,内容确实是比形式重要,后者是前者的载体,前者是后者的要点。

但是在语言哲学家的眼里,把形式也视为意义,且还是一种比意义更为重要的因素,此时上一说法似乎就值得商榷了。奈达(参见谭载喜 1999:27)也曾指出:

> 言语信息由言语形式和思想内容两个部分构成,但如果截然区分出外层形式和内层意思,那就大错特错了。形式本身往往具有重要的意义,在用于强调、突出重点、加强效果、增加感染力方面尤其如此。

据此,我们可将文本中的一切要素都视为"意义",这就是我们所倡导的"意义中心论",因此昔日翻译理论中三大类"作者中心论""文本中心论""读者中心论"都可归结为"意义中心论",这才是翻译过程中要处理的的核心问题。

很多学者曾对意义作出分类,如利奇(Leech 1974:23)分为七小类:概念意义、隐含意义、社会意义、情感意义、反映意义、搭配意义、主题意义。笔者尝试将意义分为两大类"现实世界中的意义"和"认知世界中的意义",前者可通过"体"来获得(如具体的所指意义),后者可通过"认"来把握(如经主观加工后形成的认识意义),这就是我们上文所说的"意义体认观"。

但是我们也注意到,奈达(参见谭载喜 1999:49)在另外一处又说,"翻译的主要矛盾是形式对应与功能对应",这一说法与他上述将形式也视为意义的观点不很统一。我们若将形式视为意义,在这个意义大家族里,就要分出主次和轻重来,一般顺序为:信息意义、联想意义、形式意义(Nida,参见谭载喜 1999:218)。在翻译中这些意义不可兼全,此时只好有所侧重,相当于我们时下的流行口头禅"有所为,有所不为",根据不同场合,依据交际的不同需要,可抓住意义的不同层次,译出最贴切的要义,可悬置次义,这就是体认翻译学所说的"转喻机制"。因此在翻译过程中译者不可能面面俱到,权宜之计或可行之法只能是"部分代整体"(简称"部代整"),参见本书第十七章。如许多语言社团为使自己的表达更为丰富和幽默,都有若干"双关语(Pun)",译者只好在两个或多个意义之中做出选择,这就是"有所译,有所不译"的原则。如英语名句:

  We must hang together, or we shall all hang separately.

  句中的 hang 是英语中的一个双关词,既可意为"握紧",也可意为"吊死",这句话正是运用这个双关意义而构成一个名句。在将其译为汉语时只能抓住其主要意义:

  我们必须团结一致,否则将被一一绞死。

  而没有办法仅用一个汉语词来同时表达 hang 的两个相反意义,双关的修辞格就在翻译过程中被丢失了,未免是一种无奈的遗憾!

  各语言中还有很多独特的修辞现象,它们似乎都难寻一个妥帖之法将所有意义如数一一译出,如汉语运用方块字可将诗句写得上下、左右对齐,这一点在拼音文字中就很难实现,再如我们语言表示形式上的工整对应、藏头诗、头押韵、尾押韵、拆字合字诗文,等等(汉语中有多达上百种修辞格),似乎在英译时很难都兼顾到,如汉语对句:

  千里姻缘为重,二人洪福齐天。

  每行诗句开头的两个字都可组合为结尾处的一个字:即将"千、里"合起来可写作"重";"二、人"合起来便是"天"。若将这样的对句译为英语,我们很难找到其对应的英语表达方法,现试译如下:

  (1) Marriage of long distance is great weighty.
    Happiness of the couple is high lucky.
  (2) Marriage of long distance is as heavy as mount.
    Happiness of the couple is as high as sky.
  (3) Marriage of long distance is long marriage.
    Happiness of the couple is double happiness.

  第(1)个译文仅译出了主要语义,兼顾到尾韵;第(2)个译文用了两个明喻,带点修辞色彩;第(3)个译文尝试运用汉语的合字思路,在第一行中将 long 与 marriage 连用,第二行中的 double 与 couple 也有相似之处,但所传递的主要意义似乎离源文偏远。这三种英语译文若用"读者反应论"来衡量,老外读到这样的译文时怎么可能产生我们念汉语对句的反应呢?

这使我们想到英语中也有一种叫"离合诗体"(Acrostic)的修辞格,即将每行诗句的首字母(或其他位置的字母),组合成词的一种诗体(也可能首字母与尾字母组合成词),如下面一首6行诗句中开头6个字母就可拼成spring:

  Sunny days
  Plants awakening
  Raindrops on the roof
  Interesting clouds
  New flowers
  Gray skies

再例下一首由10行构成的诗歌,它的标题为 Fall In Love,它们正是各行诗句开首字母的组合:

  Feeling enraptured, Autumn dances in the wind, then undresses.
  As bright robes fall to the ground, her passion paints the twilight skies.
  Like a nymph, she beckons, tossing her fiery auburn tresses.
  Longingly she sighs—September's bliss lingering in her eyes.
  Indian summer days come; then they go.
  Nights though chill, embrace her in indigo.
  Later, in November, her sweetness wanes.
  October cannot stay forever loving her.
  Vacantly she gazes through freezing rains.
  Endearments whispered—cease—when Fall loses ardor.

试想一下,若要兼顾这两首诗歌的各种意义(包括形式意义和风格意义等)将它们译为妥帖的汉语该是多么的困难!如果没法译出英语源文"藏头诗"的风格,则会失去两首诗歌的主要意义,淡然寡味。有时想来,翻译这一活动本身确实很困难(参见本书前言),尤其翻译带有特殊风格的诗歌和修辞格,真是难得很!正如奈达所指出的(参见谭载喜1999:11):

  我们不可能使得两种语言的形式保持完全一致,同时又准确地再现源文的意思。

这就是体认翻译学反复强调的"转喻机制"，一切翻译活动要能百分之百地传递源文所含的各种意义，不是比登天还难的问题，而是根本不可能的。可行之法只能是"部分代整体"，或反之。

第四节　结　语

翻译的核心问题，归根结底是个"意义"问题。专题研究意义问题的学科"语义学"必与翻译学唇齿相依。本章简要回顾了语义学中几种主要意义观：

  指称论
  观念论（涵义论）
  功用论、行为论、语境论
  关系论、替代论
  欧陆人本哲学意义观（现象学、存在主义、解释学、解构主义）
  体认观

等，它们都对翻译做出了不同的解释，使得我们更进一步认识到翻译活动的理论性和复杂性。特别是西方自19世纪末20世纪初在哲学界出现的语言论转向，使得意义问题变得更为扑朔迷离、难以捉摸，各种意义观纷纷登场亮相，令人目不暇接。原本认为"意义具有确定性""翻译标准具有一致性"的传统观念受到极大的冲击（吕俊 2001：前言），随之而来的译论也就发生了巨大变化，出现了多元化的繁荣局面。

在后现代哲学思潮的影响下，哲人们不断形成新理论，提出新观点，真可谓长江后浪推前浪，学界倍有新论出，令译界理论不断推陈出新，学术不断前行繁荣。作为"与时俱进"的新一代学者，理当毫无迟疑地了解世界前沿学术态势，在理论上紧跟，在实践上相随。思想上的巨人，行动上的矮子固有不妥，不接地气；但行动上的巨人，思想上的矮子也会迷失方向，将为时代所淘汰！译人们在21世纪的新时代，必然会对我国一直强调的教育方针"理论联系实际"别有一番新感受。

苦己心智，劳己筋骨，下得功夫，补学新知，以"跟踪理论前沿、更新实践策略"为宗旨，为我国，乃至全世界的翻译学做出自己应尽的贡献。

时不我待，只争朝夕，一万年太久！

第七章 具象思维与意象

"意象"和"意象图式"是CL和体认语言学的核心概念之一,用其来表征外物在心智中留下的印象,它在人类的思维、语言、意义、理解中占据着重要位置,是人们划分范畴、认知环境、建构思维,组织语句、储存知识的基本原则,也是全人类所共享的体认方式,汉英两民族皆如此。我们所说的"象思维(即具象思维)",相当于"意象"。因此本书认为,"具象思维 vs 抽象思维"不宜视为汉英两民族各自所具有的不同思维方式。本章首先介绍汉民族的具象思维,然后论述学界对意象和意象图式的研究成果,最后以意象图式和体认过程为基础来论述翻译过程,尝试为译界的"翻译过程研究"提供新视角。

第一节 概 述

西班牙翻译家马丁(Martin 2010:169)虽提出了"认知翻译学"(Cognitive Translatology)这一学科,但她认为当前该学科尚处于起步阶段,极不成熟,属于"前范式"(Pre-paradigm)阶段。也就是说,将"认知科学+CL"与"翻译学"有机地整合起来,形成一门较为完善的、并被普遍接受的研究大脑黑匣子中翻译过程的学科,还有漫长而又艰辛的路要走。

但是,人们早已认识到了翻译中的认知转向,1995年就召开了这方面的专题研讨会,1997年由丹恩克斯(Danks)等出版了《口笔译认知过程》

(*Cognitive Process in Translation and Interpreting*),标志着翻译学进入了认知新时期,2010 由 Shreve & Angleone 编写的《翻译与认知》(*Translation and Cognition*)更是将该学科沿此方向大大向前推进了一步。

既然尚不成熟,就需要更多的学者来予以完善,既然道路漫长而又艰辛,更值得我们去努力攻关。笔者(2005,2008,2012)近十年来在这方面做了点滴思考。本章主要基于"意象"(Image)和"意象图式"(Image Schema)论述翻译中的有关问题,尝试充实体认翻译学的内容。

第二节 汉英民族的具象思维

1. 汉民族的具象思维

"意象"(Image, Imagery)是外部世界中的物象留在人们头脑中的心象,各民族都有这种基本的体认方式,它既有"具象性",又有一定的"抽象性";既有"结构性",也有"多元性";既有"感知性",还有"文化性"等特征。人们凭借直觉或直感来认识事物的感性形象(即有形、有色、有声的意象),是人的主观情感与客观物象在心智中相碰撞而整合出的产物。我们认为,人类凭借意象来识记事物,划分范畴,进行思维,组织语言,理解世界。

中华民族在认识世界的过程中一直十分注重"形象感知",即通过直觉感应来认识事物,因此"象"就在汉民族的思维、语言、意义、理解中占据着核心位置,它成为我们认知环境、形成思维、建构意义、储存知识、构成理解的基础。

被称为中华最早文明宝典的《周易》,其中所用的八卦就是常见的八种自然形象"天地、水火、山泽、雷风",基于此形成了八卦,再演绎出 64 卦,用以解释大千世界,揭示深层哲理,阐明丰富人生。书中还确立了"立象以尽意"的基本原则,揭示了汉民族常凭借"象"来建构意念(意义)的认知机制,刘勰率先将"意"和"象"整合为一个词"意象",包含了"意"和"象"的双重结构,既指向意义,有指向形式。正如上文所述,"意象"是我们认识世界的基本出发点,它储存着汉民族认识世界的直觉经验,蕴藏着理解意义的奥秘,也是构筑初始概念乃至概念系统的重要途径。

学界常将汉字描写为:以象形为基础,主要依据"表意"和"形声"建构而成的一种文字体系,这与我们上文所说的"象"原理相通。华夏先辈根据对具体事物的直觉经验,基于"据物绘形、据义比会"的原理,采取"依葫芦画瓢"的简笔画方法造出了初文,这就是许慎在《说文解字》中所界定的"象形字"(Pictograph):

> 象形者,画成其物,随体诘诎,日、月是也。

又如:

> 人、山、水、火、木、弓、刀……

这些汉字,我们至今尚能体会到其所指事物的形象。因为古人的抽象思维能力远没有今天如此发达,形象思维(又叫具象思维)便发挥着更大的作用,它可借助心智中的意象从感性角度来认识客体,这就是"人之初"的模仿能力,直接将外物"映射"入心智成象,然后"据象而画"地"绘成其物",就这样,初始的汉字被"画"了出来,直接借助物象来指称实体,"字画同源"一说由此而出。

照此推测,初文中的象形字所占的比例应是很高的。但我们的祖先也发现很多物体和思想无法画出来,他们在此基础上采用了其他的造字方法。时至许慎在东汉 100—121 年间所编纂的《说文解字》中,共收集 9353 个字(540 偏旁),其中占比情况:

形声字 7697   82%
会意字 1167   12.48%
象形字 364   3.9%
指事字 125   1.34%

此时的汉字系统中象形字虽占比例不大,但却无法否定"象形"在其他造字法中所起到的主要作用。

"象形字"主要具有如下特征:图画性强,符号性差;整体性强,分析性差;各字内部浑然一体,字间缺乏整体联系。但我们也必须认识到这一点:即使在"会意"和"形声"造字法中也要依据"以象造字"的原则,这就是刘宓庆(2005b:223)所说的"汉语的意象化还表现为形声化"。

"形声字"主要由两部分构成,它们大多出自象形原理,如"洋"的"氵"象形于"三滴水","羊"为象形字(上面的两点像羊角,下面为羊的身体和尾巴),现用来表音。据统计,甲骨文中的形声字才占 20%,到许慎时就占 82%,宋代达 94%。会意字"休"用"人"靠在"木"旁小憩片刻来表示,但"人"和"木"却是两个象形单位。

古代汉字经过"甲、金、篆、隶、楷"演变至今,有些我们仍能明显看得出其象形原理,可据形识义;但有些经过简化、变异、讹用等过程已是面目皆非,寻不出原初的造字理据,但不可以此便轻易否定当初造字时所"据象成字"的理据。时至今日,绝大部分汉字还是离不开它所刻画的形象来理解基本意义。王弼在《周易略例·明象》中有一段关于"言"(语言符号)、"象"(意象符号)、"意"(意念、意义)之间关系十分精彩的描述:

> 夫象者,出意者也;言者,明象者也。尽意莫若象,尽象莫若言。言生于象,故可寻言以观象;象生于意,故可寻象以观意。意以象尽,象以言著。故言者所以明象,得象而忘言;象者所以存意,得意而忘象。犹蹄者所以在兔,得兔而忘蹄;筌者所以在鱼,得鱼而忘筌也。然则,言者象之蹄也,象者意之筌也。是故存言者,非得象者也;存象者,非得意者也。象生于意而存象焉,则所存者乃非其象也;言生于象而存言焉,则所存者乃非其言也。然则,忘象者,乃得意者也;忘言者,乃得象者也。得意在忘象,得象在忘言。

他在这里强调了"言以明象,象以出意"的道理,语言符号是用来表明意象的,而意象又可直接产生意义。言与象的结合便可有效达意,达意的手段在于探索语言中所含的"意象",即可从"意象"的角度探讨语言和文化之含义。若能以意象来启发想象,得象而忘言,得意而忘象,便能实现有效交流(参见周光庆 2002:222)。

据载,庞德(E. Pound 1885—1972)在他 18 岁时(即 1913 年)开始读孔孟之作,后研究吉尔(H. Gile)的中国古体诗译,于 1918 年接受了美国东方学家费诺罗莎(E. Fenollosa 1853—1908)的如下观点(参见刘宓庆 2005b:224):

(1) 汉字虽然具有高度隐喻性,但其组成部分却是具体事物或生动具象;

(2) 汉语句子高度动感,是"人之行动观念的语言记录",再现自然过程;

(3) 基于意象形式和意境形式的翻译是可行的,据此提出"汉字字源分析法"(Ideogrammic-etymological Method)。

刘宓庆(1999:93—101)还曾以

映射——投射——折射——影射

为层进顺序论述了外物进入心智成象的渐衰层级,即左端的"映射"模仿程度最高,右端的模仿程度最低,属于高度抽象思维。他所说的"映射"就相当于"镜像反射"(Mirroring Reflection);"投射"次之,意欲摆脱物象的束缚,开始从"形"过渡到"意";"折射"的疏离度更大,与物象已经没有什么联系了,此时需凭借"透视、推理、引申"等手段来曲折解义;而"影射"最为隐晦,字面意义与深层文化底蕴的关系并非一目了然,甚至还可能大相径庭,引起"误解、误译"的可能性极大。汉语中成语"含沙射影"便是此义。

这便是刘宓庆基于"象"来揭示语言文字与外物世界之间的像似性层级关系,很有道理。这四种心智加工类型的复杂度在不断递升,抽象性在增高,可用来解读汉字主要造字法所依据的策略,即"映射"可视为象形字的认知基础,而"投射"则可视为会意字、形声字的认知基础。现以表总结如下:

表 7-1

映射	投射	折射	影射
直接	间接	复杂	最复杂
象形字	会意字、形声字	转注	假借
直接隐喻 as white as snow	间接隐喻 as poor as church mouse curtain lectures	复杂隐喻 Paddy wagon	隐晦隐喻 me Jane, you Tarzan 青梅竹马

我们认为,这四个过程都打上了文化烙印,只是后者的烙印深于前者,文化意蕴更为深刻,有时难以言传。前两者较好理解,在跨语言翻译时较好处理,如映射栏中的 as white as snow 可直译为"像雪一样白"或"雪白";英语中的投射性隐喻 curtain lectures 可意译为"妇道之言",因为女人常在 curtain 后面教训男人,形式与含义之间的关系较为间接。

而后两者的处理就要费神得多,在理解和翻译折射性隐喻时,因其涉及较为深厚的文化信息,颇费心力,此时可采用翻译加注的方法,也可用或长或短的语句来点明喻底的方法,以能解读出隐藏于文字背后的文化信息,做些必要的铺垫。如 Paddy wagon 所涉及的文化背景较深,需对其来龙去脉有所了解,才能知其因、晓其义。Paddy 为爱尔兰人常用名 Padrick 的昵称,又因很多在美国的爱尔兰人后裔当了警察,这才有了用 Paddy wagon 来指"警察用的囚车"这一说法。

至于影射类的隐喻理解起来就更难了,它往往浓缩了一个故事,若对其一无所知,一不小心就会出错。近年来国人因看过同名电影,知道了"人猿泰

山"这个角色,力大无比且有智慧,他常对自己的妻子 Jane 说这样一句话

[1] Me Tarzan, you Jane.

意为:

[2] 我是人猿泰山,小女子别怕。

女权主义者对其很不服气,便反其道而行之,将其仿拟为

[3] Me Jane, you Tarzan.

倒也彰显出大女子者的形象。倘若无此文化背景,又何以能很好地理解这句话的意思呢?这就是刘宓庆(1999:112,152)所倡导的要藉助文化矩阵来解读意义,也就是他所说的"语义的文化诠释""文本的文化解读"。

又如,汉语中"青梅竹马"这一成语也具有影射性质,其后蕴藏着汉民族浓厚的文化色彩。该成语出自唐·李白《长干行》诗:

郎骑竹马来,绕床弄青梅。同居长干里,两小无嫌猜。

描述了儿童用竹竿当马骑来玩游戏,形容他们天真无邪地玩耍的样子,常用来喻说男女在童年时代就结下了两小无猜、亲密无间的感情。据说有个不知道这个故事的外国人将其直接译为"青色的梅子"和"竹子做成的马"。庞德(Ezra Pound)还将第一句译为"你脚踩着竹子做的高跷来了,摇摇摆摆装做是匹马",这显然缺乏对中国文化和语言的了解(转引自许钧 2001:32)。而斯坦纳(Steiner 1975/2001:180;Munday 2001/2010:166)却有另番解读,他认为这种无知对于翻译来说不是坏事,而是好事,是一种"悖论式的优点"(Paradoxical Advantage),遥远的语言和文化可使译者免受先入之见的干扰,不易产生译出语与译入语之间的差异和不平衡性,参见第二章第四节第 3 点。

将古汉语译为现代汉语也存在这类因"意象"的"折射"和"影射"所引起的误解和误译现象,如郭沫若就曾有多处误解了屈原《楚辞》的地方,例如《橘辞》开头四行:

[4] 后皇嘉树,橘徕复兮。受命不迁,生南国兮。

学界一般认为这句话的意思大致是:君王有棵漂亮的树叫橘树,它已适应生长的水土环境,这种禀性是不能改变的,只能生长在南方啊。而郭沫若先生将其误译为:

[5] 辉煌的橘树啊,枝叶纷披,生长在这南方,独立不移。

似乎与原意相差甚远。他对《楚辞》的误解还有许多,难怪刘宓庆(1999:231)不无感叹地说:

> 郭氏完全无视文化历史背景以至望文生义,不求甚解,令人惊诧。译者不宜附和,信以为真。

这都是"意象"惹出的祸,影射机制在作怪!

另外,关于对意象的"映射、投射、折射"思维方式也会影响到一个语言的句法结构。如汉语在组词成句时也主要依据映射性的"临摹法"来组句,如现实生活中的时间顺序、距离特征、数量大小等常为建构汉句的主要认识理据。这就是刘宓庆(2005b:83)所言:这种意象直觉经验的引导,

> 既有语义组合能力及句法建构能力,又有审美判断,审美选择及逻辑校正能力,而这一切能力的基础——审美经验则是一根贯穿始终的轴线,这根轴线的功能发挥(指它在伴随语言机制实现遣词、造句乃至段、章结构中的作用和效果),就是我们所说的汉语独特的美感素质之由来。

这足以可见,"象""意象"或"象思维、具象思维"对于汉民族、汉语具有不可替代的重要作用。

英民族可根据意象进行映射的认知方式,形成了像汉语一样的自然语序;也可根据意象的投射和折射的认知方式,产生了各种非自然的特异语序,如倒装、插入等,参见第十二章。

正是由于汉字和汉语倚重"具象思维",使得我们的语言在句法结构和具体应用上出现了与其他类型语言的若干不同特点。葛兆光(2001:46)认为:

> 语言本身是思维的产物,也是思维运作的符号,如何表达与如何理解,本来需要有一种共同认可的规则,但是当文字的图像意味依然比较浓厚,文字的独立表意功能依然比较明显时,就可以省略一些句法的规定和补充,凭着话语发出者和接受者的共同文化习惯,他们能够表述和理解很复杂的意义。

学界一般认为,使用拼音文字的西方人缺乏像汉民族这样的"具象思维",且将汉英两民族和两语言中"具象vs抽象"视为一条重大区别特征。我们根据体验哲学和体认语言学的基本原理,对这一传统观点提出了不同的看法:全世界任何一个民族在进行范畴化和概念化之前,都要经历"意象"这一

"前概念"(Pre-concept)的过程,英民族也不例外,他们的"意象思维",既有与汉民族相同的"象",或部分重叠的"象",也有不同的"象",是我们翻译实践时所须臾不可离开的一种认知机制。

2. 英民族的具象思维

"模仿"或许是人的一种本能,这也是语言之成因。孙迎春(2004:172)认为人天生就有一种要临摹世界的艺术匠心,文字也是出于这种艺术匠心,基于原始绘画而孕育出来的,曾临摹了各种物象以示意传情。图画文字在世界众多的民族文化里都是赫然存在的史实,如非洲部落、阿拉斯加的爱斯基摩人、秘鲁的印加人、西伯利亚的尤卡吉尔人、澳大利亚土著人等,无不创造了自己的图画文字。他还指出:

象形的美学特征,事实上是人类所有文字的原生性特点。

可见,不仅汉民族、世界上其他民族也都离不开象形模仿,英民族同样也离不开"象"或"意象"这个环节。英语虽属拼音文字,但它所用的26个字母,却是源自埃及象形文字,经腓尼基人改造为表示读音的二十几个字母,英民族基于此来拼写他们的语言。例如 A、B 开头两个字母,它们原本就是基于"廿、⌒"这两个埃及象形字母(分别表示"牛头"和"房子")建构而成的。另外,英语中也还有很多词语与物象有关,有时用字母形状来表示与其形状相似的事物,如:

表 7-2

A-line dress	(像字母 A 的、上窄下宽)上紧下松的服装
I-column	工字柱
I-bar	工字钢
T-square	丁字尺
T-beam	丁字梁
T-shirt	T 恤衫,短袖圆领汗衫
T-bar	T 字钢
U-shaped	U 型,马蹄形
U-bolt	马蹄螺栓
U-boat	潜水艇(因其形状象字母 U 而得名)

(续表)

V-belt	三角皮带
Y-axis	Y 轴
Z-crane	Z 形曲柄
Z-iron	乙字铁
Zigzag	之字线，之形路

某些字母与事物或符号虽有相似之处，但没有直接取形造字，而是经过一定的认知加工，后来才逐步构成语言中的词语，可称之为"会意取形"，例如：

表 7-3

double-o	仔细检查	字母 o 表达两只瞪圆的大眼睛
wrong-o	坏蛋	字母 o 表示"蛋"
X-out	勾掉	字母 X 表示勾掉的符号
X-mas	圣诞节	字母 X 表示十字架

英民族有时还会将与事物相似的个别字母嵌入到单词之中，采用隐蔽的方法构成单词，可称之为"隐形构词"，例如：

表 7-4

orb	环	因其为圆形而用字母 o 来构词
orbit	轨道	构词理据同上
oology	鸟卵学	因鸟卵形状为圆形而用字母 o
opal	蛋白石	构词理据同上
oral	口，圆形的口	以嘴的形状为圆形而用字母 o，这与汉语的"口"构语理据相同。
oval	卵形，椭圆形	构词理据同上
oven	烤炉	构词理据同上
snake	蛇	以字母 s 指蛇蜿蜒而行的形状，且行时之声如"s[嘶]"声
serpent	蛇	构词理据同上
vice	虎钳	字母 V 与虎钳张开时形状同

(续表)

mountain	山	山的形状象字母 M
mount	山	构词理据同上
mound	小山丘	构词理据同上
wave	波浪	水的波浪形似字母 W
Hedge	篱笆	H 犹如两根树篱组成的形状

在词组和语句层面,英民族也常依赖对世界的感知,近年来认知语言学家和功能语言学家所发现的"顺序像似性""距离像似性""数量像似性""标记像似性"等从互动感知角度论述了汉语和英语组词成句的认知规律,这也充分证明了语言的体验性(王寅 2001)。

下文将介绍美国著名的认知语言学家雷柯夫和约翰逊等笔下所论述的"意象"和"意象图式",从中可见,他们也视其为一种最重要的认知机制,是形成概念、英语表达、隐喻建构的基本出发点。

第三节 认知语言学论意象

基于体验哲学的 CL 亦已成为国内外语言学界的主流,它深入地批判了乔姆斯基建立在唯心主义哲学理论之上,以"天赋观、普遍观、自治观、模块观、形式主义"为基本原则的转换生成语法(TG),认为语言不是来自人们的天赋能力,不是建立在什么普遍的深层句法结构之上的,它也不可能独立于人们一般的认知能力,更不能弃语义和语用于不顾,仅用像数学一样的形式化公式的演算方法就能解释其句法成因。体认语言学坚定地认为,语言是人们基于对现实生活的"互动体验"和"认知加工"而形成的,这就是我们近年来强调的"体认原则",可记作:

现实—认知(体认)—语言

其中的"体认过程"可进一步细化为:

互动体验、意象图式、范畴化、概念化、意义建构

等环节,这表明:"意象图式"一方面是对现实世界进行互动体验的结果,另一方面也是范畴化、概念化、意义建构的基础,这就从唯物主义角度较好地解释思维和语言的成因。现笔者将认知过程详析如下:

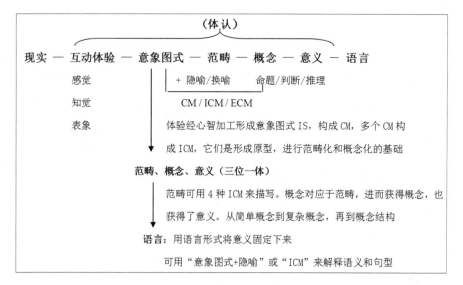

图 7.1

上图在"互动体验"下列出了三个术语：感觉、知觉、表象，它们是基于客观世界从低级到高级，从具体到抽象，经过三者的逐步递进关系发展而来，主要属于普通心理学或认识论所论述的内容。

"意象"是客主二性兼而有之，说到"主观"，它就有一定的模糊性、多义性，会因人而变，因地而异，变动不居。正如理查兹（Richards 1929）所指出（转引自王宏印 2006:31）：

> 意象乃是漂浮不定的东西，同一行诗在一个人的心中所激起的活泼的意象与在另外一个人的心中所激起的活泼的意象未必是同样的，而且没有一种意象的组合与诗人心中的意象产生必然的联系。

康德在其哲学论著中所使用的术语"图式"（Schema, Scheme）具有较为稳定的关系结构。雷柯夫（Lakoff 1979）为弥补"意象"之不足，就将这两者有机地结合起来，形成了"意象图式"（Image Schema），它是对具体意象的深加工，更具抽象性，脱离了事物的具体的形象。正如陆俭明（2009）所指出的：

> 通过感觉器官感知而形成意象；在认知域内进一步抽象由意象形成意象图式（概念框架）；该意象图式投射到人类语言，形成该意象图式的语义框架……

"意象图式"，顾名思义，是对意象的"图式性表征"，突显了人们能够从基于反复体验所获得的具体意象中，再进一步提取出模式性的信息，使得意象中的各种关系相对稳定，从而形成了一个可为社团普遍接受的共享性体认方式。因此，意象图式已成为一种文化定势，为一个民族或社团观察事物，表征世界的思维习惯。

完形心理学(Gestalt Psychology)自20世纪20—30年代就开始运用"图式"来研究记忆，英国心理学家巴特莱(F. Bartlett)于1932年就发现：人的记忆能够把各种信息和经验组织成"认知结构"从而形成了"常规图式"，储存于人们的记忆之中，新经验可通过与其对比而被理解。到了20世纪30—40年代，瑞士心理学家皮亚杰(J. Piaget 1896—1980)再次运用"图式观"(Schema Theory)论述"发生心理学"(Genetic Psychology)和"建构论"(Constructivism)，强调认识主要来源于"主体"与"客体"之间的互动(interaction between subject and object)，可通过自我调节使得客体被同化到主体的图式之中，或者主体调节图式或创立新图式来适应新客体。皮亚杰早就提出"图式来源于动作"的观点，表明其唯物论立场。美国认知心理学家鲁姆哈特(D. Rumelhart 1942—2011)在1975年所发表的论文"Notes on a Schema for Stories"中运用图式分析了故事结构。菲尔墨(Fillmore 1977)也对"图式"进行了较为深入的论述。对此做出最深入研究的当算认知语言学家雷柯夫(Lakoff 1979，1980，1987)、约翰逊(Johnson 1980，1987)、法可尼埃(G. Fauconiere 1985，1987，2002)、蓝纳克(Langacker 2000:93,145)、泰勒(Taylor 2002:126,145)等，他们认为，当人们获得"意象"和"意象图式"之后，便可据此进一步形成"认知模型"(Cognitive Model，简称CM)，在此基础上还可进一步上升为"理想化认知模型"(Idealized Cognitive Model，简称ICM)，基于此就可建立"范畴"，概念随之而立。

意象图式是通过对事物和事件的反复比较、仔细分析、不断抽象，从而逐步完善起来的，它具有心智性，又具有结构性和动态性，起到范畴化的功能，是了解世界的一种基础性认知模式。随着认知的发展，它还可不断根据新信息来扩充或修正已建立起来的图式，或再建新图式，为其后的信息处理提供了基础。这种储存于心智中的结构性框架，具有抽象意义，在我们的生活、学习、思维和语言中发挥着重要的作用，谁也离不开它。如谈到某个事件，人们自然会对其有一个熟悉的、惯用的认识套路，如打篮球、下象棋、去饭店吃饭、看电影、上学等；数学表达式($X^2 = Y$)是具体计算数的平方的图式；物理、化学、几何中的林林总总的定理，都是在对具体实例的基础上提炼而成。从广义上来说，意象图式就是人们在心智中储存规律和规则的方式。

该体认方式就像一只看不见的手，在指挥着语言各层次的运作，如音位/p/是其所有变体(Allophone)的图式；英语中一个字母的字素

(Grapheme)是其所有变体写法(Allograph)的图式；英语中的语法单位更是对各种具体对象的提炼和概括，如名词是一切具体名词的图式；处于上位层次的单位是处于下位层次单位的图式；句型是具体语句的图式；十四行诗的基本结构(如五步抑扬顿挫格、韵脚为abab，cdcd，efef，gg)是各首十四行诗的图式；记叙文、政论文、新闻报道等各有其自身的结构特征和要求等等，不一而足。

人们在"意象"和"意象图式"基础上，然后结合"隐喻模型、换喻模型、命题模型"建构出抽象的认知模型(Cognitive Model，简称CM)，若干个相关CM整合起来进而形成了"理想化认知模型"(Idealized Cognitive Model，简称ICM)(参见Lakoff 1987:65)。人们基于此便可进行范畴化和概念化加工，形成范畴，便产生意义。我们拟将"范畴、概念、意义"三者视为一体，不必再严加区分，此时再用语言形式将其揿住(pin down)，就形成了各类构式(包括词、词组、句子等)。人们在长期的生活实践中形成了众多范畴、概念和意义，又逐步整合为更为复杂的概念，进而形成了我们今天所掌握的复杂概念结构。这就是体验哲学和体认语言学对概念和语言成因过程的解释。

根据图7.1可将体认过程简示如下：

```
感觉→知觉→意象→意象图式→范畴→概念→语言
  心理学                哲学 逻辑学 符号学
```

图7.2

这也足以可见，认知过程研究包含了"哲学、心理学、逻辑学、语言学、文学、文化学"等跨学科的知识(参见Hatim & Munday 2004/2010:8)。

第四节　体认过程与翻译过程

1. 何为过程？

自从奈达(Nida 1964)出版了《翻译科学的探索》(*Towards a Sceince of Translating*)之后，学界便有意识地区分Translation和Translating，前者指"翻译结果"(即译作产品)，后者指"翻译过程"。次年卡特福特(Catford 1965)论述了翻译中的"转换程序"(Shift Procedure)，已涉及翻译过程问题。

后来奈达(1969)提出了"动态对等"(Dynamic Equivalence),这也与翻译过程论有关。自此以后,许多学者都开始关注和研究翻译过程,因而译界出现从关注"翻译成果"调整到"翻译过程"的转向,也就水到渠成、顺理成章了,这已成为当代译论的一个重要议题。

说到"过程",这也太笼统了,它究竟是一个什么过程,各路学者却有多种不同的答案:

1) 基于翻译语言学派,认为这是一个"语码转换"的过程(参见上文)。
2) 根据翻译文艺学派,认为它是一个"艺术处理"的过程。
3) 若站在文化派立场,认为它是一个"风俗解读"的过程。
4) 从翻译实践的角度来讲,可描述为"前翻译—翻译—后翻译"的过程。
5) 纽马克(Newmark 1981/2001:144)的翻译过程,从解释和分析源文本入手,确立翻译程序(直译、意译、中介语),直到基于作者意图、读者预期、译入语规范等来修改译文(还可参见 Robinson 1991:ix)。奈达也曾提出一个"四步法"翻译过程:分析、转语、重组、检验(参见谭载喜 1999:XIX)。
6) 贝尔(Bell 2001)所创立的"翻译过程论",旨在研究信息处理,包括:知觉、记忆、信息编码和解码,研究途径为认知心理学和 CL。
7) 我国学者刘绍龙(2007a)、颜林海(2008)等也从认知心理学论述了翻译过程。
8) 陈科芳(2010)基于语用推理机制来论述翻译过程。

体认翻译学主张将研究重点从"表面"的物质性过程转向"心智"的内部过程,认为翻译过程是一个"认知加工"的心理过程,且还是"跨语言、跨文化的认知加工"过程。不管是语码转换过程、还是艺术处理过程、还是风俗解读过程等等,它们都离不开"心智加工",也离不开"语言"和"文化"这两个基本要素,这样的过程研究才与"翻译的认知转向"相吻合。这说明运用认知心理学和 CL 的研究成果来分析基于语言和文化的翻译过程是可取之法。现笔者尝试依据上文图 7.1 来解释该翻译过程。

根据第四章将两套"现实—认知—语言"核心原则平行排列,便可建构出如下翻译过程的体认模型简图。

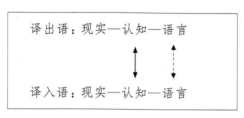

图 7.3

我们在实践翻译活动时,表面上看是在两种不同语言之间建立联系,但实际上主要是心智层面上的运作过程,如上图带箭头的竖实线所示。不是单向的,而是双向的,因为在语言翻译时不仅是从译出语流入译入语,后者也会对前者产生一定,甚至较大的影响,因此语言之间是双向影响,实际上是认知之间双向映射的结果。

要研究翻译过程,就必须关注译出语背后的"互动体验 + 认知加工"的过程,也要关注译出语背后的"互动体验 + 认知加工"的机制,可简称为"体认过程"。因此体认语言学所解释的图 7.1 体认过程,也适用于研究翻译过程。

2. 感觉与知觉

"感觉"(Sensation)指当前作用于人们感觉器官的客观事物的<u>个别属性</u>在头脑中的反映,它是认识的最简单形式,婴幼儿在初始认识世界时就依靠它开始了自己的人生。

"知觉"(Perception)指综合了对一个事物的多种感觉,对该物体亦以获得较全面的认识。英语术语本身的构词法就很能说明该词的含义,前缀"per-"是"all, through"的意思,词根"cept"为"take"之义,两者的结合就是心理学中的"知觉"。

"表象"(Image),相当于本书所说的"意象"①,大致相当于上文所说的"象思维",它剔除了外物的若干细节性信息,在大脑中留下的粗线条式的心智表征。感觉和知觉这两个环节属于"在线加工"(On-line Operation),即为对在场事物的体验,而意象具有"线下加工"(Off-line Operation)的特点,即使

---

① 或许"意象"比"表象"还要再抽象一点:"表象"离物象较近,而"意象"可能离物象稍远;意象图式可能更为抽象。但很多国外学者主张将意象图式说成是"空间的方位表达""空间和空间描述"(杨俊峰 2011),这充分表明意象图式有浓厚的"具象性"。其实,意象图式主要形成于空间关系,但仅将其定义为空间关系,似乎不很全面,它还会包括对抽象关系、社会现象、人际事件等的概括性认识。

事物不在场,我们在脑海中也能凭其"留下"的"意象"回忆起它来。

当我们在选择外国作品翻译之前,首先要"感觉"它,通过"题目、内容简介、作者生平、出版商"等来初步了解它的梗概,然后评估它是否值得翻译。在此基础上读者兼译者要进一步"知觉"它,通过深入阅读将诸多感觉汇集起来,逐步形成对该作品的"总体意象"和"具体意象"。"总体"是指更详细地了解其原作的整体内容以及社会价值;"具体"是作品中有关具体人物、情节、事件的意象,以及读者兼译者基于译入语国家的社会制度和意识形态等框架(Lefevere 1992/2004)对这些要素的褒贬评价,并以其为指导确定具体的翻译策略:直译、意译、增译、删译等。

3. 意象图式

雷柯夫和约翰逊两位教授各自在其论著中再次详述了"意象图式"。他们都认为:意象图式具有体验性、想象性、抽象性、心智性、动态性等特征,并认为它对于建构范畴、形成概念、分析隐喻、理解意义、进行推理等具有不可或缺的重要作用。约翰逊(1987:126)还尝试运用下列 27 个最基本意象图式来论述人类的概念系统和知识结构:

CONTAINER	BALANCE	COMPULSION
BLOCKAGE	COUNTERFORCE	RESTRAINT REMOVAL
ENABLEMENT	ATTRACTION	MASS-COUNT
PATH	LINK	CENTER-PERIPHERY
CYCLE	NEAR-FAR	SCALE
PART-WHOLE	MERGING	SPLITTING
FULL-EMPTY	MATCHING	SUPERIMPOSITION
ITERATION	CONTACT	PROCESS
SURFACE	OBJECT	COLLECTION

图 7.4

约翰逊好像在试图挽救"义素分析"(Componential Analysis 简称 CA)的失败,因为结构主义语义学家想从众多词语意义中提炼出少量的 CA,然后用它们的不同组合来解释语言中的词义,可没能成功。约翰逊转换思路,尝试用意象图式来实现 CA 的未竟事业,结果如何,我们还得拭目以待。

从上可见,"意象图式"是人们通过对事物和事件的反复感知体验,不断进行概括而形成的一种抽象的心智框架,是介于"感觉"与"理性"之间的一个重要环节,是构成心智的基本元件,也是形成句法构式、获得意义的主要方式;更是认识事体、理解世界、获得意义、建构知识的必由之路。一言以蔽之,它是储存于人们心智中的结构性框架,在我们的生活、学习、思维和语言中须臾不可或缺的认知能力,英民族也不例外。因此,将汉民族说成是"具象思维"而英民族是"抽象思维",根据不足!

如此说来,在翻译过程中也绝对少不了意象图式的运作。如下一组谚语:

  [6] 非洲谚语:首领的儿子落水后架座桥。
  [7] 对应英译:They locked the barn door after the horse was stolen.
  [8] 对应汉译:亡羊补牢

这三个成语的中心意旨差不多,坏事发生后设法来挽救,还算不迟,可防止继续遭受更多的损失。可这三个民族各自采用了不同的意象(或文化意象)来建构隐喻性成语。又例:

  [9] 英语谚语:Do not lead a bad person into temptation.
  [10] 南非的宗加语(Tsonga)谚语:不要把耗子扔到花生仓库里。
  [11] 《旧约·士师记》:人人可随自己的意思行事。
  [12] 恩侗加语(Ndonga):人人都是单独吃草的山羊。
  [13] 英语:It is as significant as a game of cricket. (这事如同板球赛一样重要。)
  [14] 法语:Cest aussi significantif que de faire de la course de velo.
    (这事如同自行车赛一样重要。)
  [15] 汉语:这事如同吃饭一样重要。

至于为何会选用这些意象来表示抽象概念和命题,可用"互动体验"做出合理的解释。在例[6]—[8]中各民族都选用了他们生活中突显的经验类型来表示"坏事发生后尽快补救"这一抽象命题,这是由他们各自的生活经验所决定的;正因为在非洲许多地方氏族社团中,这是一种常见的社会现象:自然界有很多河流,常有人淹死,便用他们的儿子来说事;而在英国和中国早已没有这种社会现象了;英国人选用他们生活中常见到的"粮仓"和"马"来说事;在我国则用始源域"羊"和"羊圈"来喻指上述的目的域。真可谓各运匠心,各显其能,却有异曲同工之美,不谋而合之妙!

当今世界处于大交流、大数据时代,各语言都会在不同程度上从其他语

言借入若干词语,如汉语就从梵语翻译中借入了如:

[16] 佛、菩萨、阎罗、达摩、地狱、罗汉

等意象和范畴。

4. 范畴、概念、意义

我们拟将"范畴、概念、意义"三者视为一体,不必再严加区分,此时再用语言形式将其揿住(pin down),就形成了各类构式(包括词、词组、句子等)。人们在长期的生活实践中形成了众多范畴、概念和意义,又逐步整合为更为复杂的概念,进而形成了我们今天所掌握的复杂概念结构和知识体系。这就是体验哲学和体认语言学对概念和语言成因过程的解释。

"范畴"是翻译中第一个要解决的问题,我们都知道,在汉英语中很难找到完全对应的范畴和词语,这就涉及范畴的变通问题,这在翻译过程中屡见不鲜(详见第十一章)。如将马克思(1848)《共产党宣言》的最后一句"Workingmen of all countries, unite!"译为"全世界无产者联合起来!"就涉及到翻译过程中的范畴转换问题,详见第四章第三节第 4 点。

5. CM、ICM、ECM

图 7.1 第三行处的 CM 或 ICM 包括 4 项内容:意象图式模型、命题模型、隐喻模型、转喻模型(Lakoff 1987:68,113;王寅 2007:207),它们在翻译过程中同样发挥着基础性功能。英汉两民族基于相同或相似的现实世界必然会共享一些认知模型,此时可采用直译法;但也有差异,这就涉及"异化"还是"归化"的译法。

在谈到某个事件,人们自然会对其有一个熟悉的、惯用的认识套路和认知模型,如玩游戏、体育比赛、看电影、上学校等。即使在语言表达中缺少什么信息,我们也能根据生活经验和认知模型将其补充进去。如笔者有一次在美国翻译一场橄榄球比赛时就遇到很多麻烦,因心智中缺少此类运动的认知模型。

ECM 为"事件域认知模型"的简称,它也是人们在互动体验和意象图式的基础上形成的,是人们认识世界、储存知识的一种基本方式,笔者基于ECM 和顺序像似性论述了英汉长句翻译的技巧,参见第十五章。

6. 隐转喻

CL将隐喻定义为"用一者(始源域)来理解或表示另一者(目标域)"。根据这一定义,语言表达,从宏观上讲,本身就是一个大隐喻,用"声音系统"或"文字符号"为始源域来表示现实世界或思想内容的目标域,这也是在用一者来言说另一者。纽马克(Newmark 1981:84)指出:所有语符都是事物的隐喻或转喻,一切词语都具有隐喻性。依此可见,翻译本身也是一种隐喻,用一国语言去表示另一国的语言,或用新的隐喻来适配原来的隐喻,埃文斯(Evans 1998:149)也持相同的观点(参见第七章第二节)。穆雷(2012)说:借用解构主义的看法,从宏观上讲,所有的符号转换都是翻译,所有翻译的意义都在于赋予"原作"以新的生命。这些论述正是雷柯夫和约翰逊(Lakoff & Johnson 1980:3)所说的

  …metaphor is pervasive in everyday life. (隐喻渗透进日常生活的每一处。)

的翻版。

要能使得译文既准确又传神,运用隐喻机制是必不可少的策略,而隐喻机制的核心是意象图式,如:

  [17] I was <u>in the middle</u> before I knew I had fallen into love with her.

若将下画线部分译为"走了一半、走到中途",会使人不知所云,此时采用隐喻策略,认真思考一下其中所蕴含的"意象图式",不难准确获得其意义,可译为"深陷其中,不能自拔",则"信、达、雅"兼而有之。再例:

  [18] He expects his son to succeed / to have a bright future / to become somebody.

我们虽可采用直译法,说成"他希望儿子成功,前程光明,成为名人"等,但若套用汉语成语"望子成龙"还是十分恰当的,此为隐喻机制所使然,以汉语中具体的象"龙"来对译英语中的抽象概念。也可能反其道而行之,即汉语说得较为抽象,英语则说得较为具体,例如:

  [19] 新闻界又有了新的<u>追踪热点</u>。

  [20] The press has a new <u>hare to chase</u>.

[21] 这是一件令人难忍的苦差事。

[22] This is a bitter pill to swallow.

[23] 他在修理门时显得十分笨拙。

[24] He was all thumbs when he tried to fix the door.

[25] 紧急动员

[26] all hands and the cook(全体人员行动起来,以控制紧急局面)

[27] 忘恩负义

[28] to kick down the ladder

[29] 多此一举

[30] to carry coals to Newcastle

[31] 不切实际的梦想

[32] Alnaschar's dream

上述例子都是将抽象的汉语表达对译成具象的英语表达。特别是[32],该英语成语表达不仅具象,且还隐含着一个有趣的典故:一个叫阿尔奈沙尔的穷小子从父亲那里继承到 100 元钱,想用它买玻璃器皿然后就可卖到 200 元,再用这 200 元买玻璃器皿能卖到 400 元,如此循环往复下去便可获得巨大财富,然后就能娶宰相的小姐为妻……好一幅黄粱美梦的场景!正得意盘算之时,一抬脚,踢翻了箩筐,打碎了全部的玻璃器皿。用这一含有具体人物的成语来对译"不切实际的梦想",算是佳译,透出一股西方文化的韵味。

有时英汉互译时都可采用具体的意象,但各自取象的方法各不相同,即用不同的喻体来说明本体,似有殊途同归之喻义,例如:

[33] 挥金如土　　比较:to spend money like water

[34] 空中楼阁　　比较:castle in the air

[35] 虚怀若谷　　比较:as deep as well

[36] 画蛇添足　　比较:paint the lily

[37] 无风不起浪　比较:no smoke without fire

[38] 山中无老虎,猴子称大王。

比较:Among the blind the one-eyed man is king.

[39] 九牛一毛　　比较:a drop in the bucket

[40] 酒肉朋友　　比较:table friends

[41] 近朱者赤,近墨者黑。

比较:He who lies with dogs will rise with fleas.

翻译过程中的"张冠李戴"可谓俯拾即是,电影名的翻译也很典型。译者常将中国的典故和成语"戴"到国外片名上,如英语用人名 *Adam's Rib*、*Rebecca* 命名的电影,译者为吸引观众,争取高票房率,不免会"哗众取宠、故弄玄虚",将其译为《金屋藏娇》和《蝴蝶梦》。前者源自汉武帝刘彻的典故,后者典出《庄子·齐物论》中庄周梦蝶的故事,难免会使国人浮想联翩。

用"三十功名尘与土"译 *State of the Union Message*;用"君子好逑"译 *Mati*;用"窈窕淑女"译 *My Fairy Lady*;等等,无不彰显出译者的才华和睿智。特别是将 *Samon and Dalilah* 译成《霸王妖姬》,创造性地将"别"换成"妖",使人产生很多遐想,真可谓用心良苦!

在翻译中的"转喻"('部'—'整'互代,整代部)也司空见惯,铁木钦科(Tymoczko 1999/2004:284,333)甚至直接称之为"翻译转喻学"(Metonymics of Translation),认为翻译一方面在源文和译文之间建立了"联结关系"(Connection),使得两者获得了"比邻关系"(Contiguity);另一方面,任何翻译活动都要丢失或增添某些信息,不可能将全文信息全部转译出来,"部代整"或"整代部"的现象不可避免。如在"过程—结果"这一对邻近概念之间,两民族常有不同偏好和使用。动作的"过程"和"结果"是一个事件中的两个不同组成部分,它们在整体动作链中相邻,在翻译过程中将聚焦点从"过程"转到了"结果"或反之,即用一个部分代替了另一个部分,这正是转喻机制使然,例见第十三章第三节第1点。

再看下面几组例子:

[42] armed to the teeth

[43] 直译:武装到牙齿

[44] 意译:全副武装

[45] Augustan Age

[46] 直译:奥古斯都时代

[47] 意译:文艺全盛时期

[48] All roads lead to Rome.

[49] 直译:条条大路通罗马。

[50] 意译:殊途同归。

[51] 卧薪尝胆

[52] 直译:Sleep on brushwood and taste gall.

[53] 意译:One always remember hardships.

[54] 逼上梁山

[55] 直译：One is forced onto Mount Liang.

[56] 意译：One is cornered but desperate for a way out.

[57] 八闽连五洲，友情传四海。

[58] 直译：As Fujian bonds the five continents, friendships forge beyond the four seas.

[59] 意译：Friendship ties Fujian to the outside world①.

[60] 跳进黄河洗不清

[61] 直译：Even if one jumped into the Yellow River, one could not wash himself clean.

[62] 意译：There is nothing one can do to clear one's name.

[63] 生意兴隆通五洲，财源茂盛达三江。

[64] 直译：Business is thriving, reaching out to the five continents of the world. Revenues are accruing, flowing in from the four corners of the earth.

[65] 意译：Business booms far and near, profits net there and here.

　　从上对比可见，直译，相当于"异化"，主要依据源文的字面意义照直译出，有译介他国文化、传送异国风情之意；意译，相当于"归化"，则从更深层面上来挖掘其表达内涵，往往采取了隐喻或转喻的认知策略。因此我们认为，传统译论中所延续了两千多年的"直译 vs 意译"之争，从认知角度来说，实为是否采用隐转喻机制的争论，参见第十七章。

　　当然了，若有时碰到异国友人难以理解的习语或惯用法时，也可将直译与意译的方法结合起来使用，这就有点像汉语的歇后语表达形式，前半句直译，传达字面意义；后半句通过意译来点题。

7. 意义与概念整合

　　宽泛地讲，"范畴、概念、意义"可处理为三位一体，不必加以严格区分。但认知语言学家福柯尼尔（Fauconnier 1997，2002）在概念整合论中区分了概念和意义，认为意义来自于概念整合，且在这一整合过程中通过融合空间中

---

① 这是一个典型体现我国修辞特点的常见宣传标语，内容上充分体现出中华民族"纵横四海、放眼天下"的豪迈之气，大国风范跃然纸上，为汉民族所喜闻乐见（参见陈小慰 2008）。若从西方受众的角度考量，文中用"五洲、四海"来表示"世界"，似与质朴自然的表达方式不很吻合，故而可采用意译的方法处理。

的新创结构会产生新义。

语篇的生成和翻译都是认知活动,源文语篇是原作者运用概念整合的产物,译文则是译者在对源文解构的基础上再经概念整合的结果。将翻译视为认知活动,可视为概念不断进行映射和整合的过程,参见第十三章第三节和十七章第三、四节。

第五节 意象图式为"体、认"之中介

"意象图式"还可解决哲学中论辩了数百年,甚至上千年的"物质"与"精神"之间是如何建立联系的这一重要命题。

自从苏格拉底提出二元对立概念之后,历史上许多哲学家针对它提出了多种解释,主要可分为两大派:唯物主义认为前者决定后者,唯心主义认为后者决定前者。17世纪的笛卡尔提出的"身心二元论"(Body-mind Dualism),认为物质与精神之间没有任何联系,它们各自为政,据此只能将人的"精神"或"心智"归附于天赋性。唯物论者坚持"一元论"(Monism)认为两者不仅有关系,而且是物质决定精神的关系。至于如何决定的,很多哲学论著语焉不详,有部分学者虽提出了解释,但并未在学界引起共鸣和反响。

我们认为,根据图7.1完全可将"意象"和"意象图式"视为"物质 vs 精神"之间的中介,它在"体"与"认"之间起着桥梁作用,是"感性"与"理性"Perception和Conception之间的媒体。正是意象图式的客、主二性将这两者联结了起来。因此马克思(1844)所说的:

> Humanized nature(人化的自然)

可根据意象图式做出新的解释,它也是连接"人化"与"自然"这两者的中介,这也是后现代学者提出"建构论"(Constructivism)的基本出发点。

顺着马克思的思路,语言就可定义为"人化的语言"。据此不考虑"人化因素"的传统翻译观既不现实,也不足取。但是,激进派学者将思路导向另一个极端,既在理论上不成立,且在实践上也行不通。基于激进人本观来研究理解和翻译注定是错误的,完全抛弃"文本基准",用"创造"取代"翻译",实属过分之举。

我国历来倡导的文学创作的基本原则:

> 文学既来源于生活,又高于生活

与体认观一脉相承。说其"来源于生活",体现了对现实生活的互动体验;说其"高于生活",则突显了人主体的提炼加工。该核心原则也可用来解释翻译过程,翻译既来源于译入语文本,也高于(或低于)它。

笔者在第二章述及部分后现代哲学家提出的"激进人本观",过分张扬人本精神,著名口号"有一百个读者就有一百个哈姆雷特"便是这一观点的写照。该思想反映在译论中就是过分倚重读者或译者主体性的作用,企图颠覆"信、达、雅",甚至喊出了"翻译就是再创作""爱怎么翻译就怎么翻译"等口号。这显然又将问题引向了另一个极端。杨自俭(2004:序3)指出,如果不很好地把握译者解放的度,很容易走向另一种片面性,那就是译者权力过大,甚至把翻译一步步推向创作,会滑向"物极必反"的歧途。所以译者的解放是有限度的,译者的能力和水平主要体现在对这个限度的把握上。体认翻译学基于体验哲学和体认语言学的基本原理也对后现代激进翻译观做出了深刻反思,可用"体认观"(互动体验+认知加工)为其做出具体的限定。再进一步讲,就是具有客主二性的"意象图式"是人类思维须臾不可缺少的基础环节,因此基于激进人本观"排除客观、突显主观"的翻译观也就失去了理论基础。

王宁(2011)曾指出,译者必须臣服于文本,但译者的地位不可被无限夸大。生态翻译学(胡庚申 2004,2008)认为,译者必须尊重源文内在的生态结构,它的作用必须受到现有文本的限制。译者如何臣服于文本,文本如何限制译者?可用笔者(2009)提出的"体认观"和"SOS"对其做出合理解释,以能实现"译者"与"作者及文本"之间的平等交流和对话。当两个主体(S)面对相同客体(O)时,根据现实决定认知和语言的原则,全世界各民族必定能享有若干普遍观点,这就是全人类得以相互理解和翻译的基础。又由于两端的 S 必然要发挥一定的、甚至较大的主观能动性作用,因此各民族的认知和语言必然要嵌入各自的主观因素,烙上各自的文化特色。这也与马丁(Martin 2010:177)所说的

> 翻译是一种创造性模仿

完全相符。也相当于王宁(2011)等所说的"再现性改写""创造性再现""相对创造性""超越字面的'信'""创造性忠实""颠覆性忠实",追求的是一种"文本主义"与"人文主义"之间的平衡,当取"解构兼建构"的思路,既有写真,也有创造。

我们曾尝试以"三原"来解释"臣服"的具体内容,即译文应能尽量映射出"原作者"在"原作品"中所陈述的"原意图",这就是说,翻译过程中必须倚仗"意象图式"和"认知模型"等体认方式。在此基础上还应加上"创而有度",承

认翻译中的创造性,但得有所约束。这一点就连激进的后现代翻译理论家韦努蒂也不否认,他(转引自郭建中 2008)认为:

> 作为译者,你和我一样,要遵循"精确"这一严格的标准。翻译不能增加或删除太多,以致在实质上修改外语文本。这一点很重要,是我们应该牢记的。

要能实现这一点,我们基于 2005 年和 2008 年所论述的翻译认知观,进一步将体认翻译学的基本原理细述为:

> 体验着原作者的生活,认知着原作品的意义,解读着源文本的意图,创而有度,兼顾三中心。

要能做到这一点,就必须既要尊重源文本,以"直译和异化"为依据;也必须考虑到译者的主观性,兼顾"意译和归化"方法。主客主相结合,这就是我们所论述的"SOS"之要旨。运用体认观便可有效地解构"文本中心论""译者中心论",两者兼顾才能相得益彰,这正是体认翻译学的基本出发点。

第六节 结 语

体认翻译学认为翻译是一种体认活动,因此体认语言学对体认过程的分析同样适用于翻译过程。本章尝试运用体认过程中的意象图式,以及基于此的其他方式来识解翻译过程,意在进一步解释"体"与"认"之间是如何建立联系的。

我们必须清醒地认识到,"认知过程"十分复杂,图 7.1 也仅是一个大致的分析;同样,"翻译过程"也很复杂,难以一概而论。本书观点只是诸多见解之一种,仅供各位同仁参考。

在体认过程和翻译过程中,每一个节点都有出现多种选择的可能性,因此,对于同一原作,不同人必有不同的译法,即使同一个人在不同时空中,因心境和情绪的不同,也会有不同的选择。如此说来,翻译具有较大的偶然性,它将伴随着翻译的整个过程,统一的翻译标准似乎是个不可企及的目标。

第八章　文化意象与翻译实践

笔者认为,汉英两民族在体认方式中都有"具象思维"的显著属性,它不能作为两民族的一项区别特征,而可视为一个认知参照点来进行语言对比,探讨翻译规律。本章主要论述文化意象在翻译中所发挥的重要作用。所谓"文化意象"是指那些基于自然物象在人脑中所形成的意象具有了文化意蕴,相当于马克思所说的"人化的自然界",这就使得语言符号不可避免地烙上了文化的印记,凝聚着人类的体认和智慧,包孕着深厚的历史沉淀,在民族历史中代代相传,体现着一个民族的精神和集体无意识。本章用很多实例(包括习语)来论述翻译中的文化意象,这也为翻译文化派提供了一条重要论据。

第一节　翻译中的文化意象

正如第七章所述,"意象"(Image)和"意象图式"(Image Schema)中既有客观性,也有主观性,其上常会烙上文化的印记,这就是学界所说的"文化意象"(Cultural Image)。

文化意象使得基于自然物象所形成的"意象"或"意象图式"具有文化意蕴,相当于马克思所说的"人化的自然",它是打上文化烙印的语言符号,是各民族或社团观察、分析和理解世界的认知成果,凝聚着人类的体认和智慧,包孕着深厚的历史沉淀。它在一个文化母体中代代相传,成为民族文化宝藏中的珍贵遗产,体现着一个民族的精神和集体无意识。

既然汉英两民族在具象思维上不存在根本性差别,意象和意象图式就可作为一个认知参照点来进行语言对比,探讨翻译规律。如楚至大(2004:91)曾指出郭沫若在《英译诗稿》中将纳什(J. Nash)的"Spring"诗中第一句所关涉的意象问题:

[1] Spring, sweet spring, is the year's pleasant king.

译为:

[2] 春,甘美之春,一年中之尧舜。

这一译法受到很多学者的批评,认为过于突显了汉民族的文化意象,因为"尧、舜"是华夏民族的祖先,他们的功绩和形象一直铭刻在汉民族的心头。此处郭老将"pleasant king"译为"尧舜"虽不算很妥,但从读者反应论的角度来说,也未尝不可。笔者拟再举例论述汉英翻译中的文化意象问题。

1. "牛奶路"的文化意象

各民族中很多词语都带有深沉的文化信息,这是翻译研究中永远绕不开的一个重要话题。如就 the Milky Way 所蕴含的文化意象,曾引起我国学界的一场耐人寻味的争论。鲁迅于20世纪30年代曾就赵景深将"the Milky Way"译为"牛奶路"大为光火,大加笔伐。赵氏在1922年翻译契诃夫短篇小说《万卡》时的这一译法,多年来一直成为我国译学界流传甚广的"误译大笑话"(楚至大 2004:48;萧立明 2001:60)。究其根源,正滥觞于鲁迅在1931年12月20日发表在《北斗》第一卷第四期上的一篇题为《风马牛》的文章,他认为赵景深太随便,译错了,当译为"银河"(或:神奶路、天河),且辛辣地冠之以一顶"乱译万岁"的帽子。我们不禁要问,赵氏所采取的译法不正是顺着鲁迅的直译(又叫硬译、暴力翻译)思路行进的吗? 鲁迅为何要对赵氏这一颇具异国情调的译法发火?

时至今日,有人(曹惇 1984;谢天振 1999)为赵氏叫冤鸣不平。若从后现代哲学和体认翻译学的角度来看,这一争论的背后就是当前译界一个争论要点"异化 vs 同化"问题,而这一争论的核心问题又涉及"文化意象"。正如上文所述,"意象"(Image)是各民族都有的一种认识方式,所谓的"误译、硬译、直译"都必与"意象"有千丝万缕的联系,自然也就成为体认翻译学中一个重要研究对象。

现笔者拟从文化意象角度对该误译现象进行探析。我们知道,"路"是一条便于通行的道,而"河"与其相反,是交通中的障碍物,阻断了通行的路,这两者所传递的"意象"截然不同。西方将天穹中由无数星星组成的牛奶色(银白色)的带子称作"Way",传递的是"奥林匹斯山上众神下山所要经过的路",也蕴含着"众神之宙斯得胜回朝的必经之路",多好的文化意象!一旦译为"银河",徒生"阻碍"之意,反为不美,岂不破坏了希腊神话的一番美景。可见,赵景深传递了"路"的意象,大方向上没什么错。

鲁迅还顺其思路不无挖苦地建议译为"神奶路",倒也提出了一种蛮好的译法,舒奇志(2007)将其赞为"协调式异化翻译法"的成果。在希腊神话中,这条"奶路"本来就是由宙斯的妻子赫拉的奶水形成的①。曹惇也认为可译为"神奶路"或"奶路",然后再加一个脚注:"相当于汉语中的'银河'。"这就更完整了,兼得了"熊掌"与"鱼",置"面包"和"馒头"于一餐之中,倒也显得相得益彰,似乎异化与同化便可相安无事。

说到这里,我们对钱理群(2002)就此现象所发表的评论产生一点疑惑。他指出,在 20 世纪 90 年代中国的文坛学界,轮番走过各式各样的"主义"鼓吹者,几乎是毫无例外地要以"批判鲁迅"为自己开路,形成了一个饶有趣味的思想文化现象。……这些人还自称"新生代"作家,也迫不及待地要"搬开"鲁迅这块"老石头",以开创中国文学的新纪元。他这里所说的"文坛学界"所含范围似乎很大,应包括翻译学界。我们知道,译界的"直译 vs 意译"已争论了上千年,后又接上"异化 vs 同化"问题,持"意译"或"同化"态度的学者虽对鲁迅的译论发表过不同看法,但还不至于要"毫无例外地以'批判鲁迅'为自己开路"。再说这个时期各种不同译论开始登场(即钱氏所说的"各种'主义'的鼓吹者"),译论中的文化派(及与其类似的后现代译论,谢天振教授于 1999 年也已正式出版了《译介学》)大力倡导的"异化"译法日益为学界所重

---

① 此段摘自鲁迅《风马牛》一文:希腊神话里的大神宙斯是一位很喜欢女人的神,他有一回到人间去,和某女士生了一个男孩。物必有偶,宙斯太太却偏是一个嫉妒心很重的女神。她知道后,拍桌打凳的,大怒了一通之后,便将那孩子取到天上,等机会将他害死。然而孩子是天真的,他满不知道,有一回碰着了宙太太的乳头,便一吸,太太大吃一惊,将他一推,跌落到人间,不但没有被害,后来还成了英雄。但宙太太的乳汁,却因这一吸,喷了出来,飞散天空,成为银河,也就是"牛奶路",——不,其实是"神奶路"。但白种人是将一切"奶"都叫"milk",我们看惯了罐头牛奶上的文字,有时就不免误译,这也是无足为怪的事。

杨晓荣(2005:194)曾指出,鲁迅的说话方式是很有些语不惊人死不休的,有时甚至还有点抬杠,研究者注意的自然应是其完整的内容。笔者将此句摘录此处,便于读者加深了解 80 年前的那场有趣的争论。

视,这与鲁迅所坚守的直译或硬译思路相通,又何来钱氏的上文一说?

2. "纸老虎"的文化意象

1946年8月6日,毛泽东主席与美国记者路易斯·斯特朗在谈话中将原子弹以及美帝国主义和一切反动派喻比成"纸老虎",当时译员将其译为"scarecrow"。毛主席虽不懂英语,但觉得这一比喻很重要,便停下来问译员是如何译的,当得知如此翻译后立即表示不满,要求直译,且加以注解。这正是当今我们碰到难译词语时所采用的方法"直译加注法"(参见萧立明 2001:37)。

英语中的 scarecrow 所传递的意象为"用稻草扎起来的、衣衫褴褛的类人一样的怪物,插在田间用来吓唬鸟",而对于"人"来说,这种东西是毫无惊吓作用的。况且,美帝国主义绝不是一只 scarecrow,我们也不是"小鸟",其间的意象完全不匹配。若将其直译为"paper tiger",经过这一意象转换之后,用 tiger 取而代之,效果就大不一样了。"虎"为百兽之王,甚是厉害,此时在前面加上一个定语"paper",用纸张糊起来的纸老虎,貌似强大,这就将美帝国主义和一切反动派外强中干的本质揭露得淋漓尽致,确实是 scarecrow 所不能比拟的。

当时的译员能想到 scarecrow 一词,说实话已是不易之事了,可见其英语功底还是很好的,只是在此处的翻译,未能尽显东方大国的领袖之韬略。因此,翻译中不必追寻语义等值,而应考虑翻译过程中的"意象转换"。

3. 译 God 之争

在《圣经》翻译成汉语的过程中,必然会涉及诸如 God,Spirit,Baptism 等词语如何译的问题。在 1843 年中国香港召开的筹备会上,理雅各(James Legge 1815—1897)和麦都思(Walter Henry Medherst 1796—1857)就 God 的汉译发生了争论,前者认为应译为"神",后者则主张译为"上帝",两人各执一词,互不相让。后在 1847 年上海召开的译委会上想通过投票表决的方法解决这个问题,没想到两种方案票数相当,使得辩论再次陷入僵局(张佩瑶 2000:304)。仔细想来,这两种翻译方法其后都涉及一个"意象"的文化认知,汉语的"神"是个多义词,除了指宗教中天地万物的创造者和统治者,它还含有其他意象,如可指"神仙、精灵、超人",甚至可指"鬼怪、鬼神、妖精"等,还有

"神妙、精神"等抽象含义。这就多少使得"神"失去了让人崇敬之义,带上了贬义色彩。而"帝"主要指"宗教或神话中宇宙的创造者和主宰者、君主、皇帝、帝王",不含上述"神"的贬义意象①。

再在"帝"前加上一个"上",更加突出了他的崇高地位,更易在人们心智中形成一个"高高在上的权威者"的意象。这或许就是理雅各后来也主张将God译为上帝的原因。

4. 再例

此类例子可谓不胜枚举,或者说传统翻译技巧中所述及的种种技巧,大多涉及文化意象的问题,是直译还是意译,是省略还是增加,是节译还是加注,都是译者围绕"引入异国风情 vs 顺应本土文化"不断做出选择的过程。如法国有初冬杀猪的风俗,食品店就会打出如下广告(王东风 2000;文军 2006:163):

[3] Cette semaine on tuer le cochon!(其英语字面义为:This week we will kill the pig!)

以吸引顾客购买新鲜猪肉的欲望。而在英国并无此文化风俗,译者就去掉了其中的"杀猪"这一意象,而采用了英国惯用广告构篇的通用形式:

[4] Special Offer——Fresh and Abundant!

文军(2006)还在《科学翻译批评导论》第六章中介绍了他个人的几则翻译实例,也能很好地说明文化意象的调整和转换问题(以下例[5]、[6]、[7]、[8]):

汉语文本中的语句:

[5] 资产阶级思想家和学者梁启超

这是站在我国文化立场上对梁启超的评价,若将其照实传递给西方读者,不一定会被接受,也就达不到对外宣传的目的,文军将此文化意象调整为:

[6] Liang Qi-chao, an eminent scholar and thinker in the modern history of China

---

① 中国基督教三自爱国委员会与中国基督教协会在 2009 年版《圣经》中译版的扉页上赫然写着"本圣经采用'神'版,凡是称呼'神'的地方,也可称'上帝'"。似乎采用的是一种折中的方法。

这也较为妥当,免使西方学者疑惑或生厌。又例汉句:

[7] 我们的周总理还有孙中山先生都在那个公园里从事过革命活动。

句中提到的这两位伟人,在中国是家喻户晓,而不一定为西方人所熟悉,在英译时当做适当铺垫;另外若直译"革命活动"也易引起西方人的误解。因此文军将其译为:

[8] Zhou En-lai, who later became the first premier of P. R. China, and Dr. Sun Yat-sen, or Sun Chung-shan, the father of modern China, gave speeches in the park to call for democracy.

在公园里进行革命活动,不可能是武装斗争,在那个时代无非就是为了争取民主发表演讲。

汉语表达中的"不爱红妆爱武装",可令人想到妇女不再注重打扮、身着戎装的形象,而有人将其译为:

[9] to face powder, not to powder the face

有人对其赞赏有加,但也有人为其丧失了汉语中的文化意象而惋惜,运用 face 和 powder 两词的词序颠倒来扣"红妆"和"武装",似乎有点差强人意。

[10] 巧妇难为无米之炊。
[11] Even a clever housewife can't cook a meal without rice.
[12] You can't make bread without flour.
[13] You can't make bricks without straw.

[11]属于直译,而[13]为意译,[12]介于两者之间,虽是意译,但所选两词 bread 和 flour 尚属"饮食语义场"。汉语中说的是"巧妇 vs 米"的关系,而英语习语[13]却在说"砖 vs 草"的关系,其间所揭示的道理虽有相通之处,但其间的文学意象却一点也扣不上,相差较远,此为隐喻机制所使然。

5. 思维顺序中的文化意象

在汉民族思维中存在一个根深蒂固的文化意象:从大到小、从上到下、从老到少、从男到女、从尊到卑。其思维的扫描顺序一般为:

图 8.1

无论是空间上,还是时间上,还是社会地位上,基本上都遵循着这一规律。例如:

[14] 他住在美国纽约百老汇大街 60 号。

[15] 他出生于重庆市綦江区横山镇附近的一个小村庄。

[16] 我们上星期五下午三点已经开了会。

[17] 她去年每月到乡下去住一两天。

[18] 上下:上上下下、举国上下、上蹿下跳、上传下达、七上八下
大小:大大小小、大材小用、大街小巷、大惊小怪、大题小作
年月:年年月月、穷年累月、驴年马月、猴年马月、经年累月
前后:前前后后、前赴后继、惩前毖后、前思后想、前仰后合
先后:承先启后、空前绝后、先公后私、先人后己、先来后到
长短:长短不一、有长有短、取长补短、长短有致、说长道短
天地:天南地北、天南海北、天涯海角、天诛地灭、天壤之别
高低:高低不从、高城深池、高深莫测、七高八低、故作高深
山海:排山倒海、移山填海、刀山火海、人山人海、山珍海味
山水:千山万水、山穷水尽、山清水秀、山高水低、山盟海誓
头尾:一头一尾、头尾相接、街头巷尾、摇头摆尾、首尾相应
进退:进退两难、进退维谷、有进无退、进退无门、进寸退尺
手脚:动手动脚、手舞足蹈、手足无情、七手八脚、手足之情
老少:老少咸宜、老少妇孺、妇孺皆知、难兄难弟、兄死弟及
男女:男男女女、男女老少、不男不女、男尊女卑、男女有别

英民族在认识时空范畴时的思维扫描顺序与汉民族不同,常为"从小到大、从近到远",可图示如下:

图 8.2

如汉语的例[14]至[17]当译为英语的：

[19] He lives at No. 60 Broadway, in New York, United States of America.

[20] He was born in a small village near Hengshan Town, Qijiang District of Chongqing City.

[21] We had a meeting at 3 o'clock in the afternoon of last Friday.

[22] She went to stay in the country for a day or two every month last year.

6. 英民族的尾重文化意象

英民族还基于上一文化意象语法化出了"尾重"(End-weight)和"尾焦"(End-focus)的组句原则，顺着"从小到大"的体认机制，常将较长和较复杂的成分、较为重要的信息置于句尾，这就是笔者(1994/2003)所论述的"正三角"句型，现摘录几例如下：

[23] She went there to meet her family.

[24] Make a mark where you have any doubts or questions which need further explanation.

[25] Cure the wounded and save the dying. （比较汉语：救死扶伤）

[26] Before them lay miles of miles of beautiful plain with lots of wild animals among the grass.

[27] He found to great joy that his old friend William Royal was still alive.

[28] We took as our first objective the problem of productivity which had been lower than was to be expected when the quality of the labour force was considered.

至于上述汉语中例[18]一类的表达，在英语中可有两种译法：

(1) 按照"由近及远"的顺序，由此衍生出"从小到大"的顺序；
(2) 按照"从高到低"的顺序，由此衍生出"从大到小"的顺序。

例如：

[29] up and down, down and up

front and back, back and front
here and there, there and here
now and then, then and now
men and women, ladies and gentleman

但有的仅有一种表达顺序

[30] this and that;
these and those;
here, there, and everywhere;
neither here nor there;
mountains and seas;
heaven and earth

现再列述部分英汉对比的例子：

[31] 青少年 children and young people
[32] 中小国家 small and medium-sized countries
[33] 中小学 elementary and high schools

这都是我们要下工夫密切关注的地方。

第二节　习语翻译中的文化意象

1. 引言

各个语言中都有大量的成语，它们凝聚着民族的智慧，其中的成因十分复杂，但大多都涉及"意象"或"形象"问题，如奈达（Nida 1981:1；廖七一 2000:225）所举的一组例子：

[34] to love with the heart（英语）
[35] to love with the throat（马绍尔群岛语）
[36] to love with the stomach（玛雅语言）
[37] to love with the liver（非洲乍得语言）
[38] to love with the kidney（希伯来语）

汉语表达与英语相同：

[39] 用真心去爱

这样的例子还有很多很多，这在我们传统的英语教学和翻译实践中多有述及，如中国的"龙"与西方常被视为魔鬼的"Dragon"，它们原本就不是对等词！我们引以为豪的"龙的传人"，若译为"the descendants of Dragon"，还真不知道西方人该如何看我们呢！各民族根据自己与狗的关系，形成了对"狗"的不同认识，如爱斯基摩人将其视为牵引动物；索罗亚斯德教徒将其奉为神圣的动物；印度人将其视为低贱动物。但在西方社会多将"狗"视为忠实的朋友，有关"狗"的谚语或成语，大多对"狗"持褒义。这就涉及"文化意象"的差异。难怪我的老师曾说过，英语本科生必须要念两本书：《圣经》和《希腊神话》，因为西方大多国家的语言都从这两本书中获得了诸多"文化要素"。

再说"农民"这个词在不同国度常会引起不同的反应。在汉语中常听到有人说"有什么要紧的，大不了去当农民"，因为过去在我国，农民常被视为最底层的人群，最辛苦，收入也最低，似乎只要想当，人人都可当。在此背景下，这句话的含义是：我不怕罢官或革职，最坏的结果就是到农村去"面朝黄土背朝天"，接受磨炼。而在西方很多国家里，能拥有一个农场（可大可小），在那里开着农业机械耕种肥沃的土地，空气清新、生活宁静、收入可观，可能比城市中的资本家过得还舒坦。若将上一句汉语译成英语，恐怕就有人不能很好地理解它的含义。

同样是"养猪"，在不同的国度、不同的年代，就有不同的看法。我国在过去有人认为这个活又脏又累，挣钱又少，没有什么社会地位；而在新几内亚这是一个声誉很好的工作（谭载喜 1999：89）；我国现在也有不少人愿意到新农村去办个养猪场。

下面再举几个习俗的例子：

[40] 打破镜子会给人带来7年的厄运。
[41] 说错话后回头吐3口唾沫表反悔。
[42] 携带兔脚来赌博可使得手气大增。
[43] 把小钱扔进水池可实现某个愿望。
[44] 用水给病人洗澡，再将水泼在路上，疾病会被第一个路过的人带走。

等等，若将这些不具有普遍意义的习俗译成外语，且想要使得译文读者能很好地理解,恐怕也不是一件容易的事情。

自从我国于 1978 年实行"改革开放"政策以来,时至今日已有逾四十年的历程,上述有些"狗"啊、"龙"啊的说教亦已司空见惯,不足为鲜。若要是老话重提,就须说出个新意境来。从心理学或 CL 的"意象"角度来讨论这类问题,尚不为多;若能从体认翻译学角度来说(参见图 4.1),揭示语言背后所蕴藏的两个世界,探索西方民族体认世界的方式,或许可从根本上解释这类现象。就意象而言,汉英翻译主要涉及到以下三种类型,现分别简述如下。

2. 形象相同,喻义不变

汉英两民族都依据相同的事物意象来构成习语,这就使得两语言从形式上和意义上相同,如:

[45] Strike the iron while it is hot.　　比较:趁热打铁
[46] Walls have ears.　　比较:隔墙有耳
[47] to go in one ear and out in other　　比较:从一耳进,另一耳出
[48] as firm as a rock　　比较:坚如磐石
[49] as light as a feather　　比较:轻如鸿毛
[50] like a bolt in the blue　　比较:晴天霹雳
[51] as lean as a rake　　比较:骨瘦如柴
[52] an eye for an eye, a tooth for a tooth　　比较:以眼还眼,以牙还牙
[53] castles in the air　　比较:空中楼阁
[54] to pour oil on the fire　　比较:火上浇油
[55] to fish in troubled water　　比较:浑水摸鱼
[56] to spend money like water　　比较:花钱似流水

汉英两民族还有很多表达建立在共享形象上,如 riverbed、bottleneck 等,它们借用了相同的形象思维来认识和描绘对象,前者指"河流的底部",后者指"瓶子颈部的狭小部位",这就是我们所说的"河床""瓶颈"。再如用 brain 来指思维、思想,这也与汉民族相通。

3. 形象不同,喻义相似

汉英两民族依据不同的事物意象来构成习语,但基本表示了相似的隐喻

意义，不妨说成"貌离而神合""形异而义似"，如：

[57] 说曹操，曹操到。

[58] Talk of the devil, and he appears.

[59] 事后诸葛亮

[60] beating a dead horse

[57] 是汉语中一句相当流行的成语，大意是说曹操耳目众多，动作迅速，无所不在，随时都可能出现在人们的面前，当小心提防。在 2008 年央视春晚中的小品《火炬手》中有这样一道问答题："谁是世界上跑得最快的人？"答"曹操"。这一笑话或许较好地揭示该成语的意义。但在与其对应的英语习语中用了不同的形象 devil，其吓人的程度或许要大于人。

[59] 中的"事后诸葛亮"，表示"为时已晚"的意思，"事后自称有先见之明的人"。而英语用"用鞭击打死马"表示"用鞭击打死马令其奔驰，白费劲，白费口舌，做无用功"，这里的翻译就有一个形象转换的问题。再例：

[61] a black sheep　　　　　　　比较:害群之马
[62] donkey in lion's hide　　　　比较:狐假虎威
[63] a drowned cat　　　　　　　比较:落汤鸡
[64] birds of a feather　　　　　　比较:一丘之貉
[65] an apple of one's eye　　　　比较:掌上明珠
[66] a cat on hot bricks　　　　　比较:热锅上的蚂蚁
[67] to become our milk cow　　　比较:成为我们的摇钱树
[68] to shed crocodile's tears　　　比较:猫哭耗子
[69] to laugh one's head　　　　　比较:笑掉大牙
[70] to do Marathon talk on the phone 比较:煲电话粥
[71] to cast pearls to swine　　　　比较:对牛弹琴
[72] to hit below the belt　　　　　比较:放冷箭
[73] to have a card up one's sleeve　比较:胸有成竹
[74] to cut the Gordian knot　　　　比较:快刀斩乱麻
[75] to drink like a fish　　　　　　比较:牛饮
[76] It takes two to tango.　　　　　比较:一个巴掌拍不响。
[77] Hope is our bread.　　　　　　比较:希望是我们的精神食粮。
[78] Diamond cut diamond.　　　　比较:棋逢对手。

[79] Many kiss the baby for the nurse's sake.

比较:醉翁之意不在酒。

[80] When shepherds quarreled, the wolf has warring game.

比较:鹬蚌相争,渔人得利。

[81] Better be the head of a dog than the tail of a lion.

比较:宁为鸡头,勿为凤尾。

从上对比可见,英汉表达各自采用了不同的形象(貌离),但所表示的隐喻相似(神合)。特别是例[76]英语中突显的现象为"需要两人才能跳探戈舞",由于汉民族不兴跳西方的 ballroom dance,也就没有这种具象思维,与其大致对应的汉语熟语为"一个巴掌拍不响"。

再如例[79],英民族构成这一习语的思路是:亲一亲托儿所的小孩,是为了博得托儿所年轻阿姨的欢心,表面所为却意在其他。这就相当于汉语熟语"醉翁之意不在酒"。

在汉译英时也有类似的情况,如汉语说"蠢猪",不能直译为 silly pig,英语不用 pig 这个形象来喻说"蠢",与其对应的英语为 silly ass,这就涉及意象转移问题。当然了,汉语中也有"蠢驴"这一表达,是舶来品还是土特产,有待考证。

在汉英两语言中,相似的喻义可能用不同的形象或意象来表示,使人有"殊途同归"的感觉,例如:

[82] 大煞风景

[83] to kill a landscape

[84] to throw a wet blanket

[85] 红颜薄命

[86] red cheek with harsh fate

[87] tragic end of beauties

[88] 大海捞针

[89] to grope for a needle in an ocean

[90] to look for a needle in a haystack

[91] 你不要脚踏两只船。

[92] 你不能当骑墙派。

[93] Don't sit on the fence.

[94] If you run after two hares, you will catch neither.

这说明汉英两民族都可采用"具象"表达法,但究竟取什么象,两民族可有不同的思路,实际上这也是造成"直译 vs 意译"的原因之一。从上亦可见人们具有一定的主观能动性,表达的多元化和语言的模糊性,同一种意义,可运用多个不同形象来打比方,实属常情。笔者曾收集到586条英语明喻习语,其中就有若干个"一物多喻"和"多物一喻"的例子,如同一个喻体 owl,可同时用来喻比"眼瞎""严肃""愚蠢""聪明"等特征,如:

[95] as blind as an owl
　　　as solemn as an owl
　　　as stupid as an owl
　　　as wise as an owl

此时,物体 owl 所表示的喻义只能凭借前面的形容词来确定。又如,同一个 day 可用来喻说"晴朗""明亮""清楚""开阔""易见"等,the day is long 可用来喻说"高兴""诚实""幸福"等。同是一个 mouse 竟可用来描写5种不同的性质或特征:"穷""胆小""沉默""安静""湿透"。ice 可分别用来喻说"贞洁""寒冷"等。

这是用一物来喻比多种不同的性质或特征,但同一个性质或特征还可用多个不同的事物来作形象性说明,比如,同是一个性质 black,在英语明喻中竟然用了19种不同的本体来说明,如:

[96] as black as a bat

表示"极黑、漆黑"之义,还可用如下喻体:a raven、a sloe、a stack of black cats、coal、a crow、ebony、ink、jet、midnight、one's hat、Newgate、night、pitch、soot、the ace of spades、one is painted 等。另外,good、sure 也各用了15个和13个不同的事物打比方。

汉语也有相同的情况,如,同一个本体"心"字,竟然用了17个不同的喻体来描写"心情不佳、缺乏情感"之义:

[97] 心如槁木;心如古井;心如寒灰;心如火焚;
　　 心如坚石;心如木石;心如铁石;心如死灰;
　　 心如刀绞;心如刀割;心如刀锉;心如刀锯

同一个喻体也可用于喻说多个不同的本体,如"水"可用来喻说若干不同的含意,如:

[98] 似水如雨;官清似水;流年似水;如蹈水火;如水投石;

如水赴壑；如鱼得水；势如水火；心如止水；臣心如水；簟纹如水；一败如水；一廉如水；一清如水；归之若水；交淡若水

上文所述的"意象转移"，以及"一物多喻"和"多物一喻"，也为汉英翻译提供了很好的启示，可采用意象转移的方法来翻译。

4. 汉具象，英隐现

汉英两民族在认识世界时常采用了不同的策略，如汉民族采用形象思维和表达，而英民族没有；抑或反之。例如：

[99] 雪上加霜 　　　　　　比较：one disaster after another
　　　　　　　　　　　　　或：Calamities come in succession.

[100] 揭竿而起 　　　　　　比较：to rise in rebellion

[101] 卧薪尝胆 　　　　　　比较：put up with an insult in order to take revenge

[102] 生米煮成了熟饭(无可挽回) 比较：what's already done

[103] 他抢了我的饭碗 　　　　比较：He's taken the job from me.

[104] 混口饭吃(为生计而做某事)
　　　　　　　　　　　　　比较：to get a job for one's livelihood

[105] 眼泪往肚里流 　　　　比较：swallow something painful

[106] 蚂蚁搬家的办法 　　　比较：to do something in a small way

[107] 一刀切的方法 　　　　比较：to do something indiscriminately

[108] 一日不见,如隔三秋 　　比较：miss sb. very much

[109] 神不知,鬼不觉 　　　　比较：stealthily; secretly

[110] 打一枪换一个地方 　　比较：change one's way every time he/she does it

[111] 他说道："兔死狐悲,物伤其类。"
　　　　　　　　　　　　　比较：He said in distress and sympathy.

[112] 哪壶不开提哪壶 　　　比较：touch a sore point; bring up an undesirable subject

对比上述几组例子便可发现，汉语中采用了具象思维，如"雪、霜、薪、胆、竿、生米、熟饭、口、饭、眼泪、肚子、蚂蚁、家、刀、枪"等,而英语没有,英语直接将其所含的隐喻意义表达了出来。特别是[111],一个寓意深刻的成语,却在英译中尽失风采。

学界有很多这类例子,汉语基于具象思维方法形成的语言表达,有译者也采用了具象直译法,仅根据汉语字面意义来转述成英语,引起"片面、误译、误解"的现象,现以表列述部分例句,供读者参考:

表 8-1

	汉语	英语误译	参考答案
1	青梅竹马	green plum and bamboo horse	childhood sweetheart
2	胸有成竹	bamboo in the blossom	as sure as my name
3	蛛丝马迹	the silk of spider and the trace of horse	straws in the wind
4	沉湎于女色	fell in love with many beautiful women	over-indulged in women
5	打白条	give a white slip	issue an IOU
6	豆腐渣工程	beancurd residue project	jellybuilt project
7	二月花	flowers in February	early spring
8	跑得了和尚跑不了庙	A monk can run away, but his temple cannot.	You may run, but you can never hide.
9	落汤鸡	as wet as a drowned chicken	as wet as a drowned rat
10	食言	eat one's words(收回前言)	go back on one's words; break one's promise

我们知道,各民族的成语背后往往都隐含着一个动人的传奇,这些故事经提炼后常会浓缩为一个"意象",它常与此成语形成紧密联系,如上文所举的很多汉语例子都是成语,它既是一种汉民族的文化沉淀,也反映了华夏人的文化内涵,都源自当初的"意象"。这类成语的翻译颇费精力,是保持译出语言的意象,采用直译法;还是更换为译入语的意象,或干脆消解意象,采用意译法,这只能是智者仁者之见了,不必一概而论。

5. 英具象,汉隐现

有学者常将上文所列举的例子解释成:汉语重视形象思维,而英语重视抽象思维。其实,与其相反的例子举不胜举,汉语中没有出现具体形象,而英

译时可采用具象表达,如:

［113］早饭吃好,午饭吃饱,晚饭吃少。

［114］At breakfast eat like a king; At lunch eat like a prince; At supper eat like a pauper.

汉语说得较为抽象,而英语中用了三个具体的人物形象来对译,十分生动。又如汉语中有一则为"速效救心丸"所做的广告,曰:

［115］随身携带;有备无患。随身携带,有惊无险。

被英译为:

［116］A friend in need is a friend indeed.

不仅套用了英语谚语,而且将汉语中的抽象表述转换为英语的具体形象"friend",用来表达"需要时就出现在身边的朋友"。字面上虽不对应,但就功能和目的而言,基本取得了汉句的效果。

这就出现了,同一源文可能会有两种不同译法的现象:具象或抽象,其实这也是造成"直译 vs 意译"之分的主要原因之一,如:

［117］小题大做

［118］making a mountain out of a molehill

［119］get into a great fuss about trifles

［120］癞蛤蟆想吃天鹅肉

［121］a poxy toad thinking of eating swan's flesh

［122］to aspire after the impossible

［123］One boy is a boy, two boys half a boy, three boys no boy.

［124］一个和尚挑水吃,两个和尚抬水吃,三个和尚没水吃。

［125］一人干事尽力干,两人干事只抵半,三人干事没人干。

［126］He is a dog in the Manger.

［127］他占着茅房不拉屎。

［128］他在其位但不谋其事。

在上几组汉英或英汉的对译中,第一种译法为具象译法;第二种为抽象译法。英语中还有很多习语或表达突显了具象思维的方法,而其对应的汉语却没有,这就是 Nida(1993:124)所讲的"将译出语言中的形象化表达转译为非形象化表达"或"形象化程度较低的表达",例如:

[129] Homer sometimes nods.　　　　　比较:智者千虑,必有一失。

英语谚语中用到具体的古希腊行吟诗人"荷马"的形象,而在汉语中用"智者",其形象化程度远远低于英语。再例:

[130] under the table(in secret)　　比较:秘密地
[131] from the teeth(with insincerity) 比较:诚心诚意地
[132] to read sb. like a book　　　　比较:看出某人的心思
[133] to be born with a silver spoon in one's mouth
　　　　　　　　　　　　　　　　比较:出身富贵;一出生就掉
　　　　　　　　　　　　　　　　　　　在福窝里;富二代
[134] to sow one's wild oats　　　　比较:浪费青春
[135] What millions died that Caesar might be great.
　　　　　　　　　　　　　　　　比较:一将功成万骨枯。
[136] You should not show your hand to a stranger.
　　　　　　　　　　　　　　　　比较:对陌生人要存几分戒心。
[137] Every man has a fool in his sleeve.
　　　　　　　　　　　　　　　　比较:人人都有糊涂的时候。
[138] Penny wise, pound foolish.　 比较:小处精明,大处糊涂。

在上述几组例子中,英语表达都用到了具体的形象,如 table、teeth、book、spoon、mouth、oats、Caesar、Homer、hand、sleeve、penny、pound 等,而汉语仅用了一个较为模糊的类名词,如例[136]将 not show your hand 意译为"存几分戒心"。

当然了,我也可将例[130] under the table 通过转换形象的方法译为汉语的"幕后",即将 table 之象换为"幕",这也可以。这就相当于英语中另一个习语 behind the curtain。

特别是例[133]英民族用"口含银汤匙"表示出生于富贵人家,而汉民族没有这个文化意象;若有,大致相当于贾宝玉出生时口含"通灵宝玉"的情形。有一老外仿该例造出了下一例子:

[139] You were born with a Cadillac in your mouth.

因我们没有例[139]的文化意象,若将其译为:

[140] 你出生时嘴里含着一辆凯迪拉克。

则会使人感到有点唐突,就像将汉语的"胸有成竹"译为"肚子里长竹竿"

会让老外感到纳闷一样,不如将其调整为:

[141] 你是坐着凯迪拉克来到人间的。

若将下一英语表达中的"具象"照实译为汉语,国人也会感到莫名其妙:

[142] between cup and lip

[143] ？在杯子与嘴唇之间 / ？杯唇之间

要能较好地理解这一英语习语的语义,就要知晓其用典出处。此典出自古希腊神话,安卡奥斯(Ancaeus)用自己种的葡萄酿出了佳酿,待举杯尝酒之时,仆人大喊"野猪闯入了葡萄园",他放下酒杯即去赶猪,不料却被野猪咬死。基于这个故事在西方就产生了上述这个习语。若译为"杯唇之间"恐离原义较远,只有跳出该成语的意象"杯、唇",可直接将其隐喻意义译出,相当于汉语中的"功败垂成",倒也较为切合。

英语中此类具象思维的表达方法,也有译者采用了具象直译法,即根据英语字面意义来转换成汉语,未能领会其后的隐喻意义,不能"舍象求义",同样也会导致误译,现以下表列述部分例句:

表 8-2

	英语表达	汉语直译(有误)	舍象求义(可取)
1	swan song	天鹅之歌	辞世之作
2	be around the corner	在墙角附近	即将来临
3.	He eats no fish.	他不吃鱼。	他忠诚。
4	neither fish, flesh, nor fowl	既不是鱼,也不是肉,更不是家禽	不三不四
5	go Dutch	去荷兰	各自付账,AA 制
6	as weak as a cat	像猫一样衰弱	非常衰弱
7	as still as a mouse	像老鼠一样安静	非常安静
8	as cool as a cucumber	像黄瓜一样的凉	非常冷静
9	meet one's waterloo	遇见某人的滑铁卢	惨败,致命的打击
10	send sb. to Coventry	送某人去考文垂	将某人逐出社交圈

6. 形象移植,丰富文化

根据后现代的文化派译论,翻译可起到文化输出的作用,即直译他国语言,以能引进域外文化,鲁迅就持这一观点,因而在他的译作中就有很多音译

外来词,如英国著名作家奥·魏尔德(O. Wilde 1854—1900)的一名句:

[144] A well-tied tie is the first serious step in life.

就有学者主张将其直译为:

[145] 打得整洁的领带是人生走向严肃旅途的第一步。

可让国人了解英国的这一文化习俗:成年人在正式场合下要打好领带。又例:

[146] Life is like a broken-winged bird.
[147] 生命就是断了翅膀的鸟。
[148] Life is a barren field frozen with snow.
[149] 生命是冰封雪冻的荒土地。

英语中这两个意象性比喻,在译为汉语时照直译了进来,这让我们理解起来并没有任何困难。

同样,也可照直翻译带有浓厚汉文化的词语,如:

[150] 吃一堑,长一智。
[151] A fall into a pit, a gain in your wit.
[152] 不入虎穴,焉得虎子。
[153] How can you catch tiger cubs without entering the tiger's lair?

为使译文意义更为清楚,也当做些适当的填补性解释,如:

[154] 班门弄斧

可译为:

[155] This is like showing off one's proficiency with the axe before Lu Ban the master carpenter.

再例:

[156] like a bull in a china shop
[157] 像一头站在瓷器店里的公牛,一动就会闯祸。
[158] a skeleton in the cupboard
[159] 衣柜里的骷髅,见不得人的事。

在上两组例句中,汉译中后半句点明了前半句的语义。若将例[158]译为"一桩家丑",则为"弃象译义"的方法。

一般说来,在习语翻译中,若两语言能找到对应的表达,就可"照搬";若没有对应的习语,可采用"意象转移"的方法(参见上文)。这就是说,英语(或汉语)的一个习语可有两种不同的译法,例如:

[160] He that lies down with dogs must get up with fleas.
[161] 与狗一起睡的人身上必定有跳蚤。/ 与狗同眠必招跳蚤。
[162] 近朱者赤,近墨者黑。

例[161]为"异化(直译)"方法,将域外的这一具象思维方法直接引进到译入语之中,可进一步丰富语言表达;例[162]为习语意译,采用"归化(意译)"方法来处理该英语习语,取得了英汉翻译在"习语层次"上对应的效果。再例:

[163] Out of the frying-pan into the fire.
[164] 跳出油锅入火坑。
[165] 才脱龙潭又入虎穴。
[166] It is no good to put all eggs in one basket.
[167] 不要把所有鸡蛋放在一个篮子里。
[168] 不要吊死在一棵树上。
[169] Like father, like son.
[170] 有其父必有其子。
[171] 龙生龙,凤生凤,老鼠生儿会打洞。
[172] to rob Peter to pay Paul
[173] 拆东墙,补西墙
[174] 挖肉补疮
[175] Love me, love my dog.
[176] 若爱我,就要爱我的狗。
[177] 爱屋及乌。
[178] 打狗还得看主人。
[179] Too many cooks spoil the broth.
[180] 厨师多了烧坏汤。
[181] 艄公多了打烂船。
[182] 和尚多了没水吃。
[183] 龙王多了不治水。

在上面几组例子中，汉译虽都采取了具象译法，以保留英语表达的特点，但在两种或数种汉译中用了不同的文化意象，表面上看是"异化（直译）vs 归化（意译）"之别，实际上是"隐喻认知机制"的运作。若换用成汉语中的不同意象，则为隐喻方式所使然，参见第九章第四节。

关于如何处理这类"文化空缺"（Cultural Gap），学界仍存在"仁者智者"之争，这又涉及"直译 vs 意译"的老问题，似乎难以一统。舒奇志（2007）提出的"协调式异化"为解决这类问题提供了一个较好的方案，在实施异化翻译时当兼顾其在译入语文化中的可接受度，且举了《诗经·卫风》的一个译例来加以说明：

[184] 手如柔荑，
　　　肤如凝脂，
　　　领如蝤蛴，
　　　齿如瓠犀，
　　　螓首蛾眉。

美国著名翻译家雷格（J. Legge）将其译为：

[185] Her fingers were like the blade of the young white-grass;
　　　Her skin were like congealed ointment;
　　　Her neck was like the tree-grub;
　　　Her teeth were like melon seed;
　　　Her forehead cicade-like;
　　　her eyebrows like (the antannae of) the silkworm moth.

舒奇志评述道，雷格虽采用直译法，翻出了汉语中的文化意象，但他作为一个西方人，却未能考虑到西方人的接受性，在不少首次接触汉文化的英语读者中，这位女子好像是一头异域怪兽。

可总得有个首先吃螃蟹的人吧！使得一个民族能够接受异国风情，总得有人率先引进吧！而率先引进的人又要经受"异化忘本、崇洋媚外"的风险，这就陷入了一个"循环怪圈"的悖论之中。对待文化意象如何是好？是"留"，是"舍"，还是"转"，说到底还是个"直译 vs 意译""异化 vs 归化"的问题，还是让读者自我思量吧！

后现代学者汤因比指出，世界上各种形态的文化无时无刻不在 interflow，不断地 converge，这一方面说明现代或后现代社会通讯事业的高度发达，信息传播速度飞快，刚发生的事情，在几个小时甚至几分钟内就可能传遍全球；另一方面也说明，翻译的普及性。这两者共同促进了全球的文化交融。如汉语不断从外来文化中引进了如下意象和词语：

[186] 酸葡萄(sour grape)　象牙塔(ivory tower)　幽默(humor)
　　　逻辑(logic)　　　　基因(gene)　　　　俱乐部(club)
　　　乌托邦(Utopia)　　 霓虹(neon)　　　　黑客(hacker)
　　　几何(geometry)

等，确实拓展了我们的想象力，也丰富了我们的语言。

英民族也从汉语中引入了很多意象和词语，且还常用音译法，如：

[187] 茶(tea, cha)　　　　荔枝(litchi)　　　　馄饨(wonton)
　　　饼子(pizza)　　　　生姜(ginger)　　　　杂烩发(chop suey)
　　　筷子(chopsticks)　(quickly在洋泾浜英语中叫 chop)
　　　苦力(coolie)　　　　武术(wushu)(martial arts)
　　　功夫(kungfu)　　　　太极拳(taijiquan)　阴(yin)
　　　阳(yan)　　　　　　八卦(bagua)　　　　麻将(mahjong)
　　　台风(typhoon)　　　舢板(sampan)　　　 牌楼(pailou)
　　　旗袍(chi pao)　　　 长衫(cheongsam)　　秧歌(yangko)
　　　麒麟(kylin)　　　　 衙门(yamen)　　　　叩头(kowtow)
　　　大班(taipan)　　　　汉语(mandarin)(音从：满大人)
　　　大官(tycoon)　　　　工合(gung-ho)(为工业合作社的简称)

这倒也方便我们记忆这些英语词语。

最后，笔者还想提一下我国特有的生肖文化，它形成于中华民族，以十二生肖（动物属相）或十二地支为喻体符号来标记人的出生年，我们在将它们译为英语时，实际上也就将寓于其中的文化意象移植进了西方社会，使得这些动物具有了人性，更加可爱。

[188] 鼠(Mouse)　　　　　牛(Bull)　　虎(Tiger)　兔(Rabbit)
　　　龙(Chinese Dragon)　蛇(Snake)　 马(Horse)　羊(Sheep)
　　　猴(Monkey)　　　　鸡(Rooster)　犬(Dog)　　猪(Boar)①

有趣的是，西方也取12个星座为喻体来标记人的出生月份，且常据此来评估一个人的主要性格，它们是：

---

① 英语译文摘自刘白玉(2010)。

[189] Aries(白羊座 3.21—4.19)　　Taurus(金牛座 4.20—5.20)
　　　Gemini(双子座 5.21—6.21)　　Cancer(巨蟹座 6.22—7.22)
　　　Leo(狮子座 7.23—8.22)　　　Virgo (处女座 8.23—9.22)
　　　Libra(天秤座 9.23—10.23)　　Scorpio(天蝎座 10.24—11.22)
　　　Sagittarius(射手座 11.23—12.21) Capricorn (魔羯座 12.22—1.19)
　　　Aquarius(水瓶座 1.20—2.19)　Pisces(双鱼座 2.20—3.20)

在将这些星座译入汉语后，也就将西方文化意象移植到了我国文化中来，可使我们加深认识西方文明。在当今地球村中，这种文化多元化亦已成为一个不可阻挡的时代潮流，因此在进行跨语言、跨文化之间的翻译时，不可避免地会涉及移植别国文化意象的问题。若基于鲁迅的"直译观"和韦努蒂的"异化论"，这种方法可使得一个民族拓宽眼界，不仅起到了丰富本土语言和文化的作用，而且还利于建构和谐地球村的远大目标。

第三节　结　语

"意象"是外物在人们心智中留下的印象，又叫"心象"，它具有直感性，在此基础上便可形成"意象图式"，它们是我们籍以认识或理解有关事物或事件的基本出发点，是划分范畴、认知环境、建构思维、组织语句、储存知识的核心体认方式，为全人类所共享。若从体验哲学和体认语言学角度来说，我们不能再说：汉民族重具象思维，而英民族重抽象思维。刘宓庆(2005a:128)曾介绍说，他们曾以200个汉英形象词语为例做抽样分析，其中60%左右的形象比喻词语都可找到平行式或基本上契合的对应式，只有大约28.7%的形象性词语完全失去形象意义，必须诉诸"白描"。这也证明了汉英民族在思维上不存在"具象 vs 抽象"的二元划分。

"意象"和"意象图式"融汇了"互动体验"和"认知加工"这两个重要环节，具有鲜明的"体认性"特征，这也为我们的翻译过程和标准的研究提供了很好的认知参照原则。所谓的表达要符合逻辑，就是指要符合体认规律，译文要用生活形式、文化意象等来检验其可接受性，如汉语因有郑板桥的故事，才有了"胸有成竹"这个典故，若译为英语的"肚子里长竹竿"，明显不符合英美的生活经验，难免要使英美人感到纳闷。

文学作品(特别是诗歌)主要建构于丰富意象的基础之上，在翻译这类作品时，更是离不开对其中所含"意象"或"意象图式"的认识，学界常将其视为

诗歌的诗眼和灵魂,是历代诗学文论所关注的核心课题之一(袁周敏、金梅2008)。正如杨俊峰(2011)所说:

> 古典诗歌的翻译实质上是意象的翻译,译者在翻译过程中要有机地利用语符再现原诗意象及其意蕴。诗人创作诗歌要运用语符对意象、意象群和意象系统进行编码,译者翻译诗歌就是对其进行解码,然后再参照诗人的编码方式将意象、意象群和意象系统用目的语语符进行再编码。在这一再编码的过程中,具体物象的把握,艺术视角的确定和意象组合方式的再现都是关键的环节。

参见笔者在第五章尝试用"意象"分析马致远一首元曲的尝试。

本章主要运用基于体认原则建立的"意象""意象图式""文化意象"来论述翻译过程(包括检验译文),并认为这是体认翻译学中一种主要的体认方式,也为检验译文提供了一个可资参考的标准。

第九章 范畴化和构式观与翻译实践

翻译学借助语言学建构了很多理论,随着21世纪CL渐成主流,也对译论产生了重大影响,形成了一门新的边缘学科"认知翻译学",重点论述如何运用十数种认知方式以及相关观点来阐释翻译活动、翻译过程、语言转换等问题。本章在体认翻译学的理论框架中重点论述"范畴化"和"构式观"在翻译过程中的应用:依据前者可解释跨语言词语意义的重叠与交错情况;依据后者可将"构式(包括词、词组、句子、语篇)视为翻译的基本单位,以及构式观中的用法模型和多元方法在翻译中的具体应用。笔者努力尝试将体认翻译理论进一步与翻译实践结合起来。

第一节 概 述

本章主要基于发表于《中国翻译》2012年第4期上一篇题为《认知翻译研究》的文章。或许,我国在那年时机尚不成熟,运用CL的基本原理研究翻译理论,常被视为一种方法或方向,将其视为一个学科尚为时过早。但经过这些年的发展,我们认为"认知翻译学"和"体认翻译学"可作为一门学科登堂入室了,且有望成为翻译学界的一门显学。

我们知道,翻译学借助于语言学、文论、哲学、社会学、文化学等不断丰富自身,建构了多种翻译理论,特别是近几十年来取得了长足的进步。仅就语言学理论而言,翻译学就根据结构主义、功能主义、转换生成等学派提出了一个又一个新理论。图里(Toury 1988:11)曾指出:

Theory formation within Translation Studies has never been an end in itself.(翻译研究中的理论建构永无终结。)

近年来,随着认知科学和 CL 的迅猛发展,它们也辐射到了翻译研究之中。1995 年 5 月 20—23 日在美国俄亥俄州的肯特州立大学(Kent State University,Millersburg,Ohio)应用心理学中心召开了"口笔译的认知过程"国际研讨会,1997 年出版了同名论文集,共收集了 12 篇论文。此为国际上首册以翻译过程为研究对象的论文集,融认知科学家和口笔译研究者的成果于一炉,充分体现了跨学科或超学科思路,标志着从认知角度研究翻译学的一个里程碑式时代的到来,既推动了翻译理论建设,也为认知科学和 CL 开拓了新领地。

2009 年 7 月 8—10 日,国际口笔译学会(the International Association for Translation and Interpreting Studies,简称 IATIS)在墨尔本的蒙纳什大学(Monash University)召开了第三届年会,设立了一个专题"翻译的认知探索"(Cognitive Explorations of Translation)。欧布朗恩(S. O'Brien 2011)于两年后出版了同名论文集,共收集了 10 篇论文,将认知科学(包含 CL)与翻译学的结合推向一个新高潮。

在此期间,斯列夫和安捷隆(Shreve & Angelone)于 2010 年还出版了《译与认知》(*Translation and Cognition*)的论文集,共收 15 篇论文。他们(2010:1,12)指出:

> 翻译的未来方向为"从认知角度研究翻译",且在近期将会硕果累累。

在这本论文集中还收录了哈尔弗森(S. L. Halverson)以《认知翻译研究:理论与方法的发展》(Cognitive Translation Studies:Development in Theory and Method)为题的论文,他(2010:353)在文中指出:

> 我们必须明确地沿着认知理论向前发展翻译学。

收录于该论文集中的还有马丁(R. M. Martin)以《论范式与认知翻译学》("On Paradigms and Cognitive Translatology")为题的论文,他(2010:169)也持相同观点,且在前人研究的基础上,直接提出了"认知翻译学"(Cognitive Translatology)这一术语,主张在该学科中尽快建立理论与实践之间的互动研究。与该术语类似的表达还有:

(1) Cognitive Translation Theory;

(2) Cognitive Theory of Translation；
(3) Cognitive Translation Studies；
(4) Cognitive Approaches to the Study of Translation

等。他在文中还论述了"体验性认知"(Embodied Cognition)、"情景性认知"(Situated Cognition)和"分布性认知"(Distributed Cognition)以及这三者之间的关系。

(1) 体验性认知，指我们的身体对于认知现实和理解世界具有关键作用(Lakoff & Johnson 1980，1999)，这与唯物主义"物质决定精神"的立场相通。

(2) 情景性认知，与上述的"体认原则"一致，因为一切知识都要依赖于身体在具体情景中的互动体验和认知加工，参见威尔逊(Wilson 2002:627)等。

(3) 分布性认知，是指我们所论述的若干认知过程是分布于社团各成员之中的，它必然具有分布性特征，主张数法并用的研究思路，参见黑切森(Hutchins 1995)以及下文。

他(2010:173—178)还基于此提出了认知翻译学的十大原则。我们发现，马丁的观点与我们(2005，2007，2008)十年前所论述的"体验认知观(本书将其简称为体认观)"颇为相同。

翻译的文化派区分出了"人文方法"与"科学方法"，且将翻译定位于前者，而马丁则倡导"科学—人文视野"(Scientific-humanistic Spectrum)下的翻译观，即将这两大类方法结合起来研究翻译，即：既可用定性的方法，也可用定量的方法(参见仲伟合 2010)。

笔者也曾于 2005 年在《中国翻译》(第 5 期)上根据雷柯夫、约翰逊、蓝纳克等所倡导的 CL 基本原理，在国内首先论述了"认知翻译观"，初步从体验哲学和 CL 角度阐述了建构认知翻译研究的思路。笔者(2008)还运用 CL 中的"体验观"和"识解观"分析了同一首唐诗《枫桥夜泊》的 40 篇英语译文(参见第十一章)，发现：这些译文之所以有共通之处，是因为这些译者，与汉民族社团其他成员一样，与唐朝诗人张继享有大致共通的"互动体验"和"认知加工"这两种机制，这就是"体验普遍观"(Embodied Universalism)；这些译文之所以有差异，是因为这 40 位译者各自有不同的认知方式，因而择用了不同的词句和句型，这都充分体现了翻译中的人本精神。

第二节　范畴化与翻译实践

本节主要介绍 CL 和体认语言学中的范畴理论以及与其相关的认知参照点和隐喻认知理论如何被应用于具体的翻译实践，以能实现将理论紧密联系实践的科研原则。

1. 范畴化与词语翻译

蓝纳克认为，意义即概念化（Meaning is conceptualization），概念化意为对外界事物全面认识和形成概念的过程，这又是以对事物进行范畴划分（对事物进行心智分类）为基础的，即人们基于意象图式通过"范畴化"（Categorization）体认方式获得了范畴，概念对应于范畴，意义随之而生（王寅 2007:89）。一个物种要能生存于世，它就必须掌握这种体认能力，学会区分出在周边环境中哪些动物可以为友，哪些不能；哪个地方适宜居住，哪处不行；哪种东西可食用，哪种不能，以能杜绝有害之物入口，等等。这足以可见，没有范畴化能力的物种必将在以"物竞天择，适者生存"原则构成的大千世界中消亡。

这一体认原则同样适用于建构语言理论和进行翻译研究。因此，许多 CL 的教材和专著都是从"范畴和范畴化"开始的，如雷柯夫（Lakoff 1987），泰勒（Taylor 1989），温格勒和施密特（Ungerer & Schmid 1996），德文和威尔斯珀（Dirven & Verspoor 1998），王寅（2007）等。

"范畴化"属于"现实—认知—语言"中的"认知"阶段，不同民族为了共同的生存目标，必定会对世界有相同或相似的分类；但各自生存的环境毕竟还有差异，如对于生活在山地与平原，水地与沙丘，森林与海边的民族来说，可能会有不同的分类，这就会造成理解和翻译上的差异和困难。如雷柯夫在 1987 年出版的《女人、火和危险事物——范畴揭示了我们心智中的什么》(*Women, Fire and Dangerous Things: What Categories Reveal about the Mind*)一书中，述及了澳大利亚迪尔堡语（Dyirbal）中，将"女人、火、危险事物"这三者同置于一个范畴之中，用一个单词 balan 来表示，而在汉语和英语等语言中它们却分属于三个不同的范畴，要用三个不同的词来分别表示。

又例奈达所举的例子，在危地马拉的某种玛雅语（Mayan）中，che, pim,

agwink 这三个词译成英语时可对应于:tree(树),bush(灌木丛),plant(植物),但是这样的英译却忽略了源语三个词之间的区分(参见谭载喜 1999:171):

> che:指任何一种可做木材用的树或灌木;
> pim:指不能用做木材也不能食用的灌木丛、青草或杂草;
> agwink:指至少可以部分食用的植物。

这一区分对于玛雅人的生活可能是较为重要的,否则他们没有必要做此区分;而对于讲英语的人来说该区分不重要,可以忽略不计,因此在英语中就不可能找到与这三个玛雅词完全对应的表达方法。

在委内瑞拉南部的某种语言中对"好"和"坏"的范畴化有自己独特的认识和理解,与其他许多民族都有差异。

> 好:指心爱的食物,打死敌人,有节制地咀嚼鸦片,往妻子身上扔火以使她驯服,偷非同伴的东西。
> 坏:指烂水果,任何有缺陷的物件,谋杀同伴,偷同伴的东西,撒谎。

这一区分标准显然与汉民族(以及其他许多民族)的不同,这种范畴化的差别在翻译时难免会引起误解,甚至是较大的误解。

霍尔姆(Holme 2010:20)认为,"意义就是范畴"(Meanings are generally referred to as categories),则将上述观点和盘托出。翻译主要是译出源文所表达的各种意义(参见第六章),如此说来,翻译便可理解为围绕"范畴化"所进行的一系列体认活动。

如在英汉互译时我们常说要谨防"假朋友(False Friend)",根据词典的释义看上去两个单词可能具有相同的释义,但它们之间会有细微或较大差异,一不小心就可能用错(参见下文)。例如我们常说的汉语区分"堂亲、表亲、姨亲",还区分"兄、弟、姐、妹",这类语义域的交叉就有 12 个不同的称呼;而英语过于概括化,只用 cousin 而"一言以蔽之"。英语 continual(表示有间断的连续),continuous(表示没有间断的连续),而这两个词在英汉词典上都译为"连续的",其实它们是两种不同的连续。

这些都说明,不同民族对世界会有不同的划分方式,即运用了不同的"范畴化"体认方式。体认语言学充分认识到这一点,依据马克思(Marx 1844)的"人化的自然"(Humanized Nature)原理提出了"人化的语言"(Humanized Language)这一基本思想,充分关注语言中的人本因素。这从体认语言学的核心原则"现实—认知—语言"亦可见,各民族的语言必定是要经过人的"认知"加工,不可能直接反映现实。而客观主义哲学理论忽视了语言的这个基本特性,置"人"于不顾,过分强调"语言的客观性",所谓的"语言与世界同构"仅是一个美好的假想而已,外界事物并不是自己就将属性和范畴划分好了的,人们也不仅是用语言在将划分好的范畴上贴个一个词语标签,这一点索绪尔(Saussure 1916)早就在自己的著作中阐述清楚了。语言在人的认知作用下,可能是与世界同构的,也可能是与世界不同构的,前者就是语言的直陈功能,即"事实性陈述"(Factual Statements),后者就是语言的修辞功能,即"违反事实的陈述"(Counterfactual Statements)。而且在很多文体中,后者的用法远远多于前者,这才有了雷柯夫和约翰逊(Lakoff & Johnson 1980)的名著《我们赖以生存的隐喻》(*Metaphors We Live By*)。

关于翻译中的范畴问题,卡特福特(Catford 1965:73)就曾论述过作为两种主要类型转换中的一种"范畴转移"(Category Shift),由于不同语言中的范畴划分存在一定或较大的差异,在将译出语译为译入语的过程中必然要出现级阶(Scale)转移的现象。就汉英两语言来说,其中的词语完全对等者十分稀少,除了少数几个专业术语外,几乎就没有。大多数词语所表示的范畴都有部分交叉,如汉语中"打""吃"等与英语的 beat、eat 仅有部分概念重叠,它们的搭配差距很大。

有时是英语词语概括化程度高,范畴所涵盖的范围较大,如 hair 相当于汉语的"头发、毛";有时是汉语词语概括化程度高,范畴域较大,如"空"包括英语的 hollow、empty、sky、in vain、free 等,这些都是我们在翻译时要特别注意的地方,一不小心,就可能跌入"陷阱"。如听到曾有学生将

[1] 今天你有空吗?

误译为:

[2] Are you hollow today?

不禁令人啼笑皆非,这不是在说人家没心没肺?

又如一个十分简单的"again"意思也算较为明白,在中学英语教材的词汇表上常被标注上汉语的"再、又",这个英语单词的原义是 once more, another time,如用汉语说得更明白一点,意为"将做过的动作再做一次"。若将

[3] 你再吃点!

顺口误译为:

[4] Please eat again.

难道真的要人家将吃进去的东西吐出来,再重新吃进去不成？这些细微之处正是我们应该下工夫的地方。邱懋如(2001)也曾举了一个汉译英的例子：

［5］给我拿三个杯子来,一个小酒杯,一个啤酒杯,一个茶杯。

由于英语中没有类似于汉语"杯子"这一概括性范畴词,而只有表示不同种类的具体词,如 cup, glass, mug, beaker, tankard, goblet, noggin, rummer, schooner, stein, pony 等,因此,前半句所说的"单个杯子"就很难处理,只能大致译为：

［6］Bring me a small wine glass, a beer mug and a teacup.

汉民族善于使用"概括词",即所含个体较多、范围较大的上义范畴词,可在其前可加上表示"种差"的词语以示区分,从而形成了大量的"属加种差"的词语,如：酒杯、茶杯、水杯、玻璃杯、高脚杯、小口杯、大口杯、奖杯……这充分显示出汉语的经济性,可用较少的字,构成很多表示具体事物的词语。而英语多以屈折、派生为主要构词手段,常在"上义范畴词"这一层次上形成"词汇空缺"(Lexical Gap),但表示具体事物的词语较多,参见上例"杯子"。这也是英汉互译的一个难以解决的问题。汉语中诸如"馆、所、场、所、酒、笔、鸡、羊、牛、鱼、树、鸟、花、草、星……",它们在英语中都难以找到对应的单词,详见王寅等(1994:§9)。

别说汉英翻译存在如此差异,就是在英国和美国,这两个国家虽同讲英语,时而也会发生误解,如这两个国家对于"homely"(英：朴实、亲切；美：不好看)和"fresh"(英：精神饱满、气色好；美：冒失、无礼、放肆)就有两种对立的理解,本来想要夸人,没想到会适得其反。

又如笔者所亲历的一件很有趣的事：一位年轻的美国女外教在济南某高校教书,她同时还到山东中医大学学针灸。与她共事的还有一位年轻的英国男外教,他偶染感冒,这位美国女外教就热情地为他针灸,其间出于针灸需要,提出如下要求：

［7］Please take off your pants.

立即让这位英国男外教脸发红,显得十分尴尬。这时美国女外教也很快发现了问题所在,迅速做出解释,消解了一场误会,双方还常做为一段佳话,笑谈这段经历。因为在美国英语(American English)中,pants 指"男子外面穿的长裤",而在英国英语(British English)中长裤用 trousers 来表示,而 pants 指"贴身穿的内短裤"(men's short underpants)。这对译者的启发就是：我们在翻译英语原作时，还要注意是英国作家还是美国作家写的，因为他们对有些词语的用法不同。

说到这里，我又想到了两国在表示大数方面也存在差异，在英国英语中，词根-illion 意为"百万"(1000000)，前缀表示"百万的多少次幂"，如 billion，因前缀 bi 为 2，该词就表示 $1000000^2 = 10^{12}$，照此类推。而在美国英语中的词根-illion 为"千"(thousand)，前缀表示"千后面有几组三个零"，因此 billion 所表示的数值为 1000 后有两组 3 个零，即 1000000000，余者照此类推。现列表如下，以作资料存留。

表 9-1

单词	前缀意义	英国用法（百万的若干次幂）		美国用法（千后若干组 3 个零）	
billion	2	1000000^2	10^{12}	1,000 后有 2 组 3 个零	10^9
trillion	3	1000000^3	10^{18}	3	10^{12}
quadrillion	4	1000000^4	10^{24}	4	10^{15}
quintillion	5	1000000^5	10^{30}	5	10^{18}
sextillion	6	1000000^6	10^{36}	6	10^{21}
septillion	7	1000000^7	10^{42}	7	10^{24}
octillion	8	1000000^8	10^{48}	8	10^{27}
nonillion	9	1000000^9	10^{54}	9	10^{30}
decillion	10	1000000^{10}	10^{60}	10	10^{33}
undecillion	11	1000000^{11}	10^{66}	11	10^{36}
duodecillion	12	1000000^{12}	10^{72}	12	10^{39}
tredecillion	13	1000000^{13}	10^{78}	13	10^{42}
quattuordecillion	14	1000000^{14}	10^{84}	14	10^{45}
quindecillion	15	1000000^{15}	10^{90}	15	10^{48}
sexdecillion	16	1000000^{16}	10^{96}	16	10^{51}
septendecillion	17	1000000^{17}	10^{102}	17	10^{54}
octodecillion	18	1000000^{18}	10^{108}	18	10^{57}
novemdecillion	19	1000000^{19}	10^{114}	19	10^{60}
vigintillion	20	1000000^{20}	10^{120}	20	10^{63}
centillion	100	1000000^{100}	10^{600}	100	10^{303}

CL 中的"激进构式语法"(Radical Construction Grammar, Croft 2001；王

寅 2011)认为:两种不同语言之间根本就找不到一个完全相同的构式,相关构式常常相互交叉,你中有我,我中有你,错综复杂,足以可见学得地道外语之艰巨性。这一观点对于翻译的启示就是:翻译时不可能是词对词、句对句、行对行的按号入座,常须做出必要的变通,这也有利于我们更好地理解上文所述及的观点"翻译具有创造性"。

2. 范畴化与隐转喻

认知语言学家雷柯夫和约翰逊为解释人类如何获得抽象概念和知识系统做出了巨大的贡献。他们认为,范畴并不是一成不变的,会在"其内"和"其间"进行调变,这就是 CL 所说的"隐喻"(Metaphor)和"转喻"(Mytonomy)这两种体认机制。前者发生于两个范畴之间,即出现了跨语义域的调变,如将人说成猪,就属于此类;后者出现于一个范畴之内,即在同一语义域中不同成分之间的转指,或部分与整体之间的替代,如用 hand 指代人,则属于此类。

人类正是基于此形成了若干新范畴,特别是抽象范畴,从而扩大了我们的认识范围,形成了人类当今复杂的概念系统。语言中大多数单词和构式(词层面以上)都可根据这一思路建构出它们的语义链(Meaning Chain, Taylor 1989)进化史,解释这些单词和构式如何从具体意义进化出抽象意义来。

马丁(Martin 2010:171)指出,概念隐喻对于翻译学的理论发展具有关键作用。在进行跨语言翻译时,必然要涉及到隐喻和转喻方式,如英语中的习语:

[8] He eats no fish.

表示"忠诚",这其中就涉及从"具体事件"范畴跨越到"抽象概念"范畴的隐喻机制。该表达典出英国历史上的宗教斗争,旧教曾规定星期五(斋日)只许吃鱼,而新教徒推翻了信奉旧教的政府之后,拒绝在星期五吃鱼以表示忠诚于新教和新政府,例[8]就获得了"忠诚"之义。

在汉译时,因为汉语没有这种用"不吃鱼"表示"忠诚"的文化意象,缺乏这一背景知识,就须舍弃"具体事件"(不吃鱼),直接译出"抽象概念"(忠诚)。若硬译为"他不吃鱼",则不能有效表示原义,会使汉民族读者不得要领。汉英两民族在表述和翻译的过程中经历了两次隐喻过程。又例:

[9] She is a cat.

[10] He is my dog.

显而易见,这两句话为隐喻表达,可其隐喻意义是什么呢？不一定每个学英语的中国人都知道,因为在我们的思维系统中,没有类似英民族的这种文化意象。这两句英语句子的原意为:

[11] 她居心叵测(或:包藏祸心)。
[12] 他是我的忠实朋友。

可见,在汉英互译时若对方民族没有对应性的隐喻概念,应将源文中的隐喻表达进行"还原"处理,直白地译出源文的具体隐喻义,以免人们读后不知其意。

同样,汉语中也有很多具有民族特色的表达,特别是一些成语,倘若根据字面直译,不一定能让西方人接受,如:

[13] 嫁祸于人
[14] 跑得了和尚跑不了庙

似乎不宜译为:

[15] to marry misfortunes to others
[16] A monk can run away, but his temple cannot.

这种异化翻译方法恐怕会让英语世界的读者感到茫然,特别是第[14]中的"和尚"和"庙",都是中国文化中的东西,外国人不一定能知晓其义,最好将其做"还原"处理,译出汉语隐喻表达的核心意义似乎更妥。

[17] shift the blame onto others
[18] You may run, but you can never hide.

正如上文所述,汉英两语言词语所表范畴大多只具有"交集"特征,意义仅部分对应,这就是形成"部分代整体、部分代部分、整体代部分"转喻方式的认知基础。

如何处理译出语中的"隐喻",这也是近年来体认翻译学界经常谈论的一个议题,我们暂且认为主要有三种翻译方式:

(1) 照搬译出语中的隐喻;
(2) 通过意译明示译出语隐喻义;
(3) 换用译入语中的隐喻表达。

如汉语说:

[19] 他是一只一毛不拔的铁公鸡。
[20] 挥金如土

不妨译为英语的

[21] He is an old screw.
[22] to spend money like water

再例下一英语表达(摘自薄振杰 2015)：

[23] ... men should not be chained to the wheel of technology.

若按照第一种方法,可照搬英语的隐喻方法,将其汉译为：

[24] 人类不应当被拴在技术的车轮上。

也可按照第二种方法进行"意译",即对句中的隐喻做直白性处理,明示其隐喻义,可用"支配"或"左右"一类的汉词来揭示其中所蕴含的隐喻义,可说成：

[25] 人类不应当受技术的支配。

第三种方法是将"意译"的程度性发挥得更高,直接换用汉语中自有的隐喻性表达,可将例[23]表述为：

[26] 人类不应当让技术牵着鼻子走。

又如英语中的：

[27] make faces

是一种转喻性表达。人就一张普通的脸,常显露出正常的表情,若能"制造出多种脸",其中就包含了一些不正常的脸,这可视为一种"以整体代部分"的转喻,上一词组常被译为汉语的"做鬼脸",也是通过转喻方式译出了所有脸(faces)中一种不正常的"鬼脸"。

但是,汉语本身的表达"做鬼脸"主要运用了隐喻机制,用难看的"鬼"来喻说"人",出现了跨域现象。这就是当前 CL 界常将隐喻和转喻这两种认知机制于一起使用的原因:有时能大致区分出这两种机制;有时不能；有时这两种机制交织于一体,其中既有隐喻,也有转喻,因此英语中出现了"Metaphotonomy"这个术语,即将 Metaphor 和 Metonymy 两者用"行囊"的办法融合成一个单词。如有人将汉语的"吐舌头"译为英语的"make faces",这里或许就涉及到隐喻或转喻:说是"隐喻",是因为"舌头"和"脸"

可视为两个不同的概念域;说是"转喻",是因为"舌头"所在的嘴本来就长在"脸"上的。

再如汉语表达:

[28] 有人精明但不聪明。

可有两种译法:

[29] Some people are clever but not wise.

[30] Some people are penny-wise but pound-foolish.

第一种译法为直译,第二种译法套用了英语的隐喻性习语,这就涉及隐喻转换的问题。再例:

[31] 不三不四

可有以下三种译法:

[32] neither three nor four

[33] foolish-looking

[34] to talk twaddle (说些不三不四的话)

[35] nondescript expressions (不三不四的词句)

[36] neither fish, flesh, nor fowl

第一种仅根据汉语字面意义进行翻译,译法太直,恐老外难以理解;第二、三、四种译法为意译,将汉语的隐喻说法转成了英语中直陈表达;第五种则套用了英语的隐喻,具有较好的形象思维,意思虽基本相当,但没能传递出汉语的精气神。

另外,隐转喻还与"突显原则"密切相关,如隐喻的认知机制为:基于一个范畴来突显认识另一个范畴,如 fruit 既可表示水果,也可表示科研成果,它们属于不同语义域,基于"水果"运用隐喻机制来认识"成果"。转喻的认知机制为:在一个范畴内可突显不同的成员,如在 church 这个小范畴中,若突显建筑物,就指"教堂";若突显其组织,就指"教会",这两者都是以整体指代部分的转喻用法。详见第十章。

3. 范畴化与参照点

范畴是基于意象图式这个参照点建立起来的;范畴本身又是基于典型的样本或图式所构筑成的辐射性微系统;一个范畴还可作为参照点来喻指另一

个范畴。可见,范畴化机制中就蕴含着认知参照点原则(the Principle of Cognitive Reference Point)。该原则无论是从实践上,还是从理论上,都能解释译论中若干有关现象。例如:

[37] 油漆未干

[38] wet paint

[39] 不能忘记

[40] keep in mind

[41] 不怕死

[42] dare to look death in the face

[43] 回答坚决

[44] an answer without slightest hesitation

从上述几对译例来看,汉英两语言采用了不同的认知参照点来范畴化相关概念,这就是传统翻译技巧中所说的"反译"。

哈尔弗森(Halverson 2010:352)的"引力假设"认为,"过分表征"(Over-represent)或"表征不足"(Under-represent)这两种情况在翻译过程中都存在。他(2010:352)虽提到了"引力假设"问题来自于蓝纳克(Langacker 1987,1991)所创建的认知语法中的"象征单位"(Symbolic Unit:音义配对体)和"图式网络"(Schematic Networks),但我们觉得他的论述过于笼统,可借用 CL 中的"参照点"和"突显"为其做出更为合理和明晰的解释。

译入语特征的"表征过分"(即常规化)或"表征不足"这两种情况存在于翻译的全过程,这实际上与译界常说的"归化"与"异化"问题基本相同。"归化"相当于"意译",将外国语言信息和文化因素归入到本族语体系之中,充分彰显出本土语言文化的价值观,译者常以其为参照点对源文做一定或较大的改写,如在"外译汉"中就指外国作品的"中国化",较多或过多地体现出本族语言和文化特征,以能满足中国读者的需求。如林纾便是一个典型案例,他自己虽不懂外语,但通过与懂外语合作者的口述实施了对源文"归化式"的语言暴力,将多姿多彩的源文风格一律变为林纾风格(王宁 2011)。"异化"相当于"直译",将译出语及其文化内涵以近乎本来面目的方式呈现在译入语中,这是鲁迅所倡导的翻译风格,意在文化引进,因而本族的语言和文化表征则显得不足。

这一现象可用"认知参照点原则"做出合理解释,即翻译时究竟参照了哪种翻译理论、语言体系和文化标准。若参照"读者中心论",就应当充分考虑到读者对于译文的感受,可让他们更为直接、明白地理解原作者的原意图,上文介绍贝克说论述的"简单化、明细化、常规化、中庸化"都出自于此。若将参照点置于"反映原作风格,引介异国风味"上,这就明显烙上"文本中心论"的印记,此时,若"译出语"与"译入语"在用词和句型上发生冲突时,就会以牺牲译入语特征为代价而突显一些译出语特征,这也无可非议。

因此,范畴化中的参照点原则同样适用于译论研究。"表征过分"与"表征不足","归化"与"异化","意译"与"直译"等问题,说到底,就是一个典型的参照点问题。

另外,"文风"也可作为一种翻译的参照点,译者究竟按照哪种文风来翻译,这必须在动笔前就确定下来。如"文风"有"文 vs 白"之分,是用古汉语翻译国外作品,还是用白话文来翻译,这在百年前是一个十分重要的问题。在清末民初时,还有人主张"半白半文"的译法。

笔者近来在网络上见到一首小诗,语言简练,却寓意深刻:

[45] I love three things in this world.
　　　Sun, Moon and You.
　　　Sun for morning, Moon for night, and You forever.

我曾将这首小诗译为:

[46] 这世上我的所爱有三:
　　　太阳、月亮,还有你。
　　　爱太阳,它带来白天,
　　　爱月亮,它照亮夜晚,
　　　但是爱你,却在永远。

但有学者将其译为:

[47] 浮世三千,
　　　吾爱有三:
　　　日,月与卿。
　　　日为朝,
　　　月为暮,
　　　卿为朝朝暮暮。

这种半文半白的翻译方法,在今天还是为很多人所喜爱,甚至为之陶醉。

第三节 构式观与翻译实践

1. 构式与翻译单位

自魏奈和达贝尔奈特(Vinay & Darbelnet 1958/1995:352)提出"翻译单位"(Translation Unit)之后,学界就此术语颇有争议。所谓"单位",常与"单个、基础、独立、不复杂、无法分解"等概念相联,因此"翻译单位"常被视为翻译中的最小切分(参见第五章第一节第 4 点),常被定义为(Shuttleworth & Cowie 1997:192;Hatim & Munday 2004/2010:17):

> the linguistic level at which ST is recodified in TL(从译出语重新码化为译入语的语言层次)

它是译者分析源文本的基本要素。苏联语言学翻译派的代表人物巴尔胡达罗夫认为,翻译单位就是译出语与译入语中具备对应物最小的(最低限度)的语言单位(方梦之 2010)。据此很多学人主张将"词"视为翻译单位,可这一说法又有很多例外,过于狭窄。

纽马克(Newmark 1981/2001:140)认为,翻译单位常指译出语中的基本单位,它可在译入语中在不增加意义的前提下作出调整。我们知道,同一内容可利用不同的语言单位来获得不同的表达效果,而语言单位的择用取决于作者的交际意图和语境,一直处于动态性的调变和选择之中,这就否定了人为地将某一语言层次设定为翻译单位的思想。如英汉两语言在对译过程中,经常会出现单位不对应(多是单位升级)的情况,王寅(1994:114)曾以图示之,以表明英译汉时结构单位常出现"升级"现象:

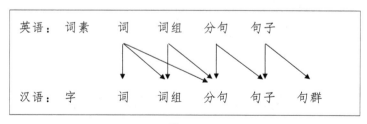

图 9.2

例如:

[48] Tom leaped to his feet, moving with surprising agility.

句中的 surprising 一词根据上下文可译为一个分句,且将隐含于其中的转折关系和盘托出:

[49] 汤姆纵身跳了起来,他来回走动,显得很灵巧,这真使人感到吃惊。

又例:

[50] He crashed down on a protesting chair.

句中的 protesting 作为一个词在汉语中怎么翻译也难以通顺,可将其拿出来作为一个分句来处理:

[51] 他猛然坐到一把椅子上,椅子被压得吱吱作响。

再例:

[52] You are talking delightful nonsense.

[53] 你虽信口胡诌,但倒也蛮有情趣。

[54] The success rate of up to 90% claimed for lie detectors is misleadingly attractive.

[55] 据称,测谎仪的成功率高达百分之九十,这颇有吸引力,但却容易把人引入歧途。

[56] Nonlinear equations indicate that a small force can have, unpredictably, either a small or a large effect.

[57] 非线性方程表明,一股细小的力能产生的效果可大可小,但其大小的程度是无法预测的。

如此可见,将"词"视为翻译单位过于狭窄,于是以"词组、义群、分句"等为单位也就顺利成章地被提了出来,甚至还有人提出"言语行为"为翻译单位。纽马克(Newmark 1988/2001:30)主张将"句子"视为翻译单位,这就是他所说的"translate sentence by sentence"。朱纯深(2008:78)也持该观点,但说得较为变通。可是,英语中的句子有长有短,短至一个词,长至一两页,不确定因素较多,似乎也不能说明多大问题。还有学者(如 Wilss 1977/2001)主张以"语篇"(Text, Discourse)为基本翻译单位,但问题是语篇有长有短,若将长篇小说视为一个单位,似乎又有点使人难以接受。

于是,学界又出现了如下新观点:以勒菲弗尔(Lefevere 1946—1996)为代表的翻译研究文化派认为可从文化角度重新界定翻译单位。巴西学者阿尔弗斯(F. Alves 2003)则主张基于认知角度和翻译过程来探索翻译单位,提出了"微观 vs 宏观""规定性 vs 描述性"研究进路。谭业升(2012:54—92)也同意跳出具体的结构单位,以 CL 的"图式—例示"(Schema-Instance)为基础来建构翻译单位和翻译对,提出了抽象的"互通概念图式"的翻译单位观,颇具新意,耐人寻味。

我们认为,还可采用 CL 的"构式"(Construction)作为翻译单位,或许这也是一种合理的方案。"构式"是人类语言知识在心智中的表征单位,本身是语音(形式)和意义(功能、语用)的配对体,这样就避免了仅从语法形式上来设定翻译单位之缺陷;而且构式可大可小,还有简单和复杂之别,囊括了语言中"单词、词组、分句、句子、语篇"等各个层面。笔者之所以将构式视为基本翻译单位,正是看中其"抽象性、可调变性"。也就是说在翻译过程中,不宜将翻译单位固定在具体的某一层级上,而当"因人而异,因文而变","一刀切"断不可取,因为不同的人有不同的翻译习惯,不同体裁的文本也有不同的译法,不必强求。更重要的是,据此可跳出语言形式单位的窠臼,进入到心智运作的认知层面来论述翻译单位。

因此,不同类型的文章就应当采用不同的翻译方法(冯庆华 2002),不必非要统一落脚于具体的某一点之上。如有些译者对翻译某类文体(如科技、说明书等)十分熟悉,且该专业也很熟悉,对于他来说,不必先通读源文再动手翻译,即"语篇单位"为次要,仅以"义群、分句、事件"为心智单位就可译好源文。倘若译者对某一文体不熟悉或不很熟悉,内容又很生疏,在翻译时所采用的策略就与上述方法不同了,不通读全文就难以驾驭全文要旨,此时"翻译的语篇单位观"则显得更具重要性。

即使同一译者在翻译同一文本时,也不必完全局限于某一个翻译单位,一竿子贯穿到底的规定性做法,只能使得译者限于被动局面,失去了操作有效性。如当内容和用词熟悉时就可以意群和分句义为心智翻译单位;若不熟悉时就要先考虑句群、段落乃至语篇的意义了。我想,这一点对于翻译实践家来说都有切身体会。

因此,我们认为"翻译的构式单位"正适合于这种情况,构式是语言各个层面在心智中的表征单位,可大可小,并不固定于一者,译者可根据具体情况择用自己的翻译心智单位,让其具有一定的"调变性",这才符合"具体情况具体分析"的辩证观。

我国在汉语语法研究中曾出现过：

　　字本位、词本位、词组本位、分句本位、句本位

等"本位大讨论"，我们（2011:81）主张将汉语语法的研究单位定为"构式本位"，便可有效避免这类争论，根据具体情况确定自己的研究单位。翻译单位的研究与其道理相通。

2. 构式观与UBM

　　CL（包括认知语法、构式语法等）强调"基于用法的模型"（Usage-based Model，简称UBM），认为必须基于实际使用中的语言事实来建构理论，而不是自说自话，用人造例句来解释自己的观点，这一做法显然与唯心论哲学理论一脉相承，不符合唯物论的研究原则。

　　我们知道，逻辑学中论述了两种思维方法："演绎法"（Deductive Method）和"归纳法"（Inductive Method），这两种方法都被用到语言研究之中，如乔姆斯基便是基于前者的代表，而CL则可视为后者的代表。乔姆斯基基于唯心论哲学观，先假设人脑中内嵌一套普遍的语法机制，基于其上便可生成和转换出各民族自己的语言，然后用语言中若干具体情况加以验证。而且乔氏还常用人造例句来解释有关现象。CL号称是对乔氏革命的一场革命，在许多基本理论和方法上都与乔氏背道而驰，倡导唯物论，力主归纳法，或归纳法兼顾演绎法，注重对实际语料的统计和分析，用其来佐证理论和假设。

　　蓝纳克（Langacker 1987）提出了著名的UBM，为语言研究提出了一条重要的指导原则，王天翼等（2010）曾对其哲学基础、具体内容、研究价值和存在问题进行了较为详细的分析。我们认为，CL所倡导的这种归纳法同样适用于翻译研究。

　　英国翻译理论家贝克早于1993年就将语料库方法引入了翻译研究，中国著名学者杨惠中也于同年发表了《语料库语言学与机器翻译》一文（杨梅等2010），可谓殊途同归。通过国内外各路人马这20几年的努力，这一研究方法已得到认可和普及，并取得了累累成果。如国外亦有学者编出了研究翻译过程的计算机软件，特别是"多维收集翻译过程的研究软件"（Translog）也已问世。体认翻译学也接受了"基于语料库的研究方法"（Corpus-based Methodologies），到目前为止各国都建立了翻译语料库，特别是近年发展起来的"平行语料库"（Parallel Corpus），为语言对比和翻译研究提供了可靠的实证数据，大大增加了理论的说服力。如北京外国语大学王克非教授（2004，

2006)所建立的汉英平行语料库,对我国英译汉和汉译英的实证性研究起到重要作用。通过对比来分析汉英平行语料,就可获得这两种语言在某一维度上的可靠数据,有效地找出它们的共性和差异,以能进一步提出汉英两民族心智中的认知方式和表达规律。

3. 构式观与多元论

后现代哲学家坚决反对传统形而上的二元对立,针锋相对地提出了多元论,力主畅游于理论大观园之中。"认知构式语法"(Cognitive Construction Grammar)也接受了后现代哲学的多元论,坚决认为仅凭一种进路,信守一种方法来研究语言,常会给人以难以周全的感觉,不免会带有片面性。正如上文所述,该理论大力倡导基于实际生活中的语言用例,反对用杜撰的例句来佐证观点,这是完全正确的;而且还认为仅靠一种语料库的数据不一定就完全可靠和有效,提出可借用其他多种数据做补充的思路,即建立"多方位"语料来支撑自己提出的论点。

蔡新乐(2010:1)也认为:

> ……应该摒弃二项对立的思维方式,不然的话,这个世界"黑白分明",艺术世界也一样"楚河汉界",到最后便会导致"你死我活"式的东西出现。

他还基于"居中存在"和"居间思考"提出了"翻译间性"(Betweenness of Translation)的观点,翻译兼跨"作者 vs 读者""源文 vs 译文""语言 vs 文化""表述 vs 心智"等范畴,还要兼顾"作者、译者、读者、出版者、赞助者"等多重角色要素,这确实是翻译的一个重要本质。

"居间性"的哲学意义在于批判二元对立观,倡导后现代的模糊论和多元化,体现的是我国古老的中庸(尚中、尚和、中和)哲学,践行的是"取各家之长,补各派之短"原则,大有"海纳百川"之气势。在翻译界有"翻译间性",在其他研究中也存在类似的议题,如"理论间性、话语间性、主体间性、文化间性、学科间性、生存间性、方式间性"等,我们可游走于不同学科之间,依据不同视角,基于多元立场来对自己所研究的对象做出一个综合性、融通性的解读。

我们知道,"翻译学"旁涉很多其他学科,如哲学(包括传统形而上哲学、语言哲学、后现代哲学)、逻辑学、语言学(包括对比语言学、心理语言学、CL、体认语言学、二语习得、语料库语言学、语义学、语用学)等,因此"体认翻译学"主张将翻译研究与这些学科紧密结合起来,既应在理论上耳听四面八方,也应在方法上兼纳各种研究手段,如在基于实证性的翻译研究中不一定仅依靠一套语料库数据,还可将其与"实验性数据"(Experimental Data,又叫Elicitation Data)结合起来共同佐证某一论点。这就是体认翻译学所大力倡导的"综合法"(Combined Methods)。

传统研究常凭作者个人兴趣,选择几条例句来解释某一语言现象,说服力不强。自从语料库语言学问世,以及计算机和网络普及以来,学界普遍认为运用一定范围内的封闭语料进行数据统计和定量分析更为可靠。但是,学者们很快又发现,仅凭一套语料数据不一定就完全可靠。为弥补其不足,翻译学界提出"平行语料库""多套语料库"等思路,大大丰富了例证范围。除了单凭语料库数据之外,还可用"综合法",如将

  语料库 ＋ 实验性数据

相结合的方法,因为有时语料库所提供的数据往往是针对总体性的一般现象,多关注静态的语言事实,难以分析出动态信息。要能对某翻译专题做出更为周全的解释,可借用如下诸法:

  多套语料、问卷调查、控制实验、等级排列、
  分类对比、出声思维、跟读释义、分程统计

等方法获得多套实验性数据,这样便于主动掌握实验范围,明确实验具体目标,严格控制干扰变量,据此统计和分析所得出的数据更有说服力。

阿尔弗斯(Alves 2003)基于这一研究思路提出了"三角测量法"(Triangulation),借用了几何学和 GPS 卫星定位概念,取三个点就可确认一个对象的准确位置。这给我们从事语言学和翻译学研究的启示就在于:在实验中可从不同角度(两个或以上)测量同一对象,以便能获得准确的定位数据。通过多法并用,交叉对比多种不同途径获得的数据,便可保障实验结果的有效性和可信度。正如哈尔弗森(Halverson 2010:360)所指出的:CL 理论要能得到可靠论证,仅用语料库数据是不充分的,还需要借助其他数据。这实际上就是 CL 所倡导"趋同证据"(Convergent Evidence)的原则,雷柯夫不仅提出了隐喻理论,而且还主张从多种学科(如日常语言、文学、社会学、经济学、哲学、科技论文、数学、宗教等)收集语料,来统一论证概念隐喻的普遍性,这一研究思路值得我们学习。

我们认为,这种"综合法"同样适用于翻译的实证性研究,可用从不同渠道获得的证据来集中证明同一个论点或假设,以确保论证的充分性。杜马斯

(Tummers 2005)等对其做出了较为详细的讨论,还有很多学者,如诺德奎斯特(Nordquist 2004)、格雷斯等(Gries et al. 2005)、阿尔普和嘉威凯维(Arppe & Järvikivi 2007)、戴瓦克和格雷斯(Divjak & Gries 2008)等,也在这方面做出了贡献。哈尔弗森(Halverson 2010:363)于2009年曾用了六组数据(四个语料库,两组实验数据)来解释他的"引力假设",西班牙的PETRA研究小组也在数法并用方面取得了可喜的成就。

因此,体认翻译学认为当用"大视野、大数据"研究方法,不仅主张理论上的兼收并蓄,且还倡导多套数据共用,代表着当今学科研究的前沿思路,将各种语料和实验方法结合起来做综合性研究,对于充分论证某一理论和论点,有百利而无一害。同时,这种方法对于CL和体认语言学也很有裨益。

第四节 结 语

随着本世纪CL渐成主流和体认语言学的问世,国内外翻译界迅速做出反应,与时俱进,抓住机遇,实践着钱冠连先生(2000)所倡导的思想:

> 向世界贡献出了原本没有的东西。

我们尝试建立一门新型的边缘学科"体认翻译学",这既为翻译理论大家族增添了新成员,也为语言学提供了新的发展思路。本章重点论述了范畴化(以及与其紧密相关的隐转喻、参照点)和构式观(及其所倡导的基于用法的模型、数据试验综合法)对翻译研究的启示。

第十章　概念整合论与翻译

"概念整合论"(Conceptual Blending Theory,简称 CBT)是蓝纳克的同事福柯尼尔和特纳提出的新理论,可用以解释词语结合后为何能产生新义,这也为格式塔心理学所论述的"1＋1＞2"提供了元认知解释。CBT 所强调的新创空间可生成原输入空间所没有的元素,也完全适用于解释翻译具有创造性,为译者主体性和词语择用提供一个较为切实可行的理论框架。有鉴于当前翻译研究的重心已从结果转向过程,若仅用 CBT 来解释翻译过程仍显不足,本章拟作三点修补:(1)强调两输入空间在进入融合空间时的权重不平衡;(2)详述诸空间中要素中的对应与空缺;(3)根据 CBT 发展出"概念整合链"。据此便可将翻译过程描述为"连续性整合运作",以期更好地揭示翻译过程中的心智运作规律,进一步丰富体认翻译学的研究内容。

第一节　概　述

"概念"(Conception,Concept)是思维的基本单位,也是逻辑学(主要研究概念、判断、推理)的出发点,在我们的词典和教科书中常被定义为:抽象概括出的所感之物共性,是反映客观事物本质属性的思维形式(《逻辑学词典》编委会 1983:372;田运 1996:605;《中国大百科全书》(哲学卷) 1998:51,107),这仅仅道出了概念的体验性特征。可我们知道,它除了来自于客观世界之外,还可能产生自我们的心智本身,诸如"理论研究、艺术创作、科技发明、新造事物"等,在这些人类认知活动的过程中必然会不断涌现出新概念,用以进行新思维,产生新思想,如在语言学和翻译学理论探索中各路学者所提出的各种新观点、新概念,大多是人们心智思维的产物。那么,这些生成自心智的概念,又是如何建构自身的?概念是如何变化的?哲学界似乎未曾述及到CL和体认语言学在这方面做出的重要贡献。

福柯尼尔(Fauconnier 1985)主张用心智空间(或心智域)取代可能世界,它是人类运作概念的媒介,是意义的加工厂,可将其描写为"人们为达到当下思考和理解目的而建构的小概念包",具有"结构性、互通性、无限性、临时性、变化性、选择性、整合性"等特征,为研究概念的生成、变化、模型等提供了一个全新的体认方式,这就注定了它将要伴随人成长的一生。

福柯尼尔,以及他和特纳(1994,1996,1997,2002)在早期建构的"心智空间理论"(Mental Space Theory)基础上发展出"概念整合理论"(Conceptual Blending Theory),论述了语言如何激活语义框架,在不同心智空间中建立连接,且重点揭示了两个心智空间中相关信息如何被整合起来生成"新创结构"(Emergent Structure),创造出新概念,从而引起了概念变化,且用其来解释意义建构和理解等重大问题,以批判弗雷格(Frege 1848—1925)所倡导的"组合论"(the Principle of Compositionality)。

第二节 基本原理

福柯尼尔和特纳(Fauconnier 1997:151;Fauconnier & Turner 2002:46)认为,概念整合至少涉及四个空间:两个"输入空间"(Input Space),一个"类属空间"(Generic Space)和一个"融合空间"(Blended Space),体认主体有选择地从两个输入空间提取部分信息,但还会留下一些信息,如图10.1中两输入空间中没有用虚线连接的概念元素或信息点,被留在了原处,这便是上文所述的心智空间的"选择性"。

类属空间中包括两个输入空间中所共有的轮廓性结构(即组织框架),主要起到"范畴化原则"(the Principle of Categorization)的作用,可保证输入空间中的相关要素得以正确而又顺利地进行对应性映射,如图中两输入空间中的实线所示。取得对应性匹配的概念元素(如下方内侧两条虚线所示)与孤立的概念元素(如下方外侧虚线所示)都可能被映射进入融合空间。

当类属空间中相关要素在类属空间的作用下建立了对应性映射关系之

后,就被映射到融合空间之中,它为组织和发展来自两个输入空间信息提供了一个整合平台。这些信息可能会并构成较大的要素,即将相关概念(或事件)整合成一个更大的,更为复杂的概念(或事件);也可能仅从一个输入空间直接进入到融合空间而成;也有可能在融合空间中涌现出一个(或数个)带有新创特性、富有想像力的结构,叫"新创结构"(Emergent Structure),如下方融合空间中的正方形中没用虚线连接的孤立两个"黑点",它是经整合加工后新冒出来的概念,这就解释了人类心智为何也能自我产生概念,而不必都是来自于对客观外界的反映,从而对传统理论做出了重要修补。

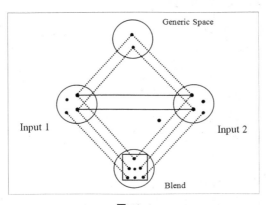

图 10.1

概念整合论为格式塔心理学强调整体观提供了一个较为合理的理论解释。正如福柯尼尔和特纳(Fauconnier & Turner 2002:42,133,61)所指出的:

> 整合产生了输入中所没有的新创结构。
> 整合所特有的新创结构有奇特的性质,具有创造性。
> 并构有新创结构……完善有新创结构……精细有新创结构。

人们在思维时,会将这四个心智空间中对应信息经过一系列映射彼此连接起来,构成一个"概念整合网络"(CIN:Conceptual Integration Network),认知语言学家用它来解读人类的思维活动,特别是创造性思维活动,强调融合空间中的新创结构,以能从理论上更好地解释"1+1"为何可能">2"的元认知机制。因此,概念整合论是人们认识世界,形成思维、语言和创新能力,以及发展科技的一种普遍存在的元认知方式,可用以解释人们"创造性"来自何处的问题(王天翼等 2015)。若将翻译视为一种"创造性"活动,该理论自然就大有用武之地。

第三节 应用价值

概念整合论可有效地用以解释语句意义为何是动态建构的结果。我们知道,语言中只要两个词语并置使用,但在大多情况下词组意义并不是两个词义之和,即并非遵循弗雷格的组合原则运作的,不是严格按照"1＋1＝2"的规律简单相加,中间总归要冒出些新信息来,常出现"1＋1＞2"的情况。

同样,一个句子的意义也不大可能是句中词义的直接组合,任何语句都可能产生原词意义之外的新义,这可用图10.1融合空间中的两个"孤立黑点"来说明,它们没用虚线与输入空间中的任何信息点相连,这至关重要,以表示新创结构中新涌现出的概念,是原来输入空间中所没有的信息,而是经过两个输入空间的整合之后"新冒"(Emergent)出来的。

我们还可用化学术语来解释该现象:两输入空间的整合相当于"化学变化",此过程会产生新"物质";而传统语义理论中所说的"组合"相当于"物理变化",仅是信息的简单相加。如将"马"与"角"这两个输入空间进行融合,便可形成一个虚拟的"独角兽"新创结构,产生了与原来两者不同的形象,这便是融合空间中的那个"孤立黑点"的含义。又例如将"有"与"钱、才、水平、能力、颜值……"整合形成了"有钱、有才、有水平、有能力、有颜值……"等这些表达,它常表示"钱多、才高、能力强"等意思,这个"高、富、帅"既不是来自"有",也不是来自"钱、才、水平、颜值",而是来自这两者的"碰撞"(相当于当下网络词 Duang)之后形成的。又如王正元(2009:57)所举的"房奴"一例,原来的"房"和"奴"都不带有"痛苦的负债"(买房人收入不高,要买房就要高额贷款,月月还贷,就得拼命工作;房债如枷锁,令人身心疲惫)之义,而是两者经过"并构、完善、精细",还有"压缩、调变"等认知加工后涌现出来的额外信息。

概念整合论不仅可用以解释"词、词组、句"层面上的运作,还可解释语篇生成的机制。如唐朝诗人李白在生活经验中看到"月",且在此时想起了"霜",就将这两个意象分别作为两个输入空间映射到融合空间,接着又整合进"故乡",从而生成了流传百世的名诗:

　　床前明月光,疑是地上霜。
　　举头望明月,低头思故乡。

他还将"瀑布"与"银河"两意象进行融合,写出了《望庐山瀑布》传世佳作。如此说来,汉语中常用"比、兴"等隐喻性修辞手段,都离不开概念整合。因此,一切具有隐喻性的作品以及语言交流(特别是诗歌、散文、寓言、神话等文学作品)都是基于作者巧妙地进行了概念整合写作而成的。

另外,概念整合能产生出何种新创信息无甚严格规约,也不具有可预测性,有较大的灵活性和变动性,会因人、因时、因地、因景而宜。同是一个"锁"字,若与"钥"整合后可形成"锁钥",用以指锁和钥匙;若与"枷"连用就成为"枷锁",则勾联出"牢犯"之意象,含"不自由"之义;而与"长命"并用成"长命锁",却含有"祝愿长寿"之义;若与"骨"相结合可产生"锁骨"一词,用以指胸腔前上部、呈 S 形的骨头。

"花"有千万种,"玫瑰花、牡丹花"美丽而又漂亮,富贵而又高尚;而用"百合花"和"交际花"来修辞女人,却又带上了"风流"的贬义;"家花"和"野花"成对使用又常带上了别样意味;"假花"就更有意思了,本来"假"是针对"真"而言的,"假花"还是花吗?与"真花"的区别究竟在何处?曹雪芹在《红楼梦》中将众多女子隐喻性刻画为各种花卉,以描写她们所具有的不同外貌和性格,如黛玉是芙蓉,宝钗是牡丹,湘云是海棠,妙玉是梅花……,两两整合后在新创结构中所涌现出的特殊含意,可使读者产生丰富多样的联想,留下了难以忘怀的深刻影响,其中亦有很多已沉淀在汉民族的文化意象之中。

又如英语中的 blue(可视为输入空间 1),当它与下列名词(可视为输入空间 2)搭配共现时,就丧失了 blue(蓝色)的基本义而涌现出了不同的隐喻义,此为融合空间的新创之物:

[1] blue alert　　　　空袭警报、台风警报
　　blue blood　　　　贵族血统
　　blue chip　　　　 绩优股,优质股票
　　blue coat　　　　 警察
　　blue devils　　　 忧郁病
　　blue jacket　　　 水手
　　blue moon　　　　 千载难逢的时机
　　blue movie　　　　色情电影
　　blue ribbon　　　 最高荣誉
　　blue stocking　　 女学者
　　……

它们尽管都是"形+名"构式,但两者经过概念整合加工之后,新冒出了原来两个词都没有的新义,这远非组合论所能解释得了的。因此,在翻译这

类词语时必须格外小心。

汉英两语言都有大量的形形式式的缩略语,它们都是经过概念整合加工之后的产物,省去了原词语中的某些成分,使得专有名词或某些词语更为简洁,大大提高了语言的经济性。如:

[2] AIRS　　　(首字母缩略词:acquired immune deficiency syndrome)
　　UN　　　　(首字母缩略词:United Nations)
　　IT　　　　(首字母缩略词:information technology)
　　E-business (部分缩略:electronic business)
　　phone　　 (截除词首:telephone)
　　exam　　　(截除词尾:examination)
　　flu　　　　　　　　(截除首尾:influenza)
　　pacifist　　　　　　(截除词腰:pacificist)
　　motor+hotel=motel　　(行囊词)
　　smoke+fog=smog　　　(同上)
　　breakfast+lunch=brunch (同上)

这类缩略词语也给翻译带来了一定的挑战,主要有以下几种方法:

(1) 译出全文,如:UN 译为"联合国";E-business 译为"电子商务";motel 仍译为"汽车旅馆";smog 为行囊缩略语,汉译为"烟雾"后似乎未缩略。

(2) 英汉皆略:如 brunch 对应于汉语的缩略语"早午饭";

(3) 音译方法:如将 AIDS 音译为"艾滋病";

(4) 字母拼读:IT 原初译为"信息技术",现直接按字母读出,如"IT"行业;CPU 原译为"中央处理器",现一般可直接读为 CPU;

汉语中也有大量的缩略语,如:

[3] "三讲四美五热爱"
　　"八荣八耻"
　　"一带一路"("一带一路"是指"丝绸之路经济带"和"21 世纪海上丝绸之路"的简称)

这类汉语缩略语译为英语时也很令人头疼,有人主张直译,如将"一带一路"直接英译为 One Belt and One Road;也有人主张采用直译加注的方法,在"注释"中将有关内容详细译出;也有人主张用意译法,免得令老外不知所云。

其实，在中国日益强大的今天，不必处处顾及老外的感受，他若真的想了解中国，就当深入学习中国文化。

概念整合论还可用来有效地解释隐喻认知机制，为什么"始源域"（Source Domain）和"目标域"（Target Domain）并置之后可以产生这两者原来都没有的隐喻意义？福柯尼尔和特纳的理论可为其提供很好的解释：隐喻表达所涉及两个域作为两个输入空间，它们经整合之后可从中冒出一些像图10.1融合空间那个孤零零的黑点，这便是新创的隐喻意义，如表达：

[4] 这座楼是堆豆腐渣。
[5] Wit is the salt of conversation.（智慧是谈话中的盐，可使谈话妙趣横生。）

第一例将"楼"和"豆腐渣"用"是"连接起来，按照雷柯夫和约翰逊（Lakoff & Johnson 1980，1999）的观点，就将始源域的"豆腐渣"所具有的"提取大豆精华后留下的渣渣、松散、无凝聚力、一碰就散"等属性，系统地映射到了"楼"上，使得后者具有了相似的属性，意在说明该楼质量不合格。

第二例将"智慧"与"盐"并置之后，"盐"在 wit 和 conversation 的约束下就不能再简单理解为"NaCl"，两者通过"合成、完善、精细"等认知加工，使"盐"发生了隐喻变化，从"使食品有味"到"使谈话兴味"，这"妙趣横生"便是"新创结构"中涌现出的新义，它既不是来自 wit，也不是来自 conversation。

第四节　概念整合论与翻译的体认过程

1. 运作机制

语篇生成和翻译都是体认活动，源文语篇是原作者运用概念整合的产物，译文则是译者在对源文解构的基础上再经概念整合的结果，翻译过程就是概念不断进行分解、映射和整合的过程。

我们拟将源文的作者视为输入空间 1，可称之为"作者空间"，他产出了源语作品（含文化图式①）；将译者视为输入空间 2（含语言能力、背景知识），可称之为"译者空间"。这两者在类属空间的统摄下共同进入融合空间，经由

---

① 也可将文化风俗视为"另外一个输入空间"，这样就可能有四个输入空间：英语语句输入空间、英语文化输入空间、汉语语句输入空间、汉语文化输入空间（包括读者）。

"并构、完善、精细"等处理,便可建构出"译文空间",产出译文表达形式(参见王斌2001)。译者经过这"一解一整"必然要使译文在不同程度上走样,这就从理论上解释了译文不可能是源文百分之百的翻版。运用译文空间中的"新创结构"就可解释为何译文会新冒出源文所没有的内容,这从理论上解释了译文为何会具有一定创造性。运用这一理论来解读翻译过程,为翻译提供了一个全新的认知视角,为我们进一步认识翻译性质新开了一扇心智窗口。

2. 两输入空间的关系

概念整合论认为,人们的认知活动皆有规律可循,这与两输入空间之间的关系类型密切相关,可据此来论述新创结构的形成规律和整合过程。这两者的关系大致可分为以下四小类:

(1) 简约网络(Simplex Network)

两个输入空间中的概念相互映射,相互补充,它们结合在一起形成一个完整的大概念,操作较为简单。如输入空间1中有Tom和Mary两元素,输入空间2中有"丈夫和妻子"亲属关系框架,当两者被映射入融合空间后就会整合出

[6] Tom and Mary are husband and wife.

这有点类似于传统的角色填充练习。

(2) 单域网络(Single-scope Network)

两输入空间的组织框架不同,且只有一个输入空间起主导作用,投射进入到融合空间,此时在融合空间中的组织结构就以其为主,在此基础再作某些扩展延伸而成,且还可通过下述的并构、完善或精细来获取新创结构。这就相当于翻译中常说的"异化 vs 归化"问题,详见下文。

(3) 镜像网络(Mirror Network)

两输入空间满足共享拓扑结构的条件,共有一个相同的抽象性组织框架,两者可互相映射,犹如"镜像"一般。如汉英语中有很多类似的表达形式,便可以此机制做出合理解释。如英语中:

[7] as white as snow

正对应于汉语中:

[8] 像雪一样白

汉语中的"主谓宾"构式常可对译为英语的 SVO 构式。

又如在我国近年来出现的"闪婚"这一社会现象,它基本等同于西方的 flash wedding,汉英两民族共享这一现象。一方面共享的社会现象极易形成语言表达上的镜像关系;另一方面具有镜像关系的语言表达也透视出两民族享有共同的社会现象。

形成这种镜像网络的机制缘自"体认原则",这正反映了汉英两民族经历了共同的体验和认知过程。

(4) 双域网络(Double-scope Network)

指两个输入空间的组织框架不同,在整合过程中两者都可发挥作用,它们都有部分元素被投射到融合空间。因其间的差异会产生冲突,此时译者往往采取中和的方法,进行嫁接调和处理,既能保留源文的意象和认知结构,又能在一定程度上体现译入语的文化心理图式,便于读者理解和接受。如霍克斯(D. Hawkes)在英译《红楼梦》中:

[9] 狗咬吕洞宾,不识好人心。

这一汉语典故时,将其处理为:

[10] The dog that bit Lu Dongbin: you don't know a friend when you see one.

因为在英语世界中没有对应的有关"吕洞宾"的说法,此时译者采用了中庸法,先将其照直译为英语,但后半句又是英语中独特的表达形式。再例英语的:

[11] Praise is not pudding.

译界常保留源文"布丁"的意象,其余照直翻译,且句型也相同:

[12] 赞美不能当布丁。

当然,也有人主张采用单域网络的体认方式(归化法),将其意译为:

[13] 好话不能当饭吃。

3. 三种整合方式与翻译过程

图 10.1 所示概念整合网络中的焦点是"新创结构",它会涉及较为复杂

的心智运作过程,主要包括以下三类认知方式(Fauconnier & Turner 2002:48),它们都可对新创结构发挥作用,这可成为"三种整合方式":

(1)并构(Composition①):输入空间中的概念要素在类属空间的制约下(根据范畴化原则)映射合并到融合空间之后可形成某种关系。原输入空间中的要素在进入融合空间之前不存在这种关系,只是在融合空间中经并构性认知运作后才形成的。

(2)完善(Completion):根据语境和在线框架,人们会无意识地向融合空间之中注入相关的文化图式和背景知识,以充实有关概念;最常见的为模型完善,借助认知模型提供具体信息。

(3)精细(Elaboration):这些概念经并构和完善加工之后,依据融合空间中的逻辑和原则,通过模拟和想象等方式精细和扩展相关信息,调变冲突,以建构出适应当下交际语境的意义。在此过程中可产生原输入空间中所没有的新创结构。

这三个体认方式是完全基于人们对物理世界和心智世界的认识和把握,它们具有开放性、无限性,为融合空间涌现创造性提供了潜在动力。若将其与第八章第三节所论述的体认过程结合起来,可以发现"并构"和"完善"方式有点类似于心理学所论述的"感觉"和"知觉",感觉是指人们对事物某一特征的简单认识,对某物多次感觉后便可积累起较多的知识,并构所获得的若干简单认识,就会形成对某物的"知觉"整体,其中还会包括初始感觉中所没有的新信息,即创造出了原来输入空间中所没有的新信息,这就进一步从理论上深化了传统的"格式塔心理学"(Gestalt Psychology)观点:

The whole is more than the sum of its parts.(整体大于部分之和。)

这三种形成新创结构的认知方式也可用于进一步细化解释翻译过程:译者首先通过"并构",将两个输入空间并置,便可产生基本译文;再通过"完善"进一步补足、修饰、美化已形成的基本译文,使其臻于完善;最后还可添加部分词语,为使译文更能满足读者的需要。

我们发现,福柯尼尔和特纳所述及的"并构、完善、精细"三类认知操作较

---

① 福柯尼尔和特纳这里所用的术语compostion在国内常被译为"合成",这很容易与"组合"相混淆,其实它还含有"创作"之义,如"作曲、作词、写作"等。他们(Fauconnier & Turner 2002:48)指出:Blending can compose elements from the input spaces to provide relations that do not exist in the separate inputs. 为能突出这一点,笔者试将其译为"并构","并"含"合并"之义,"构"含有"建构"之义。

为适用于英语与印欧语系其他语言之间的翻译,因为它们在词汇和句法上存在较大的共性,文化差异也相对较小。而汉英两语言分属不同语系,它们的词汇和句法存在较大差异,还涉及东西方文明、社会制度的差异,它们在投射进入融合空间时很难找到完全对应的关系,此时,上述三种操作方法就会显得捉襟见肘,更多地会涉及到"调变""隐转喻"等认知机制。

4. 新创空间与翻译的创造性

从上论述可见,概念整合论是人们认识世界,形成思维、语言表达、创新能力,以及发展科技的一种普遍存在的元认知方式,可用以解释人们"创造力"来自何处的问题(王天翼等 2015)。若将翻译视为一种"创造性"活动,该理论自然就大有用武之地。

在作为输入空间2的译者空间之中,因为各自的生活经历、认知能力(即体认)大有不同,这就决定了他们对源文作品必有不同的"并构、完善、精细"的方式,这就会在融合空间中产生不同的新创结构,从而造成了对原作有不同的解构途径,产生不同的理解,译文就随之而异,这便是译者主体性(主观能动性)的根源。

当作者空间与译者空间进入融合空间之后,其间的"新创结构"会涌现出新概念,这可用以解释"翻译中的创作性",正如图10.1最下圆圈中正方形的孤立黑点所示,它们与原来的两个输入空间没有任何联系,是经过两空间碰撞后而新产生的源文所没有的信息,因此在译文中或多或少会有部分新内容。且译文还会丢失一些源文信息,如图10.1左圆圈中没有连线的点。可见,所谓的"等值"无从谈起,"全信"是一个永远不可企及的标准。

5. "音译/义译"与"单域/双域":象征单位的"分解"性

认知语言学家 Langacker(1987,1991)认为语言的基本单位是"象征单位"(Symbolic Unit),它是音义紧密结合的配对体(Pair),这显然接受了索绪尔(Saussure 1916)的观点,能指和所指就像一张纸的正反两面,怎么撕所能得到的碎片都有正反面。该观点旨在批判乔姆斯基等所坚守的形式主义学派,只研究形式而置语义于不顾,这基本适用于对所有语言的描写和解释。

但我们发现在翻译过程中存在一个普遍现象:象征单位可能会被分开单独处理,即将"音"和"义"分解后单独翻译,如在汉英互译过程中常用的"音译法"或"义译法",前者仅译音,后者仅译义,例略。

我们时而还会采用"音译兼表意"的方法,如英语单词 neon 译为"霓虹灯",就是这种情形。先根据该词的读音找到汉语中的"霓虹"二字,且这两个字还紧扣了 neon 能发出五颜六色彩光的特点,"霓"原指跟"虹"同时出现在雨后大气中的一种光现象,两者并置用来译 neon,既考虑到发音也兼顾到意义。

采用音译时若完全依据发音,只好忍疼割爱舍弃了义;而在择用汉字的过程中译者又将其义融合了进来,采用"双域网络"的体认方式,取英语的"音"时隐含其意义,但在择用汉字时,又将音和义作为一个象征单位来作整体考虑,从而才有此译法,堪称佳译。

值得注意的是,在汉译词后面又添加上一个"灯",明示其范畴属性,我们常称之为"音译加注法"。这显然是站在读者角度考虑的,取"读者中心论"立场,以使国人能明了"霓虹"究竟属于何种范畴,是个什么东西。其他例子详见第十章第二节第 3 点。

6. 翻译普遍特征与概念整合论

贝克曾提出的"翻译普遍特征"主要有 4 点:简单化、明细化、常规化、中庸化,它们也可运用概念整合论做出合理阐释。

"简单化"是指译者对译出语进行了"化繁为简"的处理,可使复杂晦涩的源文变得通俗上口,易于接受,这显然是顺应了"单边网络"的认知方式。"明细化"是指译者在翻译过程中为便于读者明白理解而增加了有关信息(包括各种注释、脚注、音译兼意译等具体技巧),这是基于"完善、精细"的认知方式。

"常规化"与归化译法相似,充分为读者着想,这也可视为运用"单边网络"的结果。而"中庸化"所采取的折中方式,明显是"双边网络"认知机制在发挥着重要作用。

因此,当今译学所提出的很多新观点都可运用概念整合论做出适切解读,我们不妨说"翻译的本质就是整合"。这也充分说明该理论所具有的强大解释力,将其视为"元理论"一点也不为过。

7. 存在问题

福柯尼尔和特纳提出的 CBT 确实在很多领域具有较大的解释力,有力地批判了传统的组合论,完全符合后现代理论中的"多元化、不确定论"等观点,为解释人类为何具有创造力提供了理论解释,也可较好地运用于揭示翻译过程中的心智运作程序,但尚有不足之处,为此我们提出了三点修补,欢迎同仁批评指正。

第五节 对概念整合论的三点修补

1. 修补1:两输入空间具有不同的权重

用CBT来解释人类的认知过程很有独到之处,揭示了人类心智中许多奥秘,但它没有述及两个输入空间映射入融合空间时在权重上的差异,有时输入空间1所体现出的权重大些,有时输入空间2的权重大些,译者这种心智上的倾向性就必然会造成译文表达上的差异,这就可以解释为何有些译者主张直译,有些译者主张意译,或同一篇译文中会同时用到这两种译法的现象。

(1)以作者空间为主的直译法

当译者采用"直译法"或"异化法"时,他在心智中就取"作者空间为主"的倾向,依作者所用语符为参照点,激活其对应的译语词句,此时译者就主张尽量将原作的观点和表达方法"如实地"呈现在译入语读者面前,而在某种程度上忽略了译者空间自身的权重,使得译者过度迁就作者,这显然体现的是"作者中心论"的立场。其负面影响就是:有些译文洋味太浓,让译文读者要么感到意思没说清楚,常生"不知所云"之感;要么语句表达不通顺,读起来疙疙瘩瘩。

注意,我们在"如实地"三个字上加了引号,意为:心里想如实,而实际上没有,也不可能达到如实的效果。这真是"心有余而力不足"的真实写照。

当译者和读者较多地接触到国外的某种观念或表达,因其高频使用便会沉淀于译入语的心理文化图式之中,自然就为读者所接受,如上世纪中叶的音译方法曾一度为中国读者所认可,诸如"德先生、赛先生、康拜因、水门汀"等频繁出现在译文之中。此时译者主张通过直译法将异域文化引进本国语言,这便是翻译的一大功劳,鲁迅、瞿秋白等常持"作者空间为主"的立场,大力倡导"直译而宁可不顺",但人们也常为这种翻译法因过分异化而不太愿意读他们的译文作品。

(2) 以译者空间为主的意译法

当译者主张"输入空间2为主"时就会采用"意译法"或"归化法",此时译者空间在进入融合空间时所占权重就较大,他会站在读者的角度思考如何择用词句通顺地将源文的主要思想翻译出来。所谓"意译",顾名思义,主要将源文的意思译出来,至于在语言形式上如何表达,则不必拘泥于原作的行文方式。此时体现的是"读者中心论",这就是传统翻译观所说的"顺"和"雅"。其负面影响就是:因强调译入语的通顺和高雅,难免会"因词害义",伤害原作的文风,使读者感受不到异国风情。

例如郭沫若曾将纳什(J. Nash)《Spring》的诗句"Spring, sweet spring, is the year's pleasant king."译为"春,甘美之春,一年中之尧舜。"此处用"尧舜"对译 pleasant king 这一意象,突显的是汉民族的文化意象,虽有人指责这种归化译法,但从突显译者空间的权重和读者反应论的角度来说,这是无可非议的!

(3) 双空间融通与二法兼用

我们将概念整合论运用于阐释翻译过程,强调了翻译过程的动态性,译文作品的差异性。但并不完全否认源文输入空间常具有的主导地位,其中的语言符号可起到一个主导性的激活作用,以其为参照点译者就采用"直译法"或"异化法"。当译者碰到难以直译的情况时,他就会以译者空间为主导,采用"意译法"或"归化法"。这是两种极端的情况。究竟何去何从择用何法,这或许又是一个"to be or not to be"的问题,属于公婆之争,难断谁优谁劣。实际上在翻译过程中并不是每个人都"从一而终",从头至尾都坚守某一译法,更多的是二法兼用,时而以作者空间为主,用直译法;时而以译者空间为主,用意译法。更多的是两空间相协调并中和,既接受作者空间的主旨,又要融入译者自己的见解,以求水乳交融、水米成炊。这便是我国先哲所倡导的"中庸之道"。如英语中的谚语:

[14] Every family has a skeleton in the cupboard.

可有以下三种译法:

[15] 每家壁橱有骷髅。
[16] 家家有丑事。
[17] 壁橱藏骷髅,家家有丑事。

[15]为直译,依据作者空间为主译出了源文的意象,但未能展现其深

层含义；[16]为意译,采取了译者空间为主的策略,但失去了源文的意象；[17]则将这两个输入空间有机地结合了起来,较好地运用了"双空间融通"的策略,既保留了源文的文化意象,又点出了其确切含义,倒也算得恰到好处。

(4) 小结

我们认为,翻译过程一直是在这两个输入空间的相互交融中行进着,有时作者空间为主导,有时译者空间更重要,有时两者相互妥协,和谐共处。译者之所以有直译与意译等多种可供选择方法,完全取决于对待两空间权重的态度。当然了,"主导"是指起主要作用,而绝不是无视对方的存在,激进后现代译论所说的"爱怎么翻译就怎么翻译",此路不通!

若将源文视为主要输入空间,在翻译时则采用"异化法",以引进异域风情为主;若将母语视为主要输入空间,在翻译时则采用"归化法",以顺应读者需求为主。音译和意译也可归于此类,前者以源文空间为主;后者以译者空间为主,如同样一个名为《Hamlet》的电影,若以作者空间为主导可音译为《哈姆雷特》,若以译者空间为主导可采用意译法,译为《王子复仇记》,这都取决于译者自己的意向性选择。

作为输入空间1的作者空间可刺激译者心智中的语言或非语言知识框架,它们自然就要涉及类属空间中所储存的两种语言和文化的共同因素,这些便是理解和翻译的基本条件,也是构成译文空间的必备前提,充分体现了翻译过程中的译者人本因素。

在作为输入空间2的译者空间之中,因为各自的生活经历、认知能力(即体认)大有不同,这就决定了他们对源文作品必有不同的"并构、完善、精细、融合"的方式,会在融合空间中产生不同的新创结构,从而造成了对原作有不同的解构途径,产生不同的理解,译文也就随之而异,这便是译者主体性(主观能动性)的根源。

2. 修补2:详述要素的对应与空缺

(1) 详解四种关系

福柯尼尔和特纳用简约网络、单域网络、镜像网络、双域网络来论述了各概念空间中要素的对应关系,但未能述及要素空缺的情况,据此本书提出了第二点修补,依据诸概念空间中的多种关系来论述翻译过程中的四种具体情况。

(1) a→a'　　b→b'
(2) c→?　　d→?
(3) c+d→f
(4) e→g

第(1)种对应关系相当于福柯尼尔等的"镜像网络",在输入空间1中的元素a和b可对应地映射到输入空间2中的a'和b',它们分别有相同或相近的意象图式和指称意义,所激活的认知框架也基本相同,且在类属空间中也享有相同或相似的组织结构,它们可镜像般地映射入融合空间。CBT认为,之所以会出现这种镜像对应性,皆因类属空间所使然。我们拟在此处引入"范畴化原则",因为我们面对相同或相近的自然界,身体各部位及其功能相同,人类心智中必然要出现部分相同的范畴划分方式,它就决定了人们在比较和分类的过程中,某些同类要素就取得了对应关系。

这种镜像对应关系在概念整合网络(CIN)中常用"横实线"来连接输入空间中的点,如下图所示:

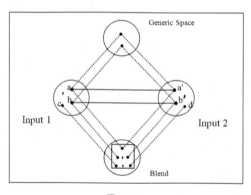

图 10.2

如在英汉两语言都有很多大致对应的词语和句型,且意象和语义也相仿,此时译者便可采用直译法。如英语句子:

[18] I have a book.

可直接汉译为:

[19] 我有一本书。

又如很多英语习语也可采用镜像对译的方法,如:

[20] All roads lead to Rome. 可译为:条条大路通罗马。

[21] Pour oil on the fire. 可译为：火上浇油。

第(2)种类型相当于福柯尼尔等所说的"单域网络"，这在跨语言对比和翻译的过程中实属常见。由于两民族天各一方，其思维方式和语言表达也必有差异，在一种语言中有的词语，在另一种语言中未必能找到对应词，语言学界称其为"词汇空缺"(Lexical Gap)。此时只能依据源文的意思用现有译入语材料或新创词语来翻译，因为在作者与译者空间中的组织框架不同，在后一空间中找不到对应元素，此时就以前者为参照点，参见图 10.2 中 c 点，它直接被映射入融合空间（即译文空间）。译者常采用"借入法"引进源文的表达方式。

各语言都会在不同程度上从其他语言借入若干词语，如汉语就借入了很多外来词语，仅从梵语佛经的翻译中就借入了：

[22] 佛、菩萨、阎罗、地狱、达摩、劫、罗汉、因果、世界、轮回

等。

反之亦然，若译者不增添点什么信息译文就表达不清楚或不通顺，图 10.2 中 d 点会直接映射进入译文空间，这就是传统译论中所说的"增译法"。

第(3)种类型为：两输入空间中的 c 与 d 映射入融合空间之后产生碰撞和整合，经"完善"和"精细"的认知方式加工后，译者可采用折中法，以能求得平衡，在译文中用 f 来表示，参见上文例[17]。注意：f 不一定就是一个居中点，可能离输入空间 1（作者）近点，也可能离输入空间 2（译者）近点。

第(4)种情况为要素空缺，即输入空间 1 中的 e 缺少对应元素，但译者却能受其激活产生相同或相似的意象图式和认知框架，从而建立了某种关联，被映射入融合空间后可用 g 将其表达出来。这是福柯尼尔等所论述不够的地方，而且也是译界常用的翻译技巧。如汉英两语言中有很多不同的表达形式（如习语），其中有一部分或较大部分有相似的含义，我们便可将它们作互译处理。但也有两语言中各自独有的表达形式，此时就采用 e→g 的策略，如英语中的习语：

[23] ice-skating in hell

西方人认为地狱中到处都是火，不可能在地狱中滑冰，此习语意为"做不可能做的事情"。这在汉语中没有对应的习语表达形式，大致相当于汉语中"太阳从西边出来"。

再例汉语中"地瓜"有若干方言名称：

[24] 山芋、番薯、红苕、白苕、甜薯……

它们都能激活英语空间中的 sweet potato, 我们不必将那些别名一一译为不同的词。

第(3)和第(4)种对应于空缺情况未在图 10.2 中划出,否则该图会显得较为凌乱,但所述原理相同,读者仍可根据该图作直观理解。

(2) 作品名称多种译法的体认解读

在翻译书籍、影视等作品名称的过程中,这几种体认方式得到了淋漓尽致地彰显,如小说"Two or Three Graces"描写的是一位名为 Grace 的女子,缺少个性,改嫁三次,其性格和爱好每次都随丈夫而变。有人取《诗经》中的"二三其德"对译倒也恰如其分。"二"和"三"紧扣源文的 two 和 three,Graces 本就含有"德"义,难得的镜像佳译。若采用上述第(1)种方法将该书名译为"两个或三个葛莱斯"则有点平白无奇,缺雅少兴,读者还会有"莫名其妙"的感觉。

汉语文学作品的名称在译为英语时也有两种或多种不同的译法,它们便是运用上述不同体认方式进行整合运作的结果,现摘录部分如下,以飨读者(参见杨全红 2011)。

表 10-1

汉语原作	第(1)种情况	第(2)种情况	第(3/4)种情况
《我的前半生》	The First Half of My Life		From Emporor to Citizen
《骆驼祥子》	Camel Xiangzi	Rickshaw Boy	
《饥饿的女儿》	Daughter of Hunger		Daughter of River
《王若飞在狱中》	Wang Ruofei in Prison		Iron Bars But Not a Cage
《水浒传》	Water Margin	All Men Are Brothers; The Saga of Number 108	Outlaws of the Marsh; Heroes of the Marsh; The Rebel of Water Margin
《聊斋志异》	Liao-Library-Record-Strange	Liao Chai Chih Yi; The Chinese Fair Book; Chinese Ghost and Love Stories	Pastimes of the Study Strange; Stories from a Chinese Studio; A Legendary Record in Self-diversion Study

3. 修补 3：概念整合链

（1）概述

福柯尼尔和特纳述了 CBT 的基本运作原理，主要展示了一次性的融合操作，虽提及"多重融合"（Multiple Blends）问题，认为输入空间可以是任意多个，且融合结果也可再次作为输入空间进行下一步融合（Fauconnier & Turner 2002：279），但对后者未详加细述，没能划出直观性的图解，也未讨论下一轮融合对其前运作的影响，更未谈及其与翻译的关系。我们认为，翻译并非一蹴而就，常涉及较长时间的心智劳作，在连续的翻译过程中由上文所得的融合空间，还可作为新的输入空间进入下一轮的整合运作，如此不断循环前行。下一轮的整合结果还会影响到前面的操作，根据其后整合出的新理解和新译文调整以前的译文，这便是本书所说的"概念整合链"，从而形成了一个连续不断的动态运作过程。

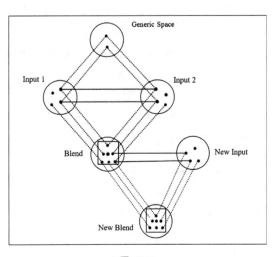

图 10.3

（2）例解

如伦敦地铁站的一则广告：

[25] Less Bread. No Jam.

首先，bread 进入输入空间 1，在其对应的输入空间 2 中可能会产生"面包"；在第二轮概念整合操作中，jam 为输入空间 1，其对应的输入空间 2 中会产生"果酱";这两次操作整合的结果再分别作为输入空间进入第三轮,便可能建构出"少吃面包,不吃果酱"的意思。可该广告是出现在地铁站,这又有什么联系呢?意义还要受到文化语境的制约,人们会凭借有限词语的刺激产生丰富的联想,调动诸如"隐喻、转喻、关联"等体认方式重新建构适合当下语境的意义。bread 与"生计"和"钱"有关,jam 还可用在 traffic jam 中,若将这些概念与"地铁"联系起来,就会建构出坐地铁"少花钱,不拥挤"的意义。

因此,有"概念整合"就应该还有"概念分裂",bread 和 jam 为多义词,它们形成两个不同的多义范畴,人们在翻译时首先要运用"概念分裂"认知策略,从 bread 和 jam 这两个词的多义范畴中分拣出一个适合的意义,如从前者分裂出"钱",从后者分裂出"交通堵塞",然后根据这两个概念进行整合运作,才能很好地理解这则广告的意义。

(3) 翻译顺手的整合链解读

译者越是熟悉作者(含语言、文化,还包括他的创作背景、个人经历、写作风格、时代主题等),两个输入空间越共享相似的组织框架,其间的映射也更趋自然、流畅,就为译文空间的生成提供更好的保障,这也解释了为何学界常有人仅翻译国外某一(某些)作家或某一领域的作品。

由于译者对原作的思想、用词、文风等较为熟悉,此时译者的翻译工作自然要顺手得多,如傅雷译巴尔扎克,朱生豪译莎士比亚,张谷若译哈代,贺麟译黑格尔……这其中实际上也是依据"概念整合链"的认知机制,译者已较为熟悉基于原初两空间所形成的融合空间,它可作为一个新的输入空间,再次与作者空间(新的语句或作品)相整合,再度生成新的译文空间。

(4) 二次借入词的整合链解读

近代我国和日本都汲取了很多西方思想,这激化了汉字新词的繁衍,在两国语言中都出现了一大批借入词。学界认为,日本学者若没有汉学基础,他们要想确切地、全面地、普及性地传输西方文明是很难成功的(王克非1991,1992)。但令人感到诧异的是,我国近百年还引进了许多日语中译自西语的外来词,此后中国的译法却逐步被淘汰,前者获得了"取而代之"的地位,例如:

[26] 哲学、政治、经济、商业、法律、美学、文学、
美术、科学、共和、封建、抽象、服务、政府、
组织、纪律、方针、政策、理论、原则

等等。据说,我们今天所使用的社会和人文科学方面的名词和术语,约 70%

是从日语借入的。难怪人们会疑问:当初梁启超、严复等志士仁人为何在这一点上败下阵来。雷颐于2017年2月25日在《经济观察报》的书评中发表了题为《离开了"外来语",国人还能思考吗:中西之间的日本》的文章,读后颇令人深思!

我们认为,这也可用概念整合链作出较好的解释。参见图10.3,当汉语译文作为融合空间与日语译文作为一个新输入空间进入第二轮整合运作过程,国人就采用了日语译文为主的心理倾向,觉得它们更能体现出西方的有关思想,从而使得梁启超、严复等人的不妥帖译法逐步淘汰出局。

(5) 小结

从上分析可见,翻译过程就是源文不断被解构(包括概念分裂认知方式),译文不断被建构的过程,行进在不断"分裂"和"融合"的概念整合链过程之中。据此,译文就是"作者空间、译者空间、类属空间、译文空间"等之间不断进行跨空间映射和整合之后得到的结果,这就是本文所主张的"翻译过程就是连续整合的运作",从而可对翻译过程做出较为深入的体认解读。

第六节 结 语

我们认为,仅用CBT来解读翻译过程尚有不足,为此提出了三点修补建议:

(1) 作者和译者两空间在输入进融合空间时所具有的权重不同,译学界所论述的"直译 vs 意译"可用其作出合理解释,前者注重作者空间,后者注重译者空间。

(2) 在概念整合网络中,两个输入空间中的概念要素存在多种对应关系和空缺的现象,本书主要详述了四种情况,且逐一论述它们在翻译过程中的具体运用。

(3) 翻译工作是一个长时间的、连续不断的体认过程,其间包括多次概念整合的运作,据此本书提出"概念整合链",认为翻译过程就是该链条连续不断前行的过程。

"概念整合论"以及"修补的概念整合论"又为我们发现了一个很有解释力的体认方式,它可进一步阐释"识解"的运作机制,人如何通过有限符号的刺激便能突显新概念,不仅可有效地批判传统组合观,解决了不同词语结合后为何能产生新义的问题,而且还为人类心智如何自行生成新概念,以及概念怎样发生变化提供了一个很好的解释方案,而且还从理论上解决了流行几千年的"概念反映论"和"机械唯物论"。王天翼(2015)还尝试用其来解释人类创造力的来源。该理论也适用于解释若干翻译过程,国内有学者在此基础上提出了五空间、七空间来解释翻译活动,颇有新意(参见郑浩 2008;项凝霜 2011;祁芝红 2012;陈吉荣、王筱 2013),但基本原理相同。

概念整合论意在揭示人的主观能动性,这对于传统的客观主义语言学理论、形式逻辑学等所论述的客观反映概念论是一个重大的理论突破,不仅大大丰富了语言学理论,而且也扎扎实实地为体认翻译学以及后现代哲学理论提供了研究的新思路。福柯尼尔和特纳的这一研究成果可称得上是一项重大的理论突破。

我们根据概念整合网络来重新审视翻译过程,拟将其描写为"连续整合的过程",这样便可合理地揭示翻译过程中的心智运作程序,为建构体认翻译学作出了较好的理论铺垫。